武林往事

张大为 著

追随恩师吴斌楼十八载见闻录

当代中国出版社
Contemporary China Publishing House

图书在版编目（CIP）数据

武林往事：追随恩师吴斌楼十八载见闻录 / 张大为
著 . -- 北京：当代中国出版社，2023.10
（走近武林丛书）
ISBN 978-7-5154-1294-8

Ⅰ.①武… Ⅱ.①张… Ⅲ.①武术—体育运动史—中
国 Ⅳ.① G852.09

中国国家版本馆 CIP 数据核字（2023）第 176905 号

出 版 人　王　茵
责任编辑　袁又文　刘晓冰
责任校对　康　莹　贾云华
印刷监制　刘艳平
封面设计　李默涵
出版发行　当代中国出版社
地　　址　北京市地安门西大街旌勇里 8 号
网　　址　http://www.ddzg.net
邮政编码　100009
编 辑 部　（010）66572132
市 场 部　（010）66572281　66572157
印　　刷　中国电影出版社印刷厂
开　　本　710 毫米 ×1000 毫米　1/16
印　　张　18.25 印张　2 插页　225 千字
版　　次　2023 年 10 月第 1 版
印　　次　2023 年 10 月第 1 次印刷
定　　价　68.00 元

序

常学刚

张大为先生的《武林往事：追随恩师吴斌楼十八载见闻录》（在《武魂》杂志发表时的标题为《侍师十八载散记》）起初共25篇，除了《关门弟子入门记》这一篇外，其余的24篇最早都是由我陆续编发在2002年至2004年《武魂》杂志上的。转眼20年过去了，今天这些文字结集成书，先生邀我作序，惶恐之余，心中也别有一番"有始有终"的感触和喜悦。

常学刚（《体育博览》副主编，《武魂》常务副主编）

《武林往事：追随恩师吴斌楼十八载见闻录》，是一本写武林生活的书，但视角及写法都很独到：

我是50年前投在戳脚名师吴斌楼门下的，并且有幸侍师一十八载，直至恩师仙逝。在恩师数十年传武授徒生涯中，我算是陪伴恩师时间最长的一个弟子。这主要仰赖我的住家紧临恩师拳场这一得天独厚的条件，再加上先祖父与恩师的一段情谊。至于所学则不及同门师兄弟多矣，充其量算个武术票友而已，唯对几十年间武林掌故的了解、对恩师的品格性情生活习惯的了解、对恩师个人经历思想状况的了解、对恩师武林朋友的了解、对近20年间来来往往的学者门徒的了解似乎更多一些。如今回想往事，依然历历在目。故将其整理成篇，作为对历史的回顾，作为对恩师的怀念，也为读者增添些茶余饭后的谈资。

以上是《武林往事：追随恩师吴斌楼十八载见闻录》第一节起始的一段话，也是作者写这本书的宗旨和纲要，因为在以后的文字中，读者除了对武术大家吴斌楼先生的音容笑貌、品格性情有了更深的了解之外，也看到了作者对新中国武术的观察与思考。在这里，大为先生记录的不只是一人一事，而是在记录武术史。与那些正史不同的是，大为先生更多的是记载了历史的细节，如对1956年至1959年在北京举办的几次全国武术运动大会，他记下了许多当时闻名全国而今已很少被人忆起的武术家和他们的技艺；对20世纪50年代许多武术家办起武术馆、武术社授艺传拳，他记下了政府部门整顿与管理新中国武术事业的一些政策与措施，记下了吴斌楼先生收徒的规矩和要求，从中反映出从旧社会过来的那些老武术艺人为跟上新社会步伐的真诚和努力。特别值得一提的是，作者通过记录18年陪侍恩师的日常琐事，透视出当时北京人的生活习俗、生活态度，这分明是一幅20世纪五六十年代老北京的风情画，且因为这幅画的情境渐行渐远，而会让包括笔者在内的许多熟悉当年老北京的"画中人"，生出诸多追忆与惆怅。《武林往事：追随恩师吴斌楼十八载见闻录》写的虽然只是武术界的人和事，但相信不很熟悉武术这个圈子的人，读来也会有自己的受用。

我跟张大为先生由最初的相识到后来的相熟，从始至终也是因为吴斌楼先生。最早是我们结伴去河北蠡县瞻仰吴斌楼先生的故居和墓地，同行的还有洪志田、李英冬等吴斌楼先生的门人。再以后就是一次次为了吴斌楼所传戳脚翻子拳的约稿以及组稿，大为先生和他的师弟洪志田、钟海明等，是我获得戳脚翻子拳知识最重要的老师。

大为先生是一位资深的武术文化学者，自 1959 年拜入吴斌楼先生门下之后，就协助吴斌楼先生整理、撰写了大量的武术文献资料和拳谱。其中《枝子拳谱》于 1984 年被作为武术遗产征集。1982 年他开始武术著作的撰写工作，累计数十万字，发表于《体育报》（现《中国体育报》）、《中华武术》、《武魂》等十多家报刊。其论文《试论武术流派的形成繁衍与发展趋势》获 1987 年首届全国武术学术研讨会荣誉奖。1988 年出版《武术谚语释义》一书，2003 年出版《吴斌楼戳脚翻子全书》（与洪志田、钟海明合著）。自 1991 年始，陆续主编了《太极音乐》（中国武协审订）、《中华武术大观》、《传统武术技击精华》等多部武术系列音像制品，参与策划了《生命感言》等武术电视专题片。

在我编辑《武魂》杂志期间，大为老师是我愿意经常联系的作者之一，他的知识面宽，且见解深刻，文字却平和淡定，并不剑拔弩张，也不夸张渲染，只是从从容容、不慌不忙地叙述，且能让你从中知道很多很多。这本《武林往事：追随恩师吴斌楼十八载见闻录》，就凸显了"平淡之中言之有物"的张氏行文风格。

至于《关门弟子入门记》当时在《武魂》杂志上未发表的原因，现在我想不起来了，应该是自己工作的失误吧。大为老师很随性，并未因为这篇稿子问过我什么，而我却始终有几分愧怍。时隔 20 年，这些稿子终于有机会让读者得窥全豹，我由衷地替大为老师高兴，也为心底的那份欠债由别人替我偿还了而释然。

　　大为先生是我的朋友，也是我的老师，为此书作序实在是勉为其难，拉拉杂杂写了这些，一方面，是因为我对大为先生的尊敬，另一方面，更多的是为了自己企望"有始有终而功德圆满"的私心。

2019 年 6 月

自　序

武林江湖，历史悠久。关于武林和武林人的传说、轶闻、故事的作品比比皆是。发展到如今，武林到底是个什么样子，恐怕也没人能说得很清楚。那么，把自己在武林中的亲身经历写一写，或可为想了解过去武林的人提供可窥全豹的一斑。

本人算不上是个纯粹的武人，但肯定是个武术爱好者。我自1957年正式拜程全宝老师学武，1959年又被蒙师程全宝送到戳脚翻子宗师吴斌楼门下，至今已超过一个甲子，其间尤以追随恩师吴斌楼时间最长。从入师门到为他老人家送终，前后十八载，算是陪伴恩师时间最长的一个弟子。这主要仰赖我的住家紧邻恩师拳场这一得天独厚的条件，再加上先祖父与恩师的一段情谊。至于所学则不及同门师兄弟多矣，充其量算个武术票友而已。然60多年来混迹武林，追随先师，结交武友，广为涉猎，学习交流，对流行于北京的武术门派、杂七杂八的武林掌故耳濡目染，粗知大概。对武林人、武林事的了解，对先师的品格性情生活习惯的了解，对先师个人经历思想状况的了解，对先师武林朋友的了解，对近20年间来来往往的学者门徒的了解日见其厚，故而有了写作的素材。时至今日，已近喜寿，武缘未了，于是，便以本人亲身经历的武林往事为基础，以追随18年的恩师吴斌楼的事迹为内容，以吴斌楼先师的日记、笔记、信件、拳论、拳谱为依据，就武林收徒、武术教学、武林交往、比赛表演以及民间习武状况等诸般事宜写些文章，告诉人们20世纪50年代到70年代那一段时间武林的真实情况，作为对几十年间武林生活和故事的记录，也为喜欢武术的朋友们增添些茶余饭后的谈资。由于所记人和事正处于旧武林迈向新武林的过渡期，或可为读者提供些研究武林演变、武术发展的材料。书中的多数文章曾于2002年至2004年在《武魂》杂志连载，当年发表时的总标题是《侍师十八载散记》。这次结集成册又补充了几篇文章。

在写作过程中，一直本着好话多说的原则，较少涉及武林中的恶行、劣迹、败俗。这就又促使我以武林江湖的角度写些文章，试图站在武林之外客观评议一些武林现象（有兴趣的读者请看拙作《武林丛谈》《武林掌故》）。

客观地认识武林，正确地认识武林，历史地认识武林，辩证地认识武林，是武术专业工作者、广大武术爱好者应当掌握的学问。有了这门学问，才能练好武术，才能端正武林风气，才能做好武林人。是不是这样呢？仅是本人的一孔之见。

这本书就算是提供给大家一个了解武林的侧面吧。书中的疏漏、谬误还请读者予以指正，以免以讹传讹，贻误他人。

2019年5月12日

目 录

壹·与武结缘

程全宝老师领着我去，我祖父陪着我去，我还拿着班主任李老师写的"同意张大为跟吴斌楼老师学习武术"的证明信，入门三鞠躬，和师兄弟认识一下，就完事了。

与武结缘少年时

一、熏陶出来的武术迷

喜欢武术总会有个熏陶的过程，这是个不容忽视的外因。

我的老家在河北省遵化县（今遵化市）石门镇小辛庄，清末时称毕家新村，现属满族自治乡，当时归属石门镇，五里外即是清廷宗室陵区。这里自从1664年建顺治皇帝陵开始，陆续建了康熙陵、孝庄皇后陵、孝东陵、乾隆陵、道光陵（后迁西陵）、咸丰陵、慈安陵、慈禧陵、同治陵以及随建的妃子陵、王爷陵、公主陵、陪葬陵数十座，共经历了300多年。每建一座皇帝陵、皇后陵、妃子陵、王爷陵，就需建一座八旗兵驻军的营房和其后裔看陵的圈儿。据说一座皇帝陵、皇后陵看陵、护陵的人和兵丁少则几百人，多则上千人。雍正年间以后，许多亲王显贵大批来东陵看守，例如雍正的弟弟允禵，乾隆的军机大臣傅恒及其子傅长安，咸丰后期的荣禄等都曾来此守过陵。于是这个康熙年间还闹过老虎的偏僻山野逐渐繁荣起来，形成三乡［东陵满族乡、汤泉满族乡、蓟县（今蓟州区）孙各庄满族乡］、三镇［遵化马兰峪镇、石门镇、马兰关镇（今取消）］的满族人聚居地。守陵兵丁越聚越多，又无大事可做，于是便将打围、练武当作消遣，久之，便在这三乡三

祖父张永兴练太极，1980年摄于景山公园建德殿前，时年84岁。

镇的满族聚居地蔚然成风。

我的祖上是从龙入关的镶黄旗人，据说是康熙年间派到遵化东陵守陵的，自此在那里繁衍生息。我所知的是五世祖那一辈（约在咸丰至同治年间）曾有一位做过遵化知州，主管四县政务；一位做过工部主事，主管皇陵修缮；一位做过礼部主事，主管皇陵祭祀典礼；一位做过步兵统领，主管皇陵守卫。他们都是六七品的小官。旗人重视骑射武功，对子女也是这般要求。我的五世祖是武举出身，我的四世祖不仅会武功，还擅长针灸正骨。我的祖父张永兴幼读私塾时便习武，曾向遵化名拳师姚馥春学拳。姚姓家族和我祖母的娘家有亲戚关系，也算是远房表亲。姚馥春擅长太极、形意，我祖父曾向他学习太极拳。后来，我祖父到唐山开滦煤矿赵各庄矿工作，结识了当地拳师宋真石。宋真石早年投师学习少林拳，出师后到唐山谋生，曾在开滦赵各庄矿设场教拳。一日他在练拳时，遇一走街的老缝鞋匠久观不语，心中不悦，遂与老缝鞋匠较量，被其打败。他便停了拳场，拜老缝鞋匠为师，将其请到家中，供养三年。三年后，他技艺大精，成为远近闻名的武师，这才复开拳场，以传武为生。他既精少林，又精太极，那老缝鞋匠传他的便是太极功夫。向宋真石学习武术的人很多很杂，既有工人、市民，也有矿上的员司（职员）。抗日英雄节振国当时是井下支柱工，也向他学过武术。

我祖父练了一辈子太极拳，他精通杨式老架、杨式大架。1951年，他从开滦煤矿退休，定居北京。到北京后又学习李式刚柔太极和太极五星椎。当国家体委推广88式太极拳时，他又学了88式。那时他和吴斌楼、雷慕尼、程全宝、郑时敏、孙枫秋、秦仲三等都常来常往，过从甚密。

我是我家的长孙，1943年出生的，是祖父他老人家的心肝宝贝。四五岁时，就在祖父的督导下练习武术基本功，抻筋、压腿、吃脚豆是每天的功课。由于从小生活在他身边，也同他一同迁居北京。我身边有这么一位痴迷武术的祖父，怎么能不把我熏陶成个武术爱好者呢！我祖父1990年去世，享年95周岁，他死于感冒引发的肺部感染，而没有其他病症，若不是肺部感染他会活得更长。

二、京剧、评书、小人书的影响

京剧、评书、小人书对我喜爱武术也有着巨大的影响。

我从小喜欢京剧，这与我的祖父、父亲的爱好密切相关。尤其是我祖父，他是开滦赵各庄矿员司俱乐部业余京剧团的老生，擅长《上天台》一类的王帽戏，《托兆碰碑》也是他经常上演的剧目，他演杨老令公，扮演七郎的常常是节振德，他是抗日英雄节振国的亲哥哥（被日本鬼子杀害）。

我在3岁时就可以唱整段的《劝千岁》（《甘露寺》选段），随我祖父出入剧团、剧场是常事。1949年，开滦解放了，一个相对专业的剧团居然就设在我们居住房舍的后院里，每日锣鼓喧天，你想不听都做不到，何况我经常去，就如同长到那里一样。

迁到北京后，我自然经常随我祖父去看戏。那时票价也便宜，20世纪50年代，底层工人的收入不过三四十元人民币，一张票价名角的最高 1 元，最低 4 角，二牌的一般是 3 角至 8 角，至于在前门庆乐、同乐等戏院，演出的票价最高不超过 5 角钱，看出戏不过支出月收入的 1%。现在，最低票价一般 80 元，最高就没谱了，三四千元也有，看一出戏要花近一个月的工资。就是 80 元的低价票，一般人也难以承受，何况那些挣千八百元工资的人呢？更别说那些低保户还看得起戏吗？京剧"能振兴"才怪呢！我爱看武戏，尤其爱看短打武生戏。李少春的《闹天宫》，叶盛章的《徐良出世》，张春华的《三盗九龙杯》，张云溪、张春华的《五鼠闹东京》《三盗令》，李元春的《藏珍楼》《金钱豹》，李万春的《骆马湖》《闹天宫》《恶虎村》，以及大武戏《龙潭鲍骆》，我都看过。至于其他名武生名武丑演的戏更不在话下，如杨盛春、高盛麟、高盛虹、厉慧良、黄元庆、李庆春、王金璐、王鸣仲、谷春章、艾世菊、茹元俊、姜铁麟、杨少春等等。

我喜欢武戏，一是喜欢那些行侠仗义的英雄，二是喜爱那超绝的武功。

我还记得《五鼠闹东京》里，张云溪、张春华双脚一蹬地，身子便横起悬空，双脚朝前从布景院墙上的窗户洞中蹿了出去，这功夫让我 50 年来记忆犹新。还有王鸣仲在《智激美猴王》中从宝塔窗洞蹿进的功夫，就像飞一样潇洒。张云溪在《三盗令》里两个飞脚上高桌的功夫，李元春在《金钱豹》中穿厚底靴跃上高桌的功夫，当时都让我瞠目结舌。至于剧中人行侠仗义、打抱不平的事迹更是让我神往。

那些武戏表现的故事，我多数都在评书里听过，或在小人书里看过。那时候，人们生活水平还都不高，家里有个收音机，就是富裕家庭了。课余生活更谈不上有趣味、有意义。对我来讲，每天晚 6 点在家门口的小杂货铺里听收音机里说评书是最大的乐趣，尤其是连阔如讲的《水浒》《三国》《东汉》，马连登的《精忠传》，让我流连忘返。我不仅能记住梁山好汉一百单八将的姓名绰号，《三国演义》人物的姓名字号，还能记住他们使用的是何种兵器，对那"啊呀呀飞奔两军阵前，掌旗官高举一杆大纛旗，三丈标杆葫芦金顶大红缎子旗……"等套话也是倒背如流，尤其是对哪个大将武艺高强、本领出众更感兴趣。

除了电台的评书，一些茶馆里、庙会上也都有评书表演。那时鼓楼后钟楼前那片地方，就有搭大棚唱戏的评剧团，行头简陋，脚上还穿着球鞋。评书在茶馆里，总有 20 来人听，说书人嗓音嘶哑，与今日单田芳之嗓音相仿佛。他们说的段子很杂，像《包公案》《彭公案》《施公案》《精忠传》《三侠五义》《小五义》《续小五义》《七剑十三侠》《三侠剑》《雍正剑侠传》《杨家将》《呼家将》等，他们都说。小孩子听蹭书是没人撵的。那时还有许多小人书店，一分钱看一本，两分钱租回家看一天。店里有些新中国成立前出版的武侠小人书，画的人物均以舞台人物为准，常有大花脸、箭衣罗帽、厚底靴出现，我看过不少，其中《呼家将》中的呼延庆就是个大花脸。

我从小接触了这么多与武有关的文化，怎能不对武术感兴趣呢？

三、当年习武有氛围

70 多年前，新中国成立初期，百废待兴，中华武术也正处在枯木逢春的时代。首先是国家设立了专门的武术机构，负责领导和开展武术运动；其次是自 1953 年在天津举行全国民族形式体育表演及竞赛大会始，连续举办了五届全国武术运动盛会，集中展现了中华武术的风采，掀起一股蓬勃旺盛的武术健身风。

那时，我还是个小学生，有幸观看了 1956 年至 1959 年在北京举办的几次全国武术运动大会。至今仍记忆犹新的是那些轰动全场的优秀运动员的表演。如东北老运动员张万成，一把飘逸的大胡子，人称美髯公，他演练的葵花枪，令人叫绝。后来我知道他是东北鸳鸯门的。

来自青海的老运动员苗玉龙演练的醉棍，虎虎生风，惟妙惟肖。还有上海蔡鸿祥演练的十二路华拳、李福妹的查拳、胡汉平的武松脱铐、邵善康的醉拳，四川肖应鹏的猴拳，广东陈昌棉的南拳等，都使我至今难忘。尤其是北京成传锐的奇形剑、杨僧宝的齐眉棍、经本愚的长兵、松秉坤的双刀、田永福的杆拳，更令我兴奋，他们都比我大不了多少岁。而松秉坤学艺的四民武术社、杨僧宝学艺的健身武术一分社又都离我家不远，自此使我心仪向往。

通过这几次武术盛会，我知道了太极、形意、八卦、八极、通臂、查拳、华拳、南拳、虎鹤双形拳等拳种，也看到了三节棍、九节鞭、两头蛇、钩镰枪、月牙铲等多种器械的表演，真是丰富多彩，令人目眩。

那个时期，很多民初就享盛名的武术家都还健在，如修剑痴、姜容樵、王子平、王芗斋、张之江、佟忠义、陈发科等。在新中国武术政策的感召下，许多武术家办起了武术社。

梅花桩大家韩其昌演练大戟，1984 年摄于西斜街韩老寓所外，时年 89 岁。

我家住在景山东街，周围便有数家武术社，南有东华门的健身武术一分社，北有北海后门的四民武术社，东有黄米胡同的普育武术社。此外，如大乘寺的健身武术总社，宣武门外校场口的健身三分社，朝内南小街的金受之武术社，崔毅士的永年太极拳社等，举不胜举。当时不少高校也聘请名武师传授武术，如在北大任教的韩其昌、在北师大任教的郭谷民，在北航任教的先师吴斌楼等。至于在公园里外授武的拳师更是不计其数。中山公园有杨禹廷、单香陵、奇云和尚，筒子河边有王侠林，景山公园有雷慕尼、郑时敏、程全宝，天坛一带有张文平、李尧臣等。

我家附近有个纳福胡同，当年住着一位清末武举。20世纪50年代，他恐怕已有80岁了，只身一人，靠卖炒花生为生。每天晚饭后，他挎着个篮子，沿街叫卖"半空儿多给"。他已经很穷了，但他简陋的住处却放着刀枪棍棒、石球石锁。他还留着一条花白的小辫子，似乎仍显示着他对清朝的忠心，这与新时代显得那么格格不入。但，正是这条花白辫子和那些练功器械，使他增加了许多神秘感。于是，和我一般大小的孩子就经常去买他的"半空儿"，顺便看他打拳舞刀。他的确多给"半空儿"，100元（合新人民币1分钱），他就抓给我一大把。他也很乐意小孩子们看他练武，似乎很高兴我们捧他的场。他是我接触的第一个武人。

离这位武举的住处不远是嵩祝寺。嵩祝寺是个喇嘛庙，当时那里住着许多喇嘛。每到藏历新年的时候，他们就吹着长长的喇叭围着寺庙游行。庙里的很多房子都租给人住了，这些住户多是劳动人民，其中有不少靠武艺吃饭的人。一位姓刘的通背拳师名头很响。我和他的孩子年纪相仿，曾听刘拳师说过，他的师父是家住天坛附近的王姓拳师。

嵩祝寺后身有一个小庙，里边也有一家武术社，名字是杨家将武术社，武术社的兵器架就摆放在大门洞的两旁。那卖"半空儿"的前清武举尽管已穷困潦倒，却不与相邻的这家武术社来往，也许是他自重身份吧。这家武术社是离我家最近的武术社，是留在我印象中的第一个武术社。

可以说，新中国成立初期，中华武术的枯木逢春，为习武营造了良好的大环境。而无线电波传送的传统文化又引发了很多青少年的习武兴趣。

我对武术的爱好就是从那里、从那时开始的。

四、我的武术启蒙老师

我虽然从小喜欢武术，喜欢武侠，但却不是个顽劣儿童，相反功课一直优秀。刚入小学的1951年，还兴贴榜排名次，我拿过三年第一名。

1955年，北京市少年宫正式开放，我成为文学小组的组员，那时很多名作家都来为祖国的花朵们讲课。我听过老舍、周建人、冰心、冯雪峰、林汉达、曲波、贺宜、袁鹰等许多作家、诗人的课。文学组每周活动一次。我祖父为使我全面发展，又命我到程全宝老师那里学习少林拳，这是1957年暑假，我刚刚考上北京四中。

程老师我早就认识，上小学时，就常随我祖父去程老师的拳场玩。这回动真格的了，是要正式拜师学艺了。

程全宝老师是个铜匠，曾开过铜铺。新中国成立初期，做铜活的已不多了。在隆福寺的东四人民市场开业后，他便在修理部做了工人，做焊洋铁壶、换锅底一类的活儿。他有一把很重的青钢剑，是一把古剑，没有剑鞘，他便用红铜打造了一把铜剑鞘，工艺精湛细腻，谁见了都夸好。这一套宝剑和剑鞘重量可观，每天他就抱着这把剑到景山公园来。

程老师是山西人，但说话已没有明显的口音。他五短身材，头很大，手也很大，说话慢声细语，和蔼可亲。那年他大约50岁出头。他住在隆福寺西廊下，每天早晨景山一开门他就到，8点左右离开去上班（那时隆福寺市场开门较晚）。

程老师是"鼻子李"李瑞东一脉，既会少林拳，又会李式刚柔太极拳和太极五星椎。

我入门时，同时还有师家兄妹俩，岁数比我小两三岁。他们的父亲是解放军军官，母亲是中学校长。我们是同龄人，很说得来。还有一个小周，比我要大个四五岁，那时有十七八岁了，是铜丝厂的学徒，很诙谐滑稽。还有一位年长的姓王的师兄，那时有二十六七岁，是东单皮鞋厂的工人。我们是专学少林拳的，还有十来位是学太极拳的，我就不熟悉了。

在程老师这里我除打下较为扎实的基本功外，还由拆拳八式启蒙，陆续学了梅花拳、黑虎拳、金刚八式、六合刀、七枪、罗汉剑等。

程老师的武功有着相当造诣，经常有他的师兄弟前来向他讨教。至于程老师的师父是谁，我不知道。曾在程老师家中见过一张武馆师徒合影，约有20来人，前排居中坐着一位身材魁梧、光头大面、留着花白胡须的老者，程老师说是他的师父。照片上的程老师40多岁模样，坐在老师傅的右手。

中国美术馆建成以后，程老师就将拳场迁至离他家很近的美术馆东边的小花园了。

程老师是我的第一位武术老师，是我与武结缘的领路人。

五、程师送我改门庭

练武术的在一瓶子不满半瓶子晃荡的时候，都有个毛病，最爱和别人比较，喜欢到处去看别人练，看是他的拳好，还是我的拳好。一个偶然机会，我遛到东华门健身武术社一分社。我在那里看到吴斌楼老师教拳，一看就觉得震惊。拳术的结构、练法、教法都没见过；速度、劲力、快慢相间的节奏也与众不同；拳术外在的精气神又别有特点。我看完以后心里就有点反响，就喜欢上翻子拳了。此后，又去偷看了几次，心里有了想学翻子拳的念头。小孩子不懂规矩，倚仗我祖父和程老师是朋友，就直截了当地和程老师说了。

程老师非常厚道，这一点特别打动我，他跟我祖父说："孩子愿意练是好事，吴老师是长拳名家，我是以太极为主，他比我这方面专，我支持。"结果他不仅同意我改换门庭，还表示要亲自向吴老师推荐。我祖父跟吴斌楼老师也认识，见程老师不反对，便也同意了。程老师不囿于门户之见，不吝师徒之谊，为了弟子的发展，亲自引领弟子改投他门，这种高尚武德，在20世纪50年代，也许是绝无仅有的。

吴斌楼老师那个时候收徒弟很严格，第一要有人推荐，自己来不行；第二是学生来学要有班主任的证明信，学校得知道你上我这里学武术；第三就是家长得同意。有这三个保证他才收。所以我这里是程老师领着我去，相当于介绍人、荐师，我祖父陪着我去，是家长、监护人，我还拿着班主任李老师写的"同意张大为跟吴斌楼老师学习武术"的证明信。这手续够全的。入门三鞠躬，和师兄弟认识一下，就完事了。隔了好多天，我祖父请吴老师、程老师在地安门外合义斋吃了顿饭，后来又照了张相，这样就等于我拜师吴斌楼了，时间是1959年的8月初。

那个时候吴老师这儿也不兴磕头递帖这一套，主要是新中国成立后，移风易俗，旧的一套习俗被摒弃。但先师收徒依然需要有人介绍、家长认可、学校班主任同意，实质上仍是有荐师（推荐人）、保师（保证人）、证师（证明人）的客观存在。先师这种收徒方式一直延续到1965年。1965年后，他大多收些20岁左右的在职人员，就免去了班主任、家长要出面的条件，只强调介绍人这一条了。吴斌楼先师收徒之谨慎，确是少见。

拜在吴斌楼老师门下之后，我跟程老师还一直保持联系，我祖父还和他一起练太极呢。逢年过节我都去给他拜年。他跟吴斌楼老师不一样，吴老师靠传武为生，程老师是业余教拳，另有固定收入。每天人民市场一开门，他就要上班，所以他教拳教到早上快 8 点就得走了。程老师因为经常摸铜器，晚年眼睛有点中毒。他退休后，一直在美术馆小花园那里教拳。我和程老师1968 年之前都有联系。1968 年

吴斌楼，1968 年摄于北京西四北六条寓所门前，时年 70 岁。

8 月我到部队锻炼，两年后回来，就再没有联系上他。

程全宝老师、吴斌楼老师，论年龄都是我祖父辈的，他们跟我祖父是朋友。只不过我拜了他们，管他们叫师父了。

传武育人最为先

凡是习武者都强调武德，所谓"崇武尚德"也，但这绝不是一句空话，其中饱含着千百年来习武者（或以武为生者）的经验教训。当一个人练就了超越常人的本领和技能的时候，他的品德就决定了趋好趋歹的价值取向。

多少年后，本人阅读了先师的大量笔记、日记、文章，才了解到先师传武育人的一片苦心。

先师曾作《寻师访友要言》一文，明确指出对徒弟的要求是："人格正派，品性温柔。""进门三个月不传技术，因为要看他品性人格。受规法者，传；性情浮者、坏者，除。"对带艺投师之人，"先得盘问以前学艺根本，如前师开除者，不收留，前师命其寻师者，即可收留"。

1963 年，一位后来功夫出众的师弟前来投师，由于此前他曾在健身武术总社习武，先师执意不肯收留。后来在介绍人一再保证的情况下收留了他，却在半年内未教他一招一式，只是让他随着其他师兄弟练基本功。先师慎重考察带艺投师者，由此可见一斑。

先师在 1962 年元月的日记中写道："本愚规定所跟我学长拳的学生，自是认真学习，追求进步，品性优良，人格正确者，在学校以为优秀生。"

吴斌楼部分笔记及文章

当年在我入门前后，先师收的弟子有四中的学生我、乔宗淮、于逊、赵东海、张安东、陈晓明；十三中的学生林矛、张志安；二十五中的学生马天胜；六十五中的学生陆中平；二十七中的学生郑志亮；育才中学的学生刘豹；地安门中学的学生宝石；萧精兵、王纪平是哪个学校的记不清了。还有个于江明，是小学生。

先师虽然只是个民间拳师，但对弟子的文化学习极为重视。每逢期中、期末考试，他就给弟子放假，让去复习功课，考试完后，还索要成绩单看，哪门没考好，他还要数落一顿。

记得1963年8月我拿到大学录取通知书后，下午就去了先师家，先师听闻后，也是喜不自胜。当他得知乔宗淮考上清华、张安东考上科技大、于逊考上北航、赵东海考上中央工艺美院时，还批评我："你不如他们。"

先师吴斌楼日记手迹

　　先师除了重视弟子们的文化学习外，还注重培养品德，而且以身作则。比如先师要求弟子们要勤劳。他常说："练武的人也容易四体不勤，五谷不分。除了打把式，别的什么也干不了，那不行。"先师于 1962 年 2 月 11 日（阴历正月初七）在日记中写了这么一段话："初七日七时，去景山教课。一看，满园大雪，并没一片干地。借了一个扫帚，雪厚扫不动。正扫时，郑志亮来了，跟着王纪平来，最后陆中平来。我们四人扫了两块地，预备锻炼。……其实，武术界的人不怕劳动，扫雪可算得了什么？可是不管如何我得来。因为来八人，我教八人，来七人，我教七人。如果我不来，全通休息。因此，许学者不来，不许我不来。"那年先师63岁。

先师作为长辈，对弟子的生活问题也非常关心。曾有一位上了大学的弟子交了个女朋友，征求先师意见。先师在1963年2月17日的日记中写道："征求同意，好是好事，就怕心散了，对于学习有拦挡。这是爱情，情一深，思想就觉乱，一乱，学习就要落后。……等毕业后，脚踏实地，再走这个路线才稳。"

先师的观点多么鲜明！

先师虽然是从旧社会过来的人，却很会运用表扬奖励的办法培养学生。他对那些学习努力、成绩显著的弟子，以免收学费予以奖励，率先获此殊荣的是马天胜、陆中平、张治安、林矛。先师在日记中写道："在学习方面，服从武术教授的指示自能参加表演不丢场后，继续努力学习追求者，从一九六一年十二月开始免费学习，现在之学员，马天胜，二十五中高一（3）班；陆中平，六十五中高一（6）班；林矛，十三中高二（4）班；张治安，十三中高二（4）班，以免费学习。"

先师还特别表扬刘豹和王纪平，说："这是两个好学生。"

先师很看重弟子的人品，尤其喜欢有正义感、乐于助人的学生。而对于骄傲自满、寻衅打架、道德败坏的则坚决开除。先师还极不喜欢好吹牛的弟子，他告诫弟子："'十个把式九个吹，剩下一个还胡嘞'，这是练把式的恶习。"十数年间，我所知道的因为骄傲自满、放松学习、目中无人、胡吹海侃被开除的有4人；因为在外打架斗殴被开除的2人；因为品质问题被开除的1人。先师选才严格，目光犀利，不肯将就。

先师在行动上重视武德教育，尤其值得称道的是他编写武德教材，授之弟子。先师曾作《初学蠡言》一文，全文6节，乃是习武要言、传习技师训言、传武技师指导、练习分别要言、寻师访友要言、寻技闯场要言，从道德规范讲到自身修养，从习武禁忌讲到为人处世，不啻一部武德全规。

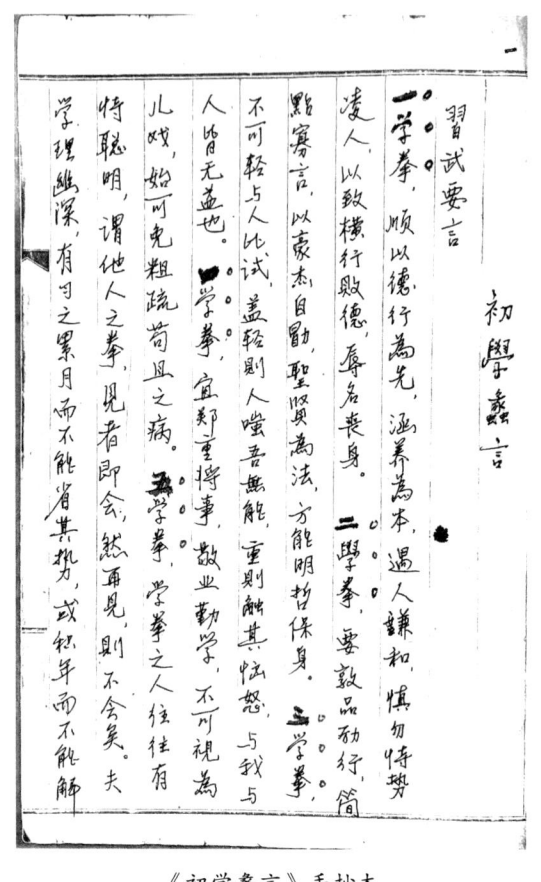

《初学蠡言》手抄本

例如《习武要言》一节说：

一学拳，顺以德行为先，涵养为本，遇人谦和，慎勿恃势凌人，以致横行败德，辱名丧身。

二学拳，要敦品励行，简点寡言，以豪杰自勖，圣贤为法，方能明哲保身。

……

十六学拳，非为儿戏，用时则练，不用时则休息，功课难成。如遇行香，走会，或是开运动会，游艺会，国考，偶然兴起，大练而特练，日不得食，夜不得眠，每日夜大疯起来。终归到临时大败而回。想受过大败而回之丢脸，就应该自己追求用功。可是归来还是如此。像这等之人，即名拳混混。

十七学拳，刚学会两趟皮毛，就摇头摆脑装疯卖相，有时与技术者在一处谈话，大吹大擂；讲何人拳好，何人拳坏。如要与人等一处活动，则完全落后。这些人，春点谓之谎点。

记得，与我同时学艺的一个弟子获得某次比赛冠军，此后上课常隔三岔五地来，先师认为他骄傲了，后来竟开除了他，甚是可惜。而先师自己则是谦虚谨慎的典范。那时，我们常问先师与何人交过手，是否会轻功，有没有秘笈绝招等幼稚的问题。先师总是如实回答。至于与何人交手，胜负如何，先师从未贬低过别门别派别位拳师。对于一些武林败类，先师的评价也极其客观实际。

先师对自己的要求是"高明武师，必是传武有道，按规法传武，按礼义传贤"，否则"师父不明弟子愚"。

先师对我们说："三才者，礼、义、让。见人讲武者，不要讲门讲派、争门论祖，应以礼当先。与同道人一处做事，要义气为重，不要犯武祖之规。同道练艺，不要争先论后，以尽让为怀。"

我们这些学生都是成长在红旗下的革命接班人，但一学武术，仍不免沾上争强好胜的习气。先师强调礼、义、让，则是避免我们走上歪路。

先师还不断教导本门弟子要团结，与外门同道也要团结。他强调"三亲"："一亲同师手足，二亲同门同道，三亲本门发源技术。"又说："人不亲义亲，义不亲刀枪把亲，刀枪把不亲祖师爷亲。"对搞不团结的，他严厉禁止："不许欺师灭祖，不许分门分派，不许拆门分法。"

这些教导，现在看来似乎都带有一些封建色彩，然而习武者真能遵循它也不是轻而易举的事，就是在 21 世纪信息化时代，不是仍有人想走回头路，为争当所谓"掌门人"而拉帮结派，自立门户，改弦更张吗？

先师留有拳诗一首，今录于下：

> 恩师把门开，带进弟子来。
> 南传一千里，北传八百哉。
> 东走扶桑地，西走昆仑台。
> 八方转走到，温柔用三才。

（注：三才者，礼、义、让。）

师父领进门，修行靠个人

我自拜入师门之后，无时无刻不想着早日学习戳脚翻子，先师吴斌楼却不急于上课，而是对我说："你原来学的都是好东西，不能学了翻子就把原来的玩意儿丢了。"

可是，在师兄弟演拳之时，别人都练戳脚翻子，唯有我按先师的吩咐练梅花拳、黑虎拳，就像不是一门的人一样，自然我的心中很别扭。

先师看了出来，就对我说："一来，你先前学的玩意儿不错，是人家鼻子李的东西，鼻子李还学过戳脚呢。二来，少林拳与翻子拳风格不一样，你现在就学翻子，容易练走纠了。应当先看、多看，看师父怎么练，看师兄弟们怎么练，拳不忙学，已到手的东西却万不可忘。"这才使我顿开茅塞。

为了不使我有未入门之感，先师教了我一趟32冲拳，不久，又教了一趟20个动作的上八番。这两趟拳可说是戳脚翻了的初级拳。关于32冲拳，先师曾说"不知是谁所创，有人称其为戚继光32式长拳，不知是真是假"。上八番有许多手法，现在看来很实用，但动作并不复杂，也没有蹿蹦跳跃的动作。这两趟拳，对我这个已练了两年多的学生来说，实在太简单了。但先师并不这么看，就这两趟拳，楞让我练了半年多，才开始正式传授我戳脚翻子。在这半年里，先师让我看了一本《太极拳谱》，其中有李瑞东自序，内中写道："余自幼即癖好拳棒，无奈未得遇名师……后得幸饶阳李老遂先生来，得其开导指教，方稍较明释。……先生是戳脚门，近日四乡各镇均推戳脚门为最，闻风胆落。"这是先师有意让我了解李瑞东与戳脚门的关系，使我不再产生对戳脚的陌生感。先师还让我看了戚继光《纪效新书》中32式长拳的动作名称，又给我一份他教我的32冲拳的动作名称。我感到这两趟拳不是一个东西，先师则说："这就是过去传拳的毛病，有姿式名称，没动作说明。就是姿式明白了，结构也不明白。我教你的32冲拳也不知是不是他那个32式，所以你学拳，还应当做笔记，把动作结构记下来，自己不会忘，别人学时也有了依据。"

先师这些教导，为我以后热衷于整理武术资料打下了基础。

我学的第一趟戳脚翻子拳是燕青翻子三拦手，俗称二趟燕青。

这趟拳有56个动作，腾空飞脚、旋风脚、朝天蹬、燕式平衡、撤底蛇……，高、低、侧、正、窜、蹦、跳、跃，诸般动作综合为一体，而且要在一分半钟左右打完，是一趟很吃功夫的拳。初入戳脚翻子门，对风格、劲力、尺寸很难把握，一天也就学三四个动作。

这时，先师已将拳场迁到景山公园。先师每天早晨9点之前，在景山教一拨中老年人练拳练剑，我们这些学生只在星期天早上来，平日都在晚上上课。由于我家就在景山东街这一得天独厚的条件，得以天天早上去，7点多钟再离开景山去上学，自然每天都能得到先师的指点。即使这样，这趟拳还是学了两个多月才学完。尤其到套路收尾时，金鸡三靠这个动作，要肩带腰、腰带胯，抖晃一劲，身似三折，肩打胯撞，均要发力。学这个动作就用了不知多少天，而真正练好了它，那是在一年以后了。现在有些练戳脚翻子的，练到这个动作时，变成了双臂屈肘划圈，已经完全走了样了。

燕青翻子三拦手，练够半年之后，才开始学大翻子架子锤。先师说：架子锤是翻子拳的基础，架子锤练扎实了，练什么都容易了。先师口述拳诗一首："架子锤拳中之母，分姿式以得纠真。三盘九手却变实，上中下迅速并林。鸳鸯协吊阴阳式，四肢灵通三合心。肩打斜靠人难挡，徒手健全立为根。"

这时，我入门已一年多了。事后我才悟出先师这样教我的道理，那就是，用燕青翻子三拦手练我的体力、气力、灵活性、力量性；用大翻子架子锤练我的翻子风格、发力技巧、动作尺寸。当然，这一年间少不了练腿、练翻跌等基本功。

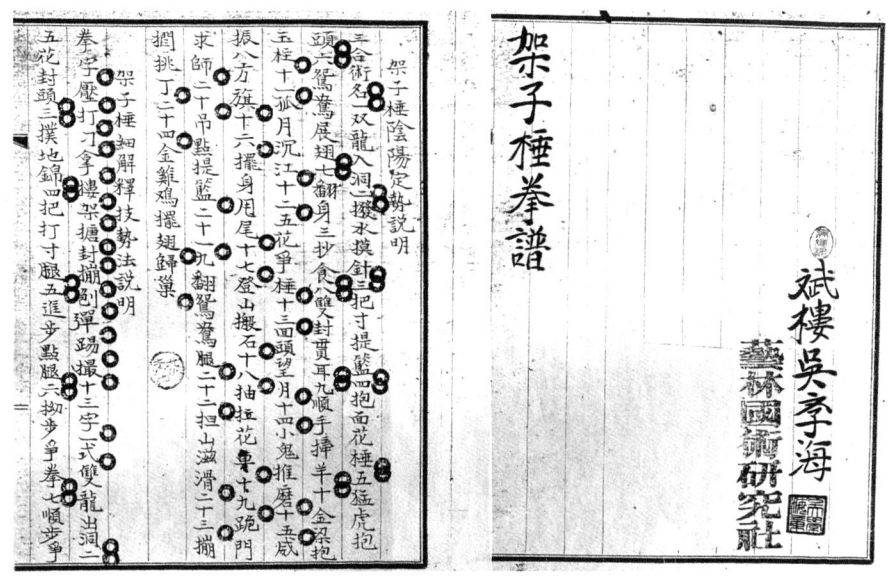

吴斌楼传《架子锤拳谱》手抄本

戳脚本是戳脚翻子门的门户拳。我的戳脚，却是在架子锤练了几个月之后才开始学，而且只学了头三趟，剩下的六趟戳脚，是1963年我上大学后才一气学成的。学完头三趟戳脚后，先师依我的身材特点、身体素质，开始系统地传授我寸翻子。

先师所传戳脚翻子本叫枝子拳，或叫九枝子、九翻子，指九趟戳脚。枝以生叶，生出六趟根，即六趟寸翻子，六趟根生六趟梅花落地，即指六趟地躺拳。这大概是河北蠡县魏氏戳脚的直系内容。六趟寸翻子套路分别是头趟寸手、二趟寸手、三趟太阳拳（又叫西阳拳）、四趟五封锁、五趟单凤拳、六趟三截手。

先师讲：寸翻子要练寸劲、寸击、寸形。技法讲：寸出挺冲备封六舒。寸出挺冲，是对出拳推掌戳指的寸劲要求；备封，是强调"掩"字当头，有备而动；六舒，是强调六节舒通，即腕节、肘节、肩节、胯节、膝节、踝节。得到了这些关键性的指导，领会起来就顺利多了。

这六趟寸翻子拳，前四趟我用了一年的时间学完，又用了一年学完了两趟靠粘连和一趟小翻子么麽腿，此后，学习速度就放慢了，主要是抠功夫，学套路则为辅了。除地躺拳、器械外，先师就不再主动教套路了。你非要学，先师就把结构一讲，一示范，自己也就学会了。后两趟寸翻子，三趟燕青翻子，后六趟戳脚都是这么学的。

先师有个观点：套路不可不练，但又不可沉迷于套路而无视其他。归根结底，套路还是皮毛。

在抠功夫的过程中，先是以套路为主。先师教授了一趟续靠粘连，这趟拳专练底盘，多坐盘、倒卧、矮桩虎步等动作，而且要慢练，要一招一式，劲力完整，但风格依旧，节奏依旧，一套拳四五十个动作要打近3分钟。这可是太吃功夫了。这样打一趟拳，要比打上五趟快拳还累。

此外，练站桩、练硬功等功课也都增加了，如桩功增加到了五六种，学练铁砂掌的，则拿了功法回家去练，这也成了私功秘传。

这时，先师开始传授我们运掌八法及以意行拳的功夫。以意行拳就是默拳，也就是静静地把一趟拳从头到尾默想一遍，即在昼夜交替的时候，在寂静的树林内，面树而立，为平和的桩式，眼睛半闭，心中默拳。其中道理，先师未曾明示。事后我领悟到，这是一种排除杂念、凝神运气的气功。

1970 年初，先师突患中风，先师无业，自然没有公费医疗，又舍不得花些许积蓄看病，除请朋友扎了几天针灸外，就是自己练功，居然在十数日后，又能骑车上景山教拳了。那年我正在部队上，回京后，问起先师自己练什么功冲开了血栓，先师讲："以意行拳。"

在抠功夫的同时，先师还指点我们学习散打。从基本手法散手十八式教起，教了连环腿法，以及速合、封挡、抢攻、赚打的技法，尤其是如何用巧。

我随先师十八载，先师一招一式，手把手教的就是前边所说的这些东西，还有一趟地躺拳子孙丹。有的师兄弟翻跌功夫好，还学了醉拳、五趸脚、飞剪等。

在器械方面，先师教课不强求一致，而是看学生个人的条件和喜好传授。我所学的器械是在学拳术套路的同时学的。学得比较认真的是大昆仑刀、金背镖刀、四合刀、九节鞭、走线锤、牛头锐、五虎断门十二枪、锁手棍、双匕首、连环剑、拦面叟、哀棒等。跟师兄弟们学过对练八势对打、活协对打、鹰熊斗智、对劈刀、空手夺匕首等。此外，学了半趟金鸡斗，即对擒拿，后半截先师不肯教了。原因我至今不明。

师父这样教武术

古拳经说"入门引路须口授，功夫无息法自修"，这讲出了历代传授武术的方法。先师吴斌楼在20世纪40年代所撰《学武成功要言》一文中也表达了这样的意思——"武术原讲口传心授，一得幼时，二得有身法，三得明师传授，四得专心追求，方能成功矣"。

传统的"口传心授"本是示范教学，学生通过耳濡目染、心领神会学习下来，可以记忆得更清楚，便于举一反三。先师在此基础上乐于接受现代科学教学法并身体力行。他的教学法与现代体育课教学法极其相似。

一、授课时间

每日早晨6时至9时，每日下午5时至8时。先师在《练习分别要言》中写道："习武得分男女两派。男派练法按晨昏两个时间。晨属阴，晚属阳。借用阴阳二气之灵。二气合，阴阳必舒，用功必尽矣。"

我们当时都是学生，是在业余时间练武，因此，课程安排在每周二、四、五下午及周日的早上。平日早晨，则要求弟子们保证40分钟至1小时的锻炼。能坚持到场更好。因为平日早上，先师教授一批老弱病号练拳，而每周一、三、六的下午，先师要到北京航空学院、清河毛纺厂、光华印染厂等处教课。

二、教课程序

每次上课，程序大致如下：

1. 各自抻筋、遛腿，站桩。30—40 分钟。

2. 集体演拳。一般是十来个弟子分站先师左右，依次上场演练，循环往复，每人平均要练四五次，30—40 分钟。

3. 教授新课。先师依弟子程度和所学进度分别教授，并纠正错误，回答问题，然后由弟子自己练习新学的内容。40 分钟左右。

4. 集体练基本功。在临结束前，先师将弟子们集中起来集体踢腿。1958 年至 1965 年，先师还往往亲自打头，将十几种腿法各踢数遍，每人总要踢上三四百腿。然后练仆跌，像"滚地雷"、窜毛、仙人床、狸猫上树、鲤鱼打挺、乌龙绞柱、空中趸轮等。我刚入门时，先师总是自己带块破毯子，练时铺在地上，后来则是由师弟于逊专门携来两块棕垫。即使这样，好些地躺动作还会翻到土地上，每次练完都如土猴一般。最后是打几遍活步桩——搂打、摞打。

每次上课大约 3 个多小时。星期天则要 4 个多小时。

散场后，才会有活跃气氛（因为在练功时先师不许交谈、坐卧、倚靠、饮食），弟子们常常围在先师身旁，听先师讲古。

三、功课安排

由浅入深是各门派传授武术的常规。先师也不例外，他曾以"筋骨皮"为例解释拳术内容，他说："皮是手足外表，指拳术皮毛。筋乃武技形势。骨乃武道法术根源发明，披击之形，进退之法。"他将求学过程分为四等："追求皮毛，以算小学资格。求拳术器械架势手法深造，即算中学资格。追求拳之发源根底，器械讲言，拳学拳理，内外修为，算大学。留学资格则是进一步寻师访友，提高技艺，追求筋骨进展，内外合一。"

对初入门者，先师总是从抻筋、踢腿、站桩教起。拳术则是初级套路。大约过了半年，才开始教授本门风格的套路。各人首学的套路不同，有的学架子锤，有的学太阳拳，有的学燕青翻子。不论头趟学的是什么套路，都有搂、打、搯、封、弹、踢、扫、挂、压、打、刁、拿、插、撩、搬、搓、冲、撞等技术，手法、腿法、身法、步法、坐盘、腾空、起伏、平衡无不得到练习。先师自教头趟拳时起，对谁都一招一式地抠，教练新拳时也仍要捎带着指导这头趟拳，并要求终身演练。

一般于入门一年后，先师依据学生个人特点而有所侧重，或侧重燕青翻子，或侧重寸翻子，或侧重大翻子，或侧重小翻子，正所谓一专多能。三年之内，按先师计划，多数弟子均能达到"中学资格"，个人的长处也便突出了，短处也便明显了。那时，郑志亮的戳脚、陆中平的燕青翻子、林矛的靠粘连、我的大翻子、刘豹的锁手棍都多次受到先师的表扬。

四、重视示范

先师曾说旧时教拳"上等的使话教，下等的使棍教"，意思是："聪明好学的弟子，用语言指点即可领悟。愚笨懒惰的弟子得施用体罚才能让他学会。"但先师认为这样并不是好办法。他认为武术是用身体四肢的连贯动作体现的技术，用"话"用"棍"都教不好学生，必须是"言传身教"。

先师教课之前，必从头至尾完整地给弟子们演练一遍，做个示范。我入门时，先师已60岁，示范起来一丝不苟。特别是教授新套路，他不事先说，学生在那儿压腿、踢腿练基本功的时候，他突然自己练上一趟拳，就跟上了比赛场一样，打得那个帅呀！先吸引住你，让你心里像猫抓似的产生一种非学这趟拳不可的念头，然后他才开始教。这时，他到底是怎样练的你知道，哪儿起伏，哪儿转折，哪儿蓄力，哪儿发力，哪儿抑，哪儿扬，哪儿顿，哪儿挫，你已有了感性认识；新功课的风格、特点、劲力、速度、身法、节奏，你也有了一个整体印象。他是怎么练的你已深深印记在脑子里了，学起来就比较顺畅。如果一个学者从没见过老师从头到尾完整地打过一趟拳，见过的都是单势子，怎会有整体概念呢？

开课之后，先师每教一个新动作，就要做多次示范，直到弟子能够模仿下来，同时详细讲解要领、含义、用途，使弟子们一看就清楚，一听就明白。先师这种教学作风一直坚持到 20 世纪 60 年代末，那时先师已 70 来岁，身边仍有十几名弟子，在教学时，除了那些新入门的学生由老弟子代教之外，其他课程仍是亲自教授。1970 年，先师突患中风，痊愈后，虽然又能骑车，又能教拳了，但已不能完整自如地做示范了。

五、因材施教

一般入师门三年后，通过先师考察，又能坚持学习的，先师才陆续传与实用技术。再后，才讲解拳经拳理、功法要诀，并选择一两手"私功夫"，如运掌八法、易筋经、血筋经、水筋经等传与弟子。

就以传授技击为例来说吧。先师从不是千人一律，教的内容完全一样，而是根据徒弟的身体素质、功夫长项有针对性地教授。对悟性高的、身体素质好的，给小灶吃；对一些不太安分的、骄傲自满的、在外面惹是生非的，他则非常谨慎；而对于体质较差的、性格懦弱的，他教的重点是提高学生的身体素质，增强体力耐力，练胆量，练意志，练血性。他既怕徒弟惹祸，也怕徒弟吃亏，最终使每个徒弟都能有所收获。

棍術之問答説明

1. 問：諺云，槍乃艺中之王，以其各器难敵也，又謂棍乃艺中之魁
首，此何講乎？

答：按武備衆器，非無妙用，但身手足法，多不能外棍，如槍中
四平，拳的四平，即棍之回平勢也，剑之跨馬分鬃，拳之探
馬，即棍之跨剑式也，拳之又右一撇步，長侵刀之看刀，即
棍之鳳展翅式也，又之埋頭献闖，即棍之潛龍式也，槍之扎
搶，拳之攢拳，長侵刀之劈刀，即棍之单手扎搶是也。

2. 問：棍即包羅衆艺，則他艺可尽廢乎？

答：古人制艺，必性立一意，每人資性，各有所長，豈可尽廢，
惟楊家搶，大祖長拳，綿張短拳，孫家陰手棍，此□□，
以名鎖卡，兼搶代棍，捆捆之枝拳。

3. 問：我固不必旁求多艺矣，彼艺不同器，諸不同用，其設衆器之
意，典夫相持之法，皆可得闻乎？

答：器械斎有頭，頭之輕重不同，柄之長短各異，長者頭輕，
短者頭重，便用陰陽手，短者頭重，便用陰手，又有柄右挨
一小月鋒者，盖欲魁脐沙泥，以撲人面目，乘隙易入，此又
鋒脐之不一窟，而一用也，不特此矣，又瓜鎚月斧，同一類，
長侵刀，竹節鞭，同一類，双刀双鋼同一類，均非單單同用
矣，至於刀之利，利在砍，搶之利，利在扎，月牙鋒械盾鋒，
鈎鏾之利，利在鈎推，而長刀之抱刀，籐牌之標搶，此又短
單長用，尤不可忽之，惟籐牌，則勢低氣固，劈扎难架。

吴斌楼传《棍术之问答说明》油印讲义

技击这个东西，变化多端，无穷无尽，可能要研究终生。学上几招，似乎不会太费劲，但关键是实战和功力。没经过实战，没和人过过手，学多少招也白搭。没功力光会招法也不行，发挥不了作用。

吴老师教技击有以下这些内容。一是对套路中的典型动作做拆解；二是传授单练对练的招法，比如岳式散手、五脚配五手、八番手；三是教实做的技术，比如行顺、封挡、抢攻、赚打、用巧；四是教练几手功夫，比如内功的振心、养气、易筋经、血筋经、水筋劲，外功的操手脚、铁砂掌；五是讲授技击的原则：稳、准、等、狠、猾。

他教技击步骤鲜明清晰，比如教岳氏散手18式，第一步，首先要你把招式动作练熟。第二步，招式练熟之后，他讲解步法，告诉你怎么进，怎么退，怎么封挡，怎么诱敌。第三步，在招法和步法结合起来练熟之后，他教对练。他有固定的对练方法，像什么五花炮、上八打、对九拳，两个人配上步子，一进一退练熟。第四步，他会教你一些组合动作，这个组合动作不是固定的，可以互换互接互连。第五步，他会带着你打，让你打他。他手不留情，当然不真发力。他也不让你留情，反正你打不着他。他的手快极了，"啪"的一个大耳刮子就扇脸上了，你还不知道怎么回事，这时候他会告诉你错在哪儿，为什么你这么进来我用这个办法就能把你打了，他讲得比较细。然后，他会故意露出破绽，让你进来，让你练。最后就是徒弟之间打，他在旁指导，赢在哪儿输在哪儿，必让你明白。但是练习时不能伤人，你真把人伤了，他很反感，所以他一定在边上监督，当你有危险动作的时候，他就马上制止。他既要教会你怎么动手，又要让你掌握分寸，有非常强的控制力。对于功法，他会监督你站桩，会带着你练活步桩，还要求你耗顶功，这在戳脚翻子门里也算一种基本功，既轻身又增臂力。

武术源于实战，但是现在几乎没有实战的机会，平时自己练武，和实战关联性不大。自己一个人练，就是按部就班。戳脚翻子门必须练腿，一日不能停。此外就是练套路，练功法，站桩，练易筋经，不是十二段锦那种。还要打沙袋、踢沙袋、练指力等。要练实战，光一个人练不成，得找对手合练，总得互相切磋。对自己用着顺手的动作招法，会不停地琢磨，千招会不如一招熟，经常使的就那么几招。有对手的好处就在于能够锻炼应变能力。所以，对手还不能只找一个，还不能只找自己门里的。这就要多与同门师兄弟切磋，多与外门朋友交流。在吴老师的培养下，不少师兄弟在技击方面都有很高的造诣，像洪志田、刘豹、赵建中等。只是我始终没有多大进步，这和缺少实战密切相关。

据说，20世纪60年代早期，北京市青少年业余武术学校刘佩伟校长聘请先师担任高级班教练。先师表示学员要先踢半年腿，然后再教练戳脚翻子拳。武校不干，因为高级班学员要参加比赛。先师说，那就先教器械吧。先师根据21个学员的个人特长，选教不同的长短器械，结果参加比赛，18个拿第一，3个拿第二。每个人的特长都得到了发挥。

六、发放讲义

先师教拳必配讲义。首先是教哪趟拳，发放哪趟拳的拳谱或姿式说明。其次是发放有关拳术风格的论述，如《寸翻子风格动作说法》《大翻子演练要言》。然后是发放武术源流方面的文章，如《查考历史》《谈谈十八器械》。接着是发放功理功法方面的文章，如《解释十全说》《运掌八法》《肩头论之说明与手掌拳腕肘腰胯膝腿之谈》《棍枪论四平锁卡五十五着姿势歌》《棍术问答》等。对一些追随日久、水准较高的弟子，他最后拿出戳脚翻子古本拳经《温家教育术》《技术礼论》等，令其抄写，并予以讲解。

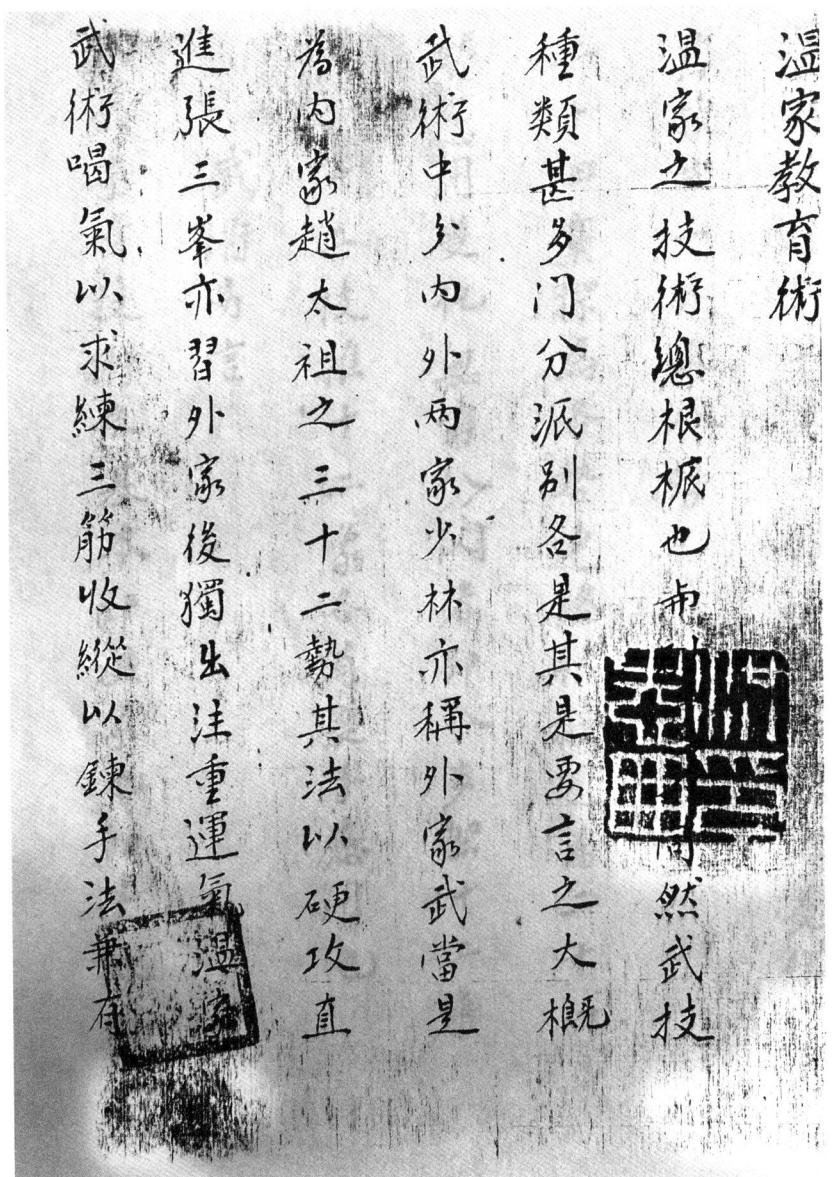

温家教育術

温家之技術總根柢也亦有然武技

種類甚多門分派別各是其是要言之大概

武術中分內外兩家少林亦稱外家武當是

為內家趙太祖之三十二勢其法以硬攻直

進張三峯亦習外家後獨出注重運氣溫家

武術喝氣以求練三筋收縱以鍊手法并有

吴斌楼传《温家教育术》手抄本

我刚入门学 32 冲拳的时候，先师就发给我一张姿式说明，叫《戚继光 32 式长拳》，还发给我《解释十全说》，是一镇、二活、三灵、四挡、五行、六欲、七情、八法、九应、十变。先师说，不懂可以问。其实都不懂，非问不可。

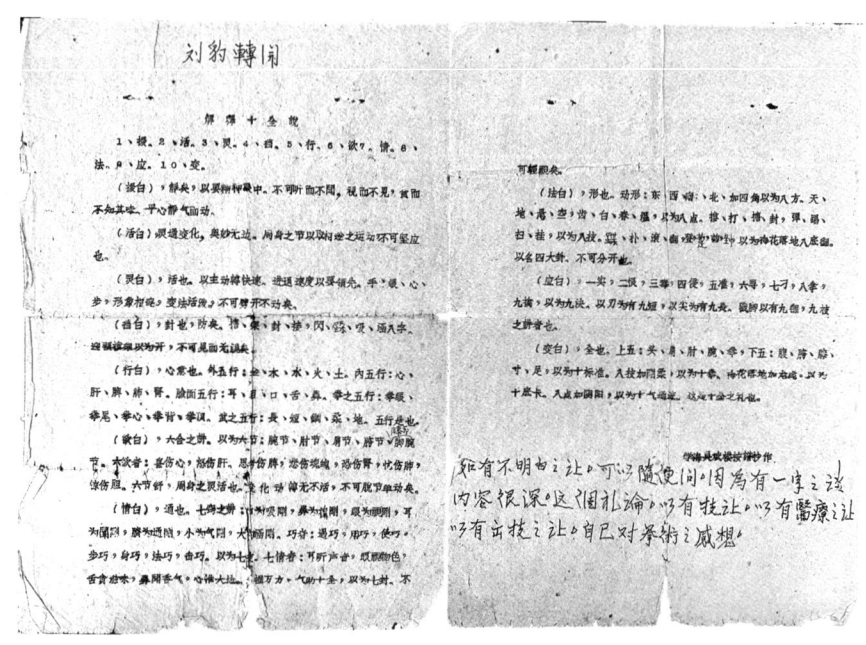

吴斌楼传《解释十全说》油印讲义及手迹

这些讲义，有些是先师自编，有些是改编别人的作品。凡属改编别人的先师必注明"吴斌楼模"或"吴斌楼编作"，如《棍术问答》。凡是全文引用他人作品，先师必注明原作者姓名，如戚继光的《拳经捷要篇》等。他自己根据老拳谱用白话编写的资料，文字通俗易懂。学套路是这样，学技法、功法，也是这样。他先给你一个感性认识，等你学会了，他再把拳理、拆解用法教给你。

先师重视讲义，他认为，武术虽然历史悠久，但文献史料太少，以致很多拳种门派连自己的发展史都搞不清楚，有的光有练法套路，没有系统理论。这是因为过去社会上重文轻武的倾向所造成的。过去，大多数拳师没有文化，就是有了心得体会也不会总结提炼，而多数文人墨客又不屑于涉足武术，结果就是武术文献匮乏。所以，他认为，教学生一定要发放讲义，配合言传身教，才能真正地把武术传承下去。

七、五不可传

先师吴斌楼在传授散打技击、徒手格斗、器械格斗的技术功法时，是十分谨慎的。现在有些"格斗狂人"声称"传统武术是花架子，打不了人"，令我不由得想起老拳师传授格斗技术功法的苦衷。先师吴斌楼在流传下来的《初学蠡言》中说："伤人之术，不可不传，又不可不择人而传。法曰：不忠不孝者不传，不仁不义者不传，无礼无信者不传，好勇性贪者不传，人不谨慎者不传。古人云：教人不善，罪在于师。为师者不可不慎哉。"这里说得很明白，格斗搏击术是伤人之术，武德欠缺之人，是很难得到师父的信任的。先师吴斌楼这套理论大约成文于民国时期。其实，清初黄百家在《内家拳法》中早就提出过"五不传"，他说，"五不可传：心险者、好斗者、狂酒者、轻露者、骨柔质钝者"。足见教授传统武术的师父们是多么的看重武德，是多么的"艺不轻传"。教者如此谨慎，学者自然也不会放荡不羁，所以所谓的"传统武术"能不能打，也就是个毫无意义的伪命题。

先师吴斌楼教武传拳的方法，在21世纪的今天，也还是大有可借鉴之处的。

学拳纪事（上）

先师吴斌楼新中国成立后传拳，先后在四民武术社（北海后门）吴子珍老师处任客座教练，在健身武术总社（大乘寺）赫寿岩老师那儿任客座教练，在健身武术一分社（东华门）宋兰坡、宋志平处任客座教练。

我入门时，是先师在健身武术一分社任教的后期，不久，即随先师来到景山公园设场，一直到1977年先师去世。除在1967年前后有一年多的时间拳场迁至北海九龙壁之外，近20年间未离开过景山地区。

先师初到景山公园时，是在东门内向西甬道旁略北的位置。一棵老柏树下有一张三座路椅，这便是场子的中心。我们把衣物书包都放在路椅上，大家分散在附近的路椅或大树边压腿练功。后来在寿皇殿大门（少年宫正门）东侧墙根教太极的程老师迁至美术馆小花园，先师便把场子设在了那里。原来靠甬道的地方让给了雷慕尼老师教太极拳。当时，这些老拳师的拳场都要经过区体委安排。

先师在寿皇殿正门东侧的时间最久，约有六七年。一度因为学员过多，曾短期移至寿皇殿正门西面的空地，即后来的儿童游乐场一带（今已辟为植物科普园）。"文化大革命"中的1971年2月，景山公园关门，拳场短期移至北海九龙壁，再移至故宫神武门外西墙根。1973年前后，先师又将拳场移至景山东门外北侧树林中，直至去世。

我刚入门时，在东华门健身一分社。师兄弟多是初中生，还有一拨小学生，两个班有 20 多人。迁到景山公园时，先师只带了 8 个初中生，小学生只带了于江明一人，共 9 人，其余的都留在了健身一分社。那时，先师骑一辆 24 寸女式自行车，那辆车是日本造，已经很旧了。先师常穿中式裤褂，脚蹬家做布鞋，他在布鞋后帮上钉两根布带儿，系在脚腕上，18 年间，未见改过装束，只是偶尔穿双矮腰球鞋。先师留着八字胡，下巴总是刮得发青，到晚年依然如此。只是在临终前那一个月没有刮，只是每天梳理，结果，两鬓及下巴的胡子均长有半尺多，绝对是美髯公，看起来比留八字胡威武。

那时先师每天到场总带一只面口袋，里边装着七八把两尺七八寸长的木片，车上拴着一根六尺来长的白蜡杆。木片是教我们练刀使的，白蜡杆除了教枪棍用，还用来帮我们练蹿毛。三四年后，弟子们学会了各类器械，自己也开始置办器械，先师才不再带了。

那时，先师除按常规教课之外，常常采取一些独特的方法提高弟子的水平。比如抻筋压腿。我们通常是把腿放在椅背上或树上正压、侧压、反压，把脚倚在树根处仆步压，双手挂地压等。后来先师教了两个出功快的方法。一是两人练，叫搬腿。被搬腿的人背靠大树，另一人将他的一条腿扛在肩头，一步一步往上搬。

一是单人练，叫提溜腿。一腿支撑，另一腿勾脚尖抬起蹬直，两手捏住脚尖，长时间耗着。这两种方法的确出功快，因为你偷不得劲，偷不得懒。两人练有另一人管着，单人练有两只手管着。你要一松手，先师的板子会不轻不重地招呼到屁股上。

练站桩功也如是。先师曾说："按武术的私功来说，应当先学站桩，站桩乃基本功。"我们常站的桩功是马步桩、弓步桩、虎步桩。后来教练内功，又增加了蹲势桩、浮势桩、转势桩、提势桩等。站桩的时候，先师常会出其不意地从后面推你一下，或是照着你的脚踢一下，如果此时你的脚的五趾没有牢牢抓住地，就会来个屁股墩，也就会遭到先师的训斥。站弓步桩时，先师往往要你伸直一拳，他则用掌顶住你的拳用力推，要你务必后腿使劲蹬地，否则会推得你倒退数步。

每天最后的功课是踢腿和练仆跌。踢腿时，先师打头，弟子们依次排队，由迎面腿踢起，每种腿踢两三趟，约30腿，10多种腿法都要踢遍。练空中踅轮时，先师要我们站好马步架打，然后硬拔身子翻过去。为学这个动作，先师几乎每次都做示范。当大家都能翻过去的时候，优劣也就显了出来，我和刘豹由于翻的时候总佝偻腰，被老师戏称为"虾米式"；陈晓明由于鲁莽，落地铿铿，被先师戏称为"狗熊式"；有的人又翻得极为漂亮，是"旋子"范儿。先师便说："空中踅轮要把身子竖起来，它叫锥子旋，这是跃起砸人使的，不能太飘。"

地躺拳常用的动作是滚地雷，就是用肩背着地侧身翻滚。练会了这个动作就练蹿毛，蹿毛近似鱼跃前滚翻，只是翻滚时仍是侧身，有点像戏台上的抢背。每逢此时，先师就蹲在那儿，手横举着白蜡杆，要我们一个个从横杆上方鱼跃过去。随着练习时间越长，横杆的高度也越高，最后能达到一米二三。

那时我们还经常打对子。对子有两种：一种是练基本功，像练抗击打的磕臂弹踢、活步对撞；像练基本招数的五花炮、上扒打、扫腿箭弹等。另一种是套路，其中拳术对练套路有八势拆打、活协对打、鹰熊斗智、金鸡斗、一龙斗二虎。器械对练套路有空手夺枪、空手夺刀、对棍、空手夺匕首、对劈刀、单刀进枪等。我和陆中平学过活协对打，和陈晓明学过对劈刀，和王鹤龄学过鹰熊斗智，和李志诚学过空手夺匕首，和史立民学过半趟金鸡斗。

练武术如果没有实战的机会，那就必须要练对子。先师特别喜欢空手夺枪，我曾见他与一位过去的老徒弟对练，那场面真是火爆、惊险。后来先师将它传给了洪志田、李进才。

1964 年夏，吴斌楼（左）在寓所院中教洪志田空手夺枪。

先师人称"花鞭吴"。九节鞭、鞭里夹刀、刀里夹鞭、走线锤是他的拿手器械，徒弟焉能不学？可是谁都知道，软器械难练，弄不好会伤了自己。于是，先师便教我们做代用品。九节鞭就用一根绳，绳头拴块木头。走线锤，则是绳头拴个垒球，或是自行车内胎装上砂子做成球状。就是这样，往往也会砸在腿上或头上，弄得青一块紫一块。待到练熟，我们才拿先师的器械仿制。先师的九节鞭是黄铜的，擦得锃光瓦亮。我们则是用钢条或铁棍车出来，师兄弟间互相帮忙，人手一挂。先师的走线锤也是铜的，呈倭瓜状，重 14 两（旧的计量单位，一斤为 16 两），大概是不好做吧，有人改成绳镖，仍是走线锤的路子。

先师曾教过双梭，梭就是织布机上的梭子，先师明说这是峨眉刺的路子。天天带着峨眉刺如同凶器，改为梭子就不是了。先师的梭子是真正织布机上的，两头是钢尖。我们则用硬木仿制，倒也美观实用。后来王鹤龄做了两对峨眉刺，送给先师一对。众弟子仿制的器械还有大烟袋，因为是独门奇兵，都愿学它，都愿拥有这种兵刃。只是在仿制过程中，尺寸不一，有的过长，成了长兵。虽拥有者多，但会练者少。2002年，先师弟子——河北辛集的曹兆田把它整理出来发表在《武魂》上，供喜好者学习。

戳脚翻子门确有许多独门兵器和独特练法。除了前边所说的大烟袋（又叫拦面叟）外，还有牛头锐、龙头杆棒、判官笔、双头蛇、双手大剑等，而八法滚龙刀、地躺梅花双刀、金背砍山刀加迎门三不过、三十六决七十二锁阴枪、七星点斗剑、锁手盘龙棍、双手代、杆子鞭则是戳脚翻子的独有套路,练法独特。这些内容都分别传给了各位弟子。

先师很会因材施教，因此，凡跟先师学过的弟子都各有所长。一位带艺投师的王姓弟子，他原是金刚门的，入师门时已20多岁，他练翻子拳，怎么看怎么像金刚拳。风格劲力、节奏尺寸就是改不过来，他自己也很灰心。先师可惜他白练一场，嘱我劝他放弃翻子拳，专练地躺拳，这位王姓弟子本有跌扑的基本功，这才选对了路子。戳脚翻子门有六趟地躺拳，称做梅花落地，又叫地趸卡，乃是子孙丹、飞剪、小八仙、燕子卡、五趸脚、金丝手。他学会了其中三趟，如今谁要找这梅花落地，那就非他莫属了。

还有一位杨姓师兄，原是少年宫的职工，入师门前没有系统学过武术，仅向一杂技演员学过飞叉。先师见他不注重武术，而偏重于腰腿功，于是就在这方面下功夫教他。没几个月，他就能劈横叉、竖叉，能打左右单腿旋风脚，能倒踢紫金冠。他踢提膝吊点腿，能先提膝做金鸡独立，然后脚从胸前翻踢到面前，那是真正的提膝吊点腿，与敌相距二尺仍能踢敌面部。在戳脚的各种腿法上，杨师兄是踢得最到家的一个，然而拳术器械都不甚精通，仅会那飞叉而已。

在散手方面我知道先师着重培养过刘豹、赵建中和洪志田。刘豹是1956年入门的，他的父亲是老红军，延安时期担任过保卫局长，新中国成立后是云南省委书记，家风好武。刘豹后来也参了军，参加过边疆保卫战。赵建中是抗战时参军的老八路，20 世纪 50 年代是国防部中校，以正师职离休。他们二人的武功都受过战火的考验。洪志田岁数小，但酷爱交手过招，肯下功夫，肯钻研，又敢于实践，5 年军旅生涯又锻炼了他的意志和体魄，因此进步很快。先师经常跟他过手。而先师过手时又绝不留情。我曾见过一次，先师出手之快令人不知所以，重重地打在洪志田脸上，事后洪志田委屈得直转眼泪儿。洪志田积数十年功力，在技击上是师兄弟中的佼佼者。

我虽然协助先师编写过《岳式散手十八式》，但实是未求甚解，也未下过苦功。一次先师要我和黄金友过手，黄金友挤身上来一个龙形靠打，我躲闪不及，被他手掌捎在颧骨上。先师要我们打第二回合，我则先发制人，以钻拳掼锤接扒打寸腿，再要起叶里藏花时，由于挤乱了黄金友的步子，他摔了个屁墩儿，先师怕我起腿，立即喝止。可是我伤在脸上，他脏了裤子，细算起来还是我不值。

如今回想起当年学艺情景，真有意思。

学拳纪事（下）

先师吴斌楼一直住在西四北南魏胡同 23 号，后改称西四北六条 12 号。那是一个门朝北开的小院，只有三间北房、一间南房、一间西房。先师住在西房，面积也就 10 平方米。屋内靠南墙是几块铺板搭就的床铺，床上靠西墙摞着两只破箱子，箱子上放着几个包袱，包着换洗的衣服。床边靠窗的地方是一张两屉桌。桌上一块大玻璃板，板下压着先师及弟子们的照片。一支大笔筒，里边放着毛笔、钢笔、铅笔，还有两柄折扇，那是在 20 世纪 20 年代，鲁迅先生送给先师的。据先师说，当年先师在京帮助父亲在西单皮库胡同东口开了一家豆制品作坊，先师年轻，挑担沿街叫卖。鲁迅先生 1919 年至 1923 年住在新街口八道湾胡同，1923 年至 1924 年住在西四砖塔胡同，1924 年至 1926年住在阜成门内西三条，都在先师吴斌楼叫卖的路线上。鲁迅先生最爱吃先师家的面筋，一来二去便熟悉了。鲁迅先生知道先师是个武人，便不时约到家中聊聊江湖轶事。鲁迅先生称先师为学海（先师的字），先师则称鲁迅先生为周先生。此后，先师出于对大文豪的尊敬，送面筋时再不肯收鲁迅先生的钱。鲁迅先生过意不去，便手书两柄折扇相赠。先师经常把玩欣赏这两柄折扇，却从不用它扇凉。"文化大革命"中，两柄折扇不翼而飞。靠西墙放着一张小供桌，桌上供着岳飞像。像前是个铜制小香炉，每逢年节，先师总要上香。岳飞像两旁挂着九节鞭和走线锤。墙角是一口大水缸，缸边放着各种器械。

我知道，文圣是孔子，武圣是关公。我也曾见过一些武术社的厅堂里供奉关公像，那为什么先师单供岳飞呢？就这个问题我请教过先师。先师说："岳飞是咱戳脚门的祖师爷。当初，宋时道长邓良依珠算九归创了枝子拳，就是戳脚，传给了周同。周同又传给岳飞。岳飞将之发扬光大，创了戳脚翻子门和形意门。所以当然得供岳飞了。"

我们立即肃然起敬，每逢年节到先师家去，都要给岳爷爷上炷香。后来长大了，上了大学，便知道查查历史，寻寻根据。这时发现，邓良其人，史无记载，周同虽见于史，仅有"飞学射于周同，尽其术"一句，并无创拳传拳之说。再看岳飞，19岁从军，38岁遇难，在19年紧张的军旅生涯中，南征北讨，东战西杀，又怎会有时间和精力创拳呢？看来，只能是后人假托。当我把这番意见说与先师时，先师不置可否，转而言他，显然是不认可的。当然，我也并不坚持己见，到底是谁创的拳，与我的距离太遥远了。然而，在1964年后，先师不声不响地撤去了岳飞像。小香炉依然摆在那个位置。当然，这是政治气候所致，绝非先师不把岳飞当祖师爷了。

就这么个小院，就这么间小房，却是弟子深造的地方。每逢星期天，拳场的课程进行完毕，先师常会叫几个弟子随他回家。弟子们总要帮先师做些家务，挑挑水，倒倒垃圾，扫扫地。而后，先师会讲些拳经拳理，还会拿出些古拳谱让弟子们翻阅、抄录。先师有个包袱皮，包着各种拳的姿式说明、动作解释等。在箱子里则放着一些手抄木的古谱拳经，我曾见过的有《温家教育术》《技术礼论》《艺术明言》《初学蠡言》《点法之技》《纪效新书》《架子棰谱》《连环剑谱》《锁手棍谱》《春点》，除《纪效新书》之外，其余都是用毛笔誊写在毛边纸上的，有的注明了誊写年代，有的则没有。此外，还有民国六届

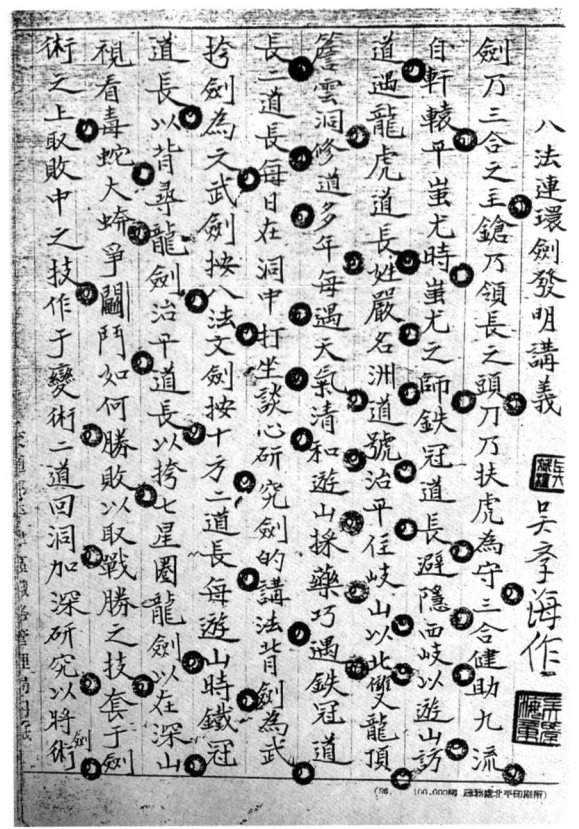

吴斌楼传《八法连环剑发明讲义》手抄本

运动会的秩序册、奖牌、条幅等。

先师往往坐在两屉桌前讲解，弟子就坐在供桌旁边的椅子上聆听。这种小灶几乎每个弟子都享受过，个人的特长专项也便由此而来。1972年，我协助先师编写《枝子拳谱》《岳氏散手十八式》《十八腿法》等资料时，就是在这间小屋里边学边练边写的。曹兆田师兄由辛集到京求学，每天晚上就搭三张椅子睡，白天就在小屋里学习，在小院里比划。洪志田学铁砂掌，也是在这小屋里密授的。

据我了解，先师总是先教精品，特别是那些人人必学的科目，而后在因材施教时才有所侧重，各人所学才各有不同。有的侧重大翻子，有的侧重寸翻子，有的侧重燕青翻子，实际上是学有所长。《温家教育术》载，枝子门的独特兵器有牛头铩、双手带、双手大剑、锦枪（即双头蛇）、拦面叟。先师弟子没有一个全会的。先师花鞭吴斌楼得以成名的九节鞭、鞭里加刀、刀里加鞭、龙头杆棒、走线锤，也不是每个弟子都学到手了。然而，每个弟子都有长项，这正是先师因材施教的结果，先师的遗愿是希望以后弟子们互相穿换，互相学习，取长补短，全面继承。

前边说过，先师从东华门健身武术一分社迁到景山公园时只带了9个学生，8个初中生，1个小学生。后来先师又陆续收了7人，一共是16位。这16位中，早入门的师兄是在1956年，晚入门的师弟是在1960年。中间有几位因各种原因离开。1962年7月15日，先师圈定了10位弟子列为本宗，记在了日记上，乃是刘豹、肖精兵、乔宗淮、张安东、于逊、赵东海、陆中平、马天胜、于江明、张大为。

先师在世时，我并不知道此事。先师去世后，整理先师遗物时才发现日记中有这段记载。后来，遍查先师留下的日记、笔记，所记弟子姓名不少，但称为"本宗"的却仅此一处。曾有一些师兄弟对此极为不解。其实这里并无秘密可言，据我所知，先师之所以在1962年这样写，是有着许多鲜为人知的因素的。

1959年以前，先师曾培养了好多位在武术方面颇有造诣的人才，他们在全国比赛中均获得优异的成绩，后来又都成为武术界的栋梁。但遗憾的是，其中许多位并未列入先师门下，还有几位先师极看中的人才，虽纳入门下，但又因追求博学改投他门，以至于没有将戳脚翻子深入学下去。另有几位极可造就的人才，并不热心学习本门拳械，只热衷于国家规定套路。先师已年逾花甲，似乎还没有选中继承本门技术的后辈。就在此时，陆续入门十几个初中生。这些初中生唯先师之言是听，唯戳脚翻子是练，整日围着先师转，与外门外界极少联系。

这让先师看到了继承人的希望。1962年春节，先师在日记中这样写道："一年之计在于春，一日之计在于晨。我的计划发展景山公园。每日要去景山教课，项目全盘传授。注重拔选青少年二代，接受我的门户功课……"这可说是先师当时思想状况的自白。到1962年暑期，这些弟子中早入门的已有六七年，晚入门的也近三年了，已分别学会了不少拳械。除了几位自行离去及个别被先师除名的以外，先师把留下来的上述10人统统归到"本宗"。

先师尽管文化不高，用词却相当准确。他用的是"本宗"，而非"正宗"。"正宗"有排斥其他之嫌，而"本宗"只区别于别门别派。当然也区别于虽同向先师学艺但不继承戳脚翻子的弟子，因为先师那时也传授吴式小架太极、形意和国家规定套路（甲级拳、甲级剑、甲级枪、乙级棍……）。在1962年前后那个大环境下，"本宗"二字是否还有其他含义，本人就不敢妄加猜测了。

令先师遗憾的是，这10位"本宗"弟子，没有一个从事武术专业。尽管他们都坚持习武，但终究是"业余"的，难有建树，更谈不上功夫和成绩。上比不了如今已成为武术大家的师兄们，下比不了刻苦钻研拳艺的师弟们。然而他们在其他领域都做出了不小的成绩，同样为先师赢得了荣誉。像乔宗淮，在任我国常驻联合国日内瓦办事处和瑞士其他国际组织代表时，在世界人权大会上代表我国政府的发言震撼了全世界。在纪念先师百年诞辰之际，我们向他发出邀请，他表示一定参加，并说："那是我师父，什么时候也是我师父。"届时因为国务院组织驻外使节南巡，他未能如会，事后一再表示歉意。一个武术教师教出这么一群能文能武的国家有用之才，恐怕并不多见。这也是先师择徒甚严的结果。

观摩表演与比赛

在 20 世纪 50 年代末、60 年代初期,北京市举办的各类武术表演、比赛活动非常多,特别是在夏秋两季。

凡有表演,先师必带我们前去观摩,对功夫比较好的弟子,他便给报名,要他下场表演。遇有区、市两级的比赛,先师更是与我们商量,鼓励我们报名参加。在 1966 年以前,每逢武术观摩表演大会,先师都会有拳术和器械两个表演节目;每逢区、市级武术比赛,先师必做裁判,或在长拳组,或在器械组。

在观摩表演大会上,先师总是带着我们坐在看台上,直到检录处点他的名时,先师才会离开我们,而表演完后,会立即回到看台上,坐到我们身边,为的是给我们介绍表演的拳师,讲各种拳术器械的特点,增长我们的见识。

那时,凡有观摩机会,我场场不落。因此欣赏到很多老武术家的表演。比如:李尧臣老师的炮捶、无极刀;张文平老师的短拳、杆子鞭;常振芳老师的查拳、枪、剑;金启亮老师的潭腿、大戟;吴图南老师的太极拳;葛馨吾老师的太极拳;崔毅士老师的太极推手;雷慕尼老师的陈氏太极、太极剑;高紫云老师的龙形太极、双短剑;孙剑云老师的孙式太极;杨禹廷老师的吴式太极;崔秀辰老师的杨氏太极;

有"末代镖师"之美誉的三皇炮捶大家李尧臣演练子午鸳鸯钺。

许小鲁老师的形意拳；吴子珍老师的形意拳；陈子江老师的龙行剑；王修老师的形意拳；王葆英老师的大杆子；骆兴武老师的八卦掌、八卦刀；王达三老师的八卦掌；高子英老师的八卦掌、八卦刀；马熙春老师的通背拳；王侠林老师的通背拳、剑术；韩其昌老师的梅花桩；刘佩玮老师的青龙大刀；周善武老师的太祖拳；王金生老师的八极拳、大枪；马汉清老师的螳螂拳；盖殿勋老师的双匕首；以及马有清、宋志平、成传锐等的演练，至于那些青壮年武术运动员的表演，更是举不胜举。

这样的观摩表演大会是中华武术的大展现，两个多小时使观众尽览各门派拳种的风采，具有极大的吸引力。所谓"萝卜白菜，各有所爱"，赛后各位拳师均有大量粉丝追寻而至。现如今，一场武术表演拳种单一，风格单调，早不见当年的色彩纷呈，怎不叫人倒了胃口！

在当年这些表演大会上，一些极具特色的表演，令人永难忘怀。

如李尧臣先生，那时已有80多岁，鹤发童颜、神采飘逸。他练"无极刀"，那刀的形制如太极刀，又像日本刀，双手握把，刺绞劈抹，配上疾进疾退的步法，令人耳目一新。而他老人家每练完收势时，必高举右手向四周致敬，既谦逊又天真，掌声总是经久不息。

再如张文平，那时也小70岁了，留着一撮山羊胡，头上有时包条白毛巾，穿着对襟褂子，下穿系绑腿的裤子，像个老农民，但身手矫捷异常，如猿猴一般。我看他老人家练杆子鞭，上场端着杆子鞭与端着步枪相仿佛，斜身拗步跑上来，随即甩开鞭绳抡将起来，上下翻飞，令人眼花缭乱，收尾时还有地躺动作，观众叫好声不迭，看着真是过瘾。

金启亮老师那时也是高龄了，所练"大戟"极为罕见，虎虎生风，艺惊四座。陈子江先生的龙行剑别具一格，边走边舞、步步连环、招招连环、袍随剑展，真如龙行一般。还有王金生老师茁茁实实的八极拳、马汉清老师刁巧灵活的螳螂拳、马熙春老师噼啪作响的通臂拳、崔毅士老师善发善化的推手等，都给我留下了极其深刻的印象。

面对这些五花八门的拳种门派，先师则将场上的演练一一讲解给我们。记得韩其昌老师带着两名弟子表演梅花桩。韩老师高大的身躯站在场上，一口浓重的深州口音，气满声足地进行讲解。那两个弟子架子拉得很大，弓马步的步幅也很大，上来便是对打，毫无虚花之处。先师告诉我们，这梅花桩是少林拳种，原来就是在木桩上练，后来改在地上练，称干枝落地梅花桩；继而告诉我们梅花桩与梅花拳、梅花翻子的区别；最后告诉我们，"韩老师讲义气，有外号，叫沱南侠，他早年学过戳脚，20来岁改练的梅花桩"。

当常振芳老师演练时，先师则告诉我们查拳是教门的，风格舒展，与戳脚翻子不同，戳脚翻子是闭门拳种，风格紧凑。还说现在国家规定套路是在查拳基础上创编的。

当金启亮老师练潭腿时，先师又给我们讲弹腿与潭腿、教门弹腿与临清潭腿的区别。

当许小鲁老师等人表演形意时，他又给我们讲山西形意和河南形意的区别，讲许小鲁和许禹生、许子先的关系。

马锡春、王侠林表演通臂时，他又告诉我们白猿通臂、五行通臂的特点，通臂与劈挂的关系。

当王葆英演练大杆子时，我们都目瞪口呆，那三丈来长的大毛竹，端平都费力，别说抖动它了。先师则告诉我们，大杆子是士兵在壕沟里守寨时使用的，必须有臂力才使得动。还告诉我们枪的尺寸不同，名称也不同。六尺六为步下枪，七尺是花枪，七尺二为锁阴枪，八尺二为中平枪，一丈二为大枪，一丈六为杆子，一丈八为矛，三丈三就叫大杆子了。

先师的博学令我们敬佩，他那画龙点睛般的寥寥数语，一下子便指出了各门派的特点。我们的武学知识便在这观摩之中逐渐地增长了起来。

先师的讲解也是知之为知之，不知为不知。一次在文化宫体育场观看外地运动员的进京表演，其中有南拳。先师讲过南拳重桩、北拳重腿，南拳的桩法扎马步又叫地盘、地盆等知识后，对其他则缄口不谈了。

先师带我们观摩时，对各位表演者，尤其对老拳师的功夫，总是褒奖有加，一一指出他们的优点。一次，在东长安街体育场的武术表演中出了个事故。一位老拳师与其弟子表演大刀进枪，不知何故，一失手，大刀将弟子的脑门砍中，顿时血便流了下来。看台上的人们都担心地站起来，场上二位却如木鸡般呆在了那里。此时，先师正跟我们待在看台上。只见他疾快地跃下看台，跑进场去，随同其他工作人员将二人搀下场去。过了不久，先师回到看台，平静地对我们说："人有失手，马有失蹄，算不了什么。某老师是少林正宗，多年来在北京武术界就有一号。"

遇到本门人士表演，先师则有褒有贬，批评起来，也是毫不留情。

如今武术十大教授之一的门惠丰，20世纪50年代初就向先师求艺。1960年前后，我曾陪先师看过门惠丰四次在场上演练，一次是二趟寸手，一次是金背镖刀，一次是走线铜锤，一次是双手带。在我所接触过的师兄弟中，门惠丰的套路演练是首屈一指的。二趟寸手打的是又冲又脆，真是突出了一个"寸"字，收式的蹿毛又高又飘，连先师也禁不住点头称道。门惠丰的金背镖刀练得也是虎虎生风，收尾一个空中踅轮，把演练推向高潮。先师对他的演练给予了极高的评价，说："你们谁也不如他。"

十大武术教练之一的吴彬，在 20 世纪 60 年代初，也向先师学习。经先师精心指点，他练的寸翻子，脆快、火爆、爆发力强，突出了寸劲、寸击、寸形的特点，他拿下了北京市武术比赛的冠军，先师夸他练得好，他至今引以为荣。

孙长立师兄后来学了查拳，他在演练查拳时，加上了翻子里的吊毛。先师在当天日记里写道："……在文化宫参观工人体育场青少年业余武术学校跟文化宫武术训练班联合表演，别人不做批评，唯有孙长立，可以批评两句。表演查拳，内中加上吊毛，脱去查拳风格……，棍演了一个'勇'字，枪扎的有'点'，有身法。"先师的评述既有褒奖，也指出不足，极其中肯。依先师的见解：练戳脚翻子，就应是翻子风格；练查拳，就应是查拳风格，既然武术分门派，各门派的风格就不能混淆在一起。这种见解对任何一个从事武术专业的人来说，都是有益的。

我们这些 1959 年前后入门的弟子，论起演练水平，纯属业余，虽然我们也大多都参加过表演或比赛。其中表现上乘者是陆中平、马天胜、林矛、刘豹、郑志亮、宝石。不过，只要敢上场，先师总会给予表扬和鼓励。遇到场上出丑的情况，先师反而不生气不批评，一再鼓劲，要我们不要气馁。

一次在什刹海体育馆比赛，刘豹临场心慌，左边出势右边收势，没回到原位。练完了自己也愣了，站在原地好几秒钟不知下场。先师也忍不住大笑起来。回来后他帮助刘豹分析错在了哪儿，为什么会错。

我曾参加过 1964 年北京大学生运动会武术比赛，拳术报的是燕青

2011年初夏，应《ELLE MEN 睿士》杂志之邀，张大为（左）与张肇昕在天坛公园演练双棒进单刀。

翻子，器械报的是金背刀。当时太不谨慎，选择了50多个动作的燕青翻子。这趟拳动作多，运动量大，而且收势前是旋风脚接空中踅轮。我一下场，发现四个裁判中有一位是先师，不由得胆怯起来，越练越吃力，到结尾时，实不敢翻那个空中踅轮了，灵机一动改个钝镰割谷、金鸡跳墙收式，狼狈至极。下场后，偷眼看先师手中的小黑板，只给了7.2分，总分也才7.8分。练刀时，我就加了小心，一丝不苟、不慌不忙地练完，最后成绩是8.6分，在当时就算较高了，总算为我们代表队争到了团体分数。

那时，凡遇比赛，先师必做裁判。有一次在什刹海体育馆举行的比赛，下场一个40来岁的壮汉，个子不高，也就一米六多。他使一把单刀，有二寸多宽，三尺来长，是一把古刀，舞起来上下翻飞，真个好臂力，看得出这人很有功夫。可是他的套路没出势没收势，结果只得了6分多。我当时坐在名拳师许维仁身边。许维仁大叫不公，看台上也有人跟着起哄。当时先师是拳术组裁判，在另一个场地。事后，我问先师：这人功夫这么好，为什么才给这么点分？先师说：要说这人是真有功夫，要是打擂，一般人未必是他的对手，但是他也有不足之处。这是套路比赛，有规则管着，没出势没收势，哪能不扣分？不知是他没学全，还是就这么个练法，就算是这个练法，要想参加比赛，也应当加上个出势收势。

这时，我明白了一个道理：功夫是指过硬的本领，但光有功夫也不一定能在比赛中获胜，要想在比赛中取胜，还必须熟悉规则！

先师自己的表演令我们至今难忘。无论拳术还是器械，先师演练起来绝无雷同之处，真如花团锦簇一般，场上总是掌声不断。须知，那时先师也是 60 岁开外的人了。王侠林老师当时曾对我们说："我父亲在世时常夸你们师父，说他练出拳来像朵花一样，功夫真俊。"

1965 年，吴斌楼在景山寿皇殿前为弟子演练横棍。

我见过先师在各类武术大会上表演拳术五封锁、靠粘连、续靠粘连；器械九节鞭、鞭里加刀、牛头镋、空手夺枪、五虎断门十二枪、连环刀等。这趟连环刀其实是金背镖刀的节选，先师掐去了三支镖，又掐去了原套路最后一个小节，保留了三十几个动作。这三十几个动作自出势始，就招招相随，势势相连，刷刷刷刷，无一处停歇，无一处亮相，无一处断劲，就好像一口气一个劲练完的。这趟刀作为表演项目真是太适合不过了。后来不少弟子都热衷于这趟刀，反而将原始套路忘记了，这大概是先师始料不及的。1962 年，在北海体育场，我还见到先师演练形意八式。那天有定兴来的形意名家下场表演，引得先师技痒，故而也练了趟形意。先师的演练引得场上掌声轰动，叫好声不绝。后来，好些专练形意的人都说，没想到吴老师的形意拳打得这么好！先师早就说过形意和戳脚翻子都是岳飞所创，故而对形意一直关注，他也多次赴山西太谷与戴逵、范文明、李振标等形意名师切磋拳艺，尤与李振标交好，因此，先师也精于形意，虽鲜为人知，却在情理之中。

景山拳场见闻（上）

20世纪50年代末，各公园都有许多拳师设立的拳场。那时虽然也都归各区体委管理，但不像"文化大革命"后挂小旗称辅导站。

那时在景山公园除了先师吴斌楼的拳场外，也有雷慕尼老师的拳场，在先师拳场的南边，教陈式太极和国家太极拳套路24式、88式等，还有郑时敏老师的拳场，在建德殿（少年宫图书馆）南墙外，教吴式太极和24式等。

雷老师是个非常忠厚的人，湖北人。他是陈发科的入室弟子。在投陈发科之前，曾在北平国术馆学习，师从耿小山、许禹生、张鸿逵等。

那时雷老师也和先师吴斌楼一样没有正式职业，只靠教拳为生。按照体委的规定，一个学员一个月只交2元学费。有些拳师为了留住学生，一趟拳往往要教很长时间，但是雷老师不这样，他不但教拳认真，而且很注意进度，一旦学员学会了一趟拳，又不准备学新东西了，那么即使你天天来跟着练，雷老师也不肯再收费。

先祖父与雷老师交好，经常给他介绍一些学员，为此，雷老师感激不尽。1961年暑期，先师吴斌楼不知出于什么动机，要我到雷老师那儿学习陈式太极。我遵师嘱每日晨起先去雷老师那儿。雷老师执意不肯收费，竟说："你祖父给我介绍了那么多学员，我哪能收你的费。"

由于我是奉命学习，虽向雷老师学拳，却未列入门墙执弟子礼。雷老师教我很认真，将陈式太极拳的头趟和二趟炮捶倾囊而授。可能雷老师也知道我不是以学习太极为主的，除套路外，更深的东西包括推手都没有传授。而我也在学完二趟拳之后便心满意足地回到先师身边。先师也没说什么。但后来，我在学习戳脚翻子的"撑、随、翻、滚、缠、捋、粘"的手法时，突然领会其中有缠丝劲。这也许就是先师的初衷吧。后来我读到一首古拳谱中的翻子歌诀，发现有些动作名称竟与陈式太极拳的名称相似，实实让人感到拳法是相通的。今录于下：

> 蛟龙出水连声响，老祖翻身两肋旁。
> 朝天抱起星和月，劈心盖式定家邦。
> 隐手盘头自顾裆，仙人背后把人伤。
> 卧牛槽头身出力，金鱼抖鳞到池塘。
> 和尚甩袖最为先，金丝缠腕紧靠肩。
> 双环套月在空中，老僧托钵显神通。
> 点子神拳快如风，仙家捆人不用绳。
> 金刚捣碓人要倒，举火烧天占上风。

20世纪80年代，雷老师搬到永定门外西马场居住，每周两次到月坛公园授课。我曾与雷老师做过长时间的交谈，并写了篇《雷慕尼小传》连载于《体育报》的《武苑》专栏。雷老师不时与我有书信往来，但仍不以师徒而论。

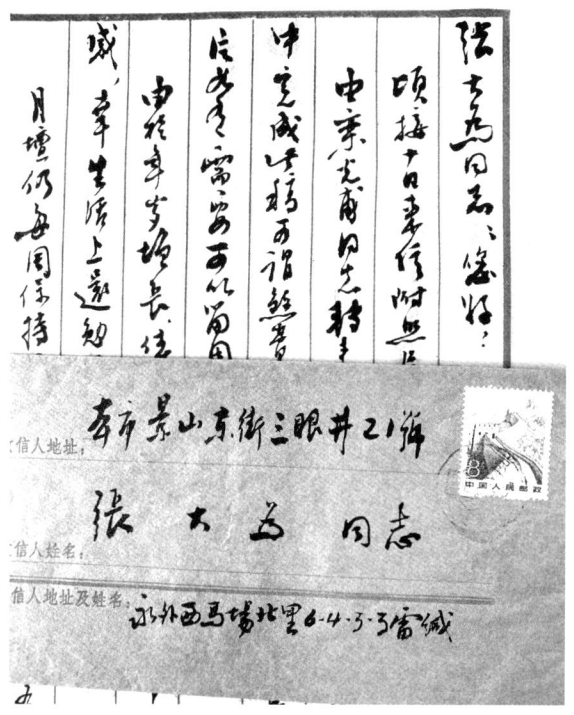

1986 年 9 月，雷慕尼寄给张大为亲笔信，并附
个人习武心得。

郑时敏老师是练吴式太极拳的。郑老师是个裁缝，每日早晨在景
山公园教拳。郑老师高挑身材，衣着总是很整齐。他练的拳动作极其
优美，尤其脚步特别轻盈。跟随郑老师学拳的人很多，我经常经过郑
老师的拳场，除了见面向郑老师打招呼外，未有过其他接触。

除了这三个拳场之外，还经常有一些武术家三五成群地在景山切
磋。像陈发科的另一弟子孙枫秋老师，就经常在景山公园和朋友练推手。
孙老师五短身材，盘架子时拳路很冲，推手极好。他一般是星期天来，
且走得很晚。我们有时在散场后就围观他们推手。

王侠林老师几次到景山都是为了看望先师。王老师称先师为师
兄，甚为尊敬。原来，早在 20 世纪二三十年代，王侠林的父亲王荣标

在世时，就很欣赏先师的功夫，经常夸奖。一次先师与王侠英、王侠林参团出访，王荣标前辈还特意叮嘱先师照顾王氏姐妹。王侠林老师精通背，她有时带着徒弟来，便练一练，让我们开开眼。我见过王老师练拳，也见过她练剑。先师曾对我说王侠林年轻的时候棒着呢。王老师有个徒弟叫祁志平，跟随王老师来过几次，喜欢上了戳脚翻子，于是王老师便把他领来推荐给先师，后来成了我的师弟。

1963年的五六月份，一个星期天，李尧臣老先生带着祖仲惠老师到了景山，在寿皇殿西南树林中练了起来。我们好奇，便跑过去看。正赶上李老先生练绵掌，只听他浑身骨节咯咯作响，银髯飘散如神仙，令我等惊讶不已。接着是祖仲惠老师的小洪拳，功夫极好，别具一格。李尧臣老先生是练炮捶的，曾在清末会友镖局保过镖，镖局歇业后开过武术茶馆，在武术界德高望重。那次李尧臣携祖仲惠等到景山是来打场子的，也就是准备在景山设场授徒，不知为什么，以后再没有见他们来，可能是因景山离他们住家太远了吧。我的邻居赵某却从此去学了炮捶。可见每一个拳种都有它的魅力。

郭谷民、许维仁、高子英也曾到景山去过，与各位拳师访谈。

我认识郭谷民、高子英二位先生是在我的初中同学金孝纯家。金孝纯的祖父金幼申老先生是一位多才多艺的大家，人称"八艺山人"。他对诗、书、画、乐、棋、戏曲、武术、踢毽无不精通。他曾多次在民国全运会上获得踢毽优胜名次。我涉足京剧，也是金老先生启蒙，后与他的孙子金孝纯结为搭档，孝纯拉琴，我唱，持续6年，直至高中毕业。

金幼申老先生家住在龙头井13号，一个高台阶的三进宅院里。龙头井北口即是北京师范大学原址，郭谷民先生就在那里教课。龙头井南口外即是四民武术社，吴子珍老师在这里主持。金老先生与吴子珍、郭谷民等相交甚厚，由此与高子英、许维仁等也交往甚密。

　　我初见高子英是在金家，是 1958 年我上初二的时候，那时我虽已学了一年的少林拳，但尚未入门，对武术还一无所知。依金老先生的意思，想介绍我拜高子英为师。那是一个星期六的晚上，高子英老师到金家去，我正好在金家学戏，于是金老先生便介绍我见了高老师。在北房的东套间，也就十来平方米的面积，还摆着桌子和一个立柜，高老师要和我推推手。这一推便被粘上了，如同被高老师玩弄于股掌之间，他一放出去，我便不由自主地倒退，往回一带，我又向他的胸怀扎去，惊出一身冷汗。此事过后，高老师便不再提起拜师之事，我想，大概高老师看我不是练武的材料吧，当然我学八卦的愿望也不强烈，态度也不积极。

　　头次见郭谷民和许维仁二位是在景山，距见高子英后不久。郭谷民个子不高，留小背头，戴着一副茶色眼镜，胳膊上挎着根文明棍。许维仁身材高大，剃光头，红光满面，穿一身黑色绸缎裤褂，上身两袖子和对襟处系着密密的纽袢，腰系板带，裤脚打着腿带，脚踏洒鞋，一看就是武林高手的样子。他们似乎是游园而来，与我的启蒙老师程全宝攀谈许久。他们走后，程老师非常尊敬地告诉我这二位是郭谷民、许维仁。后来我到金家，金老先生又详细地给我讲了郭、高、许之间的关系。这以后，也便有了在什刹海体育馆坐在许维仁老师身边看比赛的事。（见《观摩表演与比赛》一文）

　　那时，每天早晨郭谷民、吴子珍及金幼申老先生都到北海公园，或切磋，或教拳。常在北海蚕坛南门外的空地上，也曾在濠濮间。

　　一次，郭谷民与金幼申二位老先生推手，金老意外地拿住了郭老的手臂，可能是金老很少在与郭老的推手中占便宜吧，所以这次很得意。但郭老却没住手，反背一掌拍了过去，正好打在金老的眼眶上。由此二老失和。但金老谈起郭老的功夫，总是赞不绝口，并讲过郭老在旧社会曾被官府通缉，待军警来抓时，郭老手持一口宝剑，跃墙而去的故事。

金老家有许多兵器，尤其是大枪和大戟，白蜡杆都给使成红油油的，真是好玩意儿。金老家还有袖箭，睡觉时，袖箭就放在枕边。那时房屋套间往往没有门，冬天挂棉门帘。一日夜，风将棉门帘吹得呼悠悠，金老在睡梦中以为有贼，便发出袖箭。天一亮，发现袖箭把棉门帘打了两个大窟窿。一时传为笑谈。

那时，在景山绮望楼前的平台上还有一位宋老师，名字不详。宋老师当时有 70 岁左右，矮个，光头，戴眼镜，背微驼。他只带两个十六七岁的女学生；只传授一趟剑，没见他练过别的。那趟剑很别致，很耐看。由于他那里只有两个女弟子，我们这些男生均不便向前询问，故而也不知宋老师是何门何派。

此外，在景山公园东门内的半山坡上还有秦仲三老师教意拳，学的人很多。后来，学者称他们所练为站桩气功，于是很多病号前来学习，反而没什么人问拳了。其中有一个 60 来岁的王老，长得仙风道骨，颏下五绺长髯，白如初雪，在秦老师处成了耀眼的人物。后来我曾有幸拜读秦老师的著作，发现其中示范照片有许多是王老先生的。秦老师过世后，王老师就接了他的场子。

景山拳场见闻（下）

景山公园自20世纪50年代中期向公众开放以来，一直到70年代，苍松古柏之间并不像现在这样是成片的绿地，而是大片平整的土地，确是习武练拳的好地方，所以它吸引了许多拳师在这里开拳场，也吸引了许多武林隐士、武术名家出没于此。

我曾见过一位绰号"关瞎子"的武术家。此人当时有60多岁，中等偏高的个头，四方大脸，留着小背头，成日里戴着一副茶色眼镜，这可能是他绰号的由来。关老师独来独往，没见有弟子相随。他喜欢到各个拳场观看，与掌门教师攀谈，偶尔兴起，自己便在场地旁边练练，但从未露过整趟的东西。先师吴斌楼说他练的是少林门，我瞧着有点像通背或劈挂。关老师甚为幽默，经常插科打诨说笑话，对我们这些小辈也从不端架子，嘻嘻哈哈随和得很。他从不指点评说我们的功夫，不干扰先师教学，多是讲些武林奇闻轶事。先师对他很是欢迎。

还有一位30多岁的壮年人，经常在我们拳场东边的空地上练武。他是个瘸子，走路一跛一跛的，他练的是弹腿一类的功夫，打起拳来架势很低，一招一式非常到位，出拳踢腿很有力量。他的招式似乎是依照他两腿一长一短量体定制的，因此他打拳时根本看不出他腿脚有毛病。这人是很让我们敬佩的一位。先师常说："人家腿脚不好都能练好拳，你们练不好还成？"终是因为他有残疾，他不主动到我们拳场来，我们也不便前去套近乎。

练少林拳的王师傅、练通臂的刘师傅，那时都在40岁上下，功夫都不错，同是景山公园的"单干户"。王师傅是东单皮鞋厂的工人，他每天早晨必到，练完了去上班。他个子较高，满脸胡茬。他的拳术很苗实，拳头大如醋钵，自个独练，见人寒暄几句，并不深谈。刘师傅是天津人，口音很重，中等个头，壮实得很。他总是对着一棵树练习抖臂、中拳等散式，无冬历夏，都赤膊上阵，那身腱子肉用如今的话说，真是酷得很。刘师傅在景山练拳的时间很长，大约在他50来岁的时候，突然中风，痊愈后就改练太极了。

比我年龄大几岁的有一个小周，还有一个于卫东。小周是铜丝厂的工人，长得比我还要单薄，生性滑稽，极好武术。但他不大肯下功夫。他有极强的交际能力。那时我们练枪都想淘换白蜡杆，他就瞄上了沙滩广澄园浴池挑衣服用的杆子。那时，去浴池洗澡，要么把衣服装在大筐里，要么把衣服高高挂起来，挑衣服用的杆子多是白蜡杆。广澄园的白蜡杆，少说也用了20年，都是黄油油的，发着亮光。小周花4块钱买了两根，他自己留一根，给了我一根。这根白蜡杆如今是我的牛头锐杆。后来我再买的白蜡杆，都没有这根好。于卫东练八极，是王金生老师晚年的学生。他是某警卫部门的干部，却每天扛着大扎枪上景山。每到星期天，他练完功，就到我们拳场来，蹲在先师旁边，边聊天边看我们练。久而久之，大家都成了朋友。他如今快90岁了，依然腰板挺直、健步如飞。

先师吴斌楼自在景山设场，声名不胫而走，不少喜好武术的人专门到景山来看先师教拳。其中有不少老革命，这可能是因为景山周边有不少重要机关吧。这些人往往在拳场边停留很久，仔细观看，细细品味，大概在研究是不是花架子。看得久了，便会和先师聊起来。

先师也很愿意和他们聊武术。一次一位独臂将军脱口称先师为教师爷，先师有些不高兴。他喜欢人家称他老师或教练，完全新派的称呼。还有一位老革命的儿媳看得久了，后来加入了晨练的队伍，而且坚持了很久。

在我们小的时候，景山只有东西两条山道，很窄很陡，南北是没有山道的，山坡上多是酸枣棵子。先师每次都要带我们围着景山跑圈。后来，他不跑了，要我们自己跑。我们

1971年初，吴斌楼在景山寿皇殿前演练青钢剑，时年73岁。

便会钻酸枣棵子爬山，从北边爬上去从南边爬下来，再由东边跑回来。那时，景山万春亭上的大佛还在，从佛龛旁边能爬上去。大佛头的后脑勺上有个四方盖，三寸见方，可以拿开，里边是空的，我们便会藏点东西在里边，看谁先爬上去取到，谁也不理会是否会亵渎神灵，那时候是浑不吝。景山东北的山坡有一眼压水机井，渴了还可以偷着喝口水，因为先师是严禁练功途中喝水的。

我们这些半大小子，在师父面前虽毕恭毕敬，实际上是淘得出边，要不怎么敢爬佛爷头顶呢？那时结伙去北海，为省那5分门票钱，都是从北海夹道越墙而过，还为此"大侠"风范而沾沾自喜。那时，社会上有些流氓团伙，什么"九龙一凤""镇东四"等等，打架斗殴时有发生。我们是不打架的，先师管得严。有个师弟功夫不错，平时手中总提着网球鞋，一副练家的样子。便有好事的青少年向他挑衅。这

位师弟性格内向，定性大，胆子大，遇到挑衅不肯示弱，总是先换鞋再交手，几次与人交手未闻有失。先师最后知道了这些事，给了他很严厉的处罚。应该说他是个练武的好苗子。

景山以崇祯皇帝上吊的槐树闻名。景山刚开门时，那棵树被一座一人高的红墙围着，树杈上捆着一根大铁链，树很粗大，但似死了半边。后来，公园把围墙拆掉换成了栅栏，铁链子也取下来了。不久，这棵树反而枝叶茂盛起来。这对我们这些天天泡景山的人来说可是个新鲜事。于是各种传说逐渐蔓延，越传越神。大多是说这棵树被封建枷锁锁了200多年，奄奄一息，如今砸掉枷锁，获得新生。总之，意义很积极。但有个现象值得注意，就是这棵树往北三四十米长的甬道附近，温度比景山其他地方要低，尤其是夏天，走到这里，总感到凉风习习。"文化大革命"中，这棵树被毁掉后，依然有这种现象。我们曾怀疑这块地方的地下有地下湖或是山坡里有个深洞。那时有不少晨练的人到附近去做深呼吸，感到很爽。近些年来，景山在原树址移栽了新树，山坡上原有的灌木丛全被除掉，种上了草，这种凉风习习的感觉再也没有了。

"文化大革命"后的1978年，景山公园重新开放，作为习武胜地的优势依然如故，各路武林豪杰纷至沓来，然而物是人非，只有郑时敏老师露了面，雷慕尼老师已迁至月坛，先师已然故去，其他老师都未见到。我们这些先师的弟子聚了十五六人，每周日上午活动半天，互相串换些东西。再加上收了些小徒弟，算是规模较大的一群。有一位教太极的何老师教得不错，学者很多。后来又有杨氏太极名家吉良辰在此授艺。这一时期，武术运动似乎达到了顶峰，据说光《武林》杂志就发行270万册，全国得有多少人热衷武术？真可谓已形成一支武术大军。这时，练戳脚翻子的我们与练形意、八番的李克仁，练六合螳螂的许世田，练八卦、梅花桩的隋云江，练陈式太极的杨文笏，练杨式太极的栾光甫聚到一起练功，各自带着各自的徒弟，一时竟有六七十人，景山已无地容纳，便在晚上迁至故宫神武门外的空场练功，习武者排列成行，弄棒舞枪，好不壮观，俨然是武校的雏形。随着时光的推移，终究没有办起武校，我们这一群渐渐势弱，终于偃旗息鼓，不了了之。

这时，精通八卦、少林、通臂的马全福来到景山设场，别开生面，一时弟子门生多达二三十人，声势浩大。遗憾的是，马全福于20世纪90年代退休后，很快便患了中风，留下后遗症。马全福性情急躁，常为自己的病体着急上火，终于没有养好，以至壮年早逝。马全福去世后，他的拳场也散了。自此景山再也没有像模像样的拳场了。

1985年夏，张大为（右）与李瑞东嫡系名拳师马全福在景山寿皇殿前对练。

改革开放将各种健身方式引入了百姓之中，首先是交谊舞，那时，景山少年宫门前、西门内、南门内都成了舞场。扇子舞、秧歌舞、民间舞、彩带舞、太极球、老年健身操也成燎原之势。唱歌的、唱戏的、在地上写字的各有各的地盘。更有成百的老头老太太热衷于一种嘴里喊着口令、双手拍着身上各部位的健身术。这种健身术简单易行，学者日众，清晨阵势浩大，可称漫山遍野。而练武术的，倒成凤毛麟角了。近年有曹彦章老师的女弟子蔡老师在镇山阁前教太极，颇有声势。她的先生刘老师擅长达摩杖，传了不少弟子。他们把景山的练武之风传承了下去。这个拳场成了许多武术爱好者聚会的场所。

但，当年武术拳场一统景山的辉煌景象，今已不复存在了。这也可说是时过境迁，沧桑之变吧。

贰 · 幸遇名师

先师吴斌楼凭着九节鞭和鞭里加刀的功夫，赢得了"花鞭吴斌楼"的美誉。他提出了"技术、艺术、医术"三术并重的主张。

武人当以功夫论

尽管先师吴斌楼不断强调"文武一家，文为左膀，武为右臂，有武无文是莽夫"，但是，作为一个武人，仍是把武艺功夫放在首位。特别是在旧社会，没有高超的武功，无以在江湖立足。

关于先师吴斌楼的武功，在北京武术界是有口皆碑的。

他最早显露武功是在1920年间，当时他为北京福源镖局保镖，路遇劫匪，"以武会友"时，以九节鞭慑服劫匪。一路上还凭着九节鞭和鞭里加刀的功夫，赢得了"花鞭吴斌楼"的美誉。从此，"花鞭吴斌楼"的绰号便伴随了他的一生。此后，他数十年精研九节鞭和鞭里加刀，并对自己借以成名的技艺从理论上给予了总结与升华。他说："鞭里加刀练法有两个说法：右手使鞭叫鞭里加刀，右手使刀叫刀里加鞭，以右手为主。按十八般兵刃来说，九长九短，叫龙枪虎刀。枪是九长之首，刀是九短之头。刀枪对练叫龙虎斗，鞭里加刀也叫龙虎斗。刀里加鞭就叫虎龙斗了。这个鞭里加刀讲八个字：分、劈、绞、挂、抽、兜、套、锁。它的一招一动一手一式全是二技斗争的动作。中线姿式动作一是连环不断，一是掩手，以刀为掩。因为鞭走不能停。单鞭可以有接手、封手、挑手、崩手。一到鞭里加刀，就得用身法搪鞭。套路动作已是散的，可以随便拆练。不过动作姿式一左一右全系串腕、双掩、片马、背山、翻山、盘葫芦、翻正、弹线、踢球、跨虎登山、十字披红、拦腰斩蛇、龙虎盘头……"。

先师经过不懈努力，终于做到了名副其实。

20世纪20年代，是镖局没落的年代，先师的保镖生涯也只维持了几个月。先师离开镖局之后，仍志在以武为业，遂于1921年重返蠡县，去魏赞魁老师处深造。此后二年不离魏师左右，功夫突飞猛进，拳脚器械无一不精，迎战数人已不在话下。

1923年初，刚满25岁的先师带着他师父的期望与保荐信再次回到北京，决心凭武艺立足京城。为此先要得到"醉鬼张三"张长祯的首肯。张三爷在看过先师演练之后不绝口地夸赞："凭这功夫，京城有你的饭吃。"

此后，先师便驻足北京武术界，参加了不少武术界的活动，得到王荣镖、刘月亭等名家的青睐。先师曾有一次随李尧臣赴直系军阀吴佩孚的堂会。吴佩孚号称"儒帅"，自己练武且自命不凡，尤其以剑术见长。堂会中，先师练的是一趟文剑，名"七星点斗剑"。这趟剑传说是清代学者李塨（号恕谷）所创，剑挂长袍，定势极多，很不好练。先师练完，吴佩孚赞不绝口，当即奖赏40大洋，还引得他技痒，亲自下场也练了趟剑。

这时，先师已练武入迷，要学师爷魏赞魁终身不娶，竟于

吴斌楼短暂出家时的照片，1923年6月摄于北京广济寺。

1923年6月到广济寺出家。家人经过数月才将其找回。此后十余年，先师以授拳为主，兼做小生意。他创建了艺林国术研究社，并很快与健康国术研究社的陈子江、普育武术社的陈月舫、中州会馆的陈发科、四民武术社的吴子珍、智化寺的杨禹廷并获北京武术界"三陈二吴一杨"的称誉。先师结交了许多武术家，与吴子珍、张文平、许小鲁、赫寿岩、宋兰坡、葛馨吾、骆兴武、吴图南、王侠林、李尧臣、陈子江、

20世纪30年代，各地纷纷兴办国术研究社，吴斌楼创建了艺林国术研究社。图为艺林国术研究社图记印章。

陈月舫、金受之、马玉清、马有清、王金生等相交甚厚，并多次应心意六合拳名家戴逵、刘东汉、范文明等之邀赴山西祁县、太谷做客，交流技艺，并将本门武艺传与祁县范城德。先师还多次赴南京、上海参加比赛，交流武艺。

1935年（有文章写1945年），北京武术界在中山公园五色土举行了一次演武会，与会者经过两天较量，评选出十位佼佼者，授予"十老武术家"的荣誉称号。其中有恒寿山、刘德胜、刘月亭、尚云祥、王荣标等数位老前辈，吴斌楼属壮年武师，却也因成绩优异位列其中。吴斌楼深受老一辈的好评。王侠林对我们说过："我父亲（王荣标）曾夸你们师父：'瞧人家吴斌楼，练出拳来如同一朵花。'刘月亭曾说：'不知道吴斌楼，等于不知道长拳。'"同年，先师以北平代表队成员身份参加了在上海举办的民国六届运动会，以优异成绩获赠冯玉祥将军手书条幅一幅。

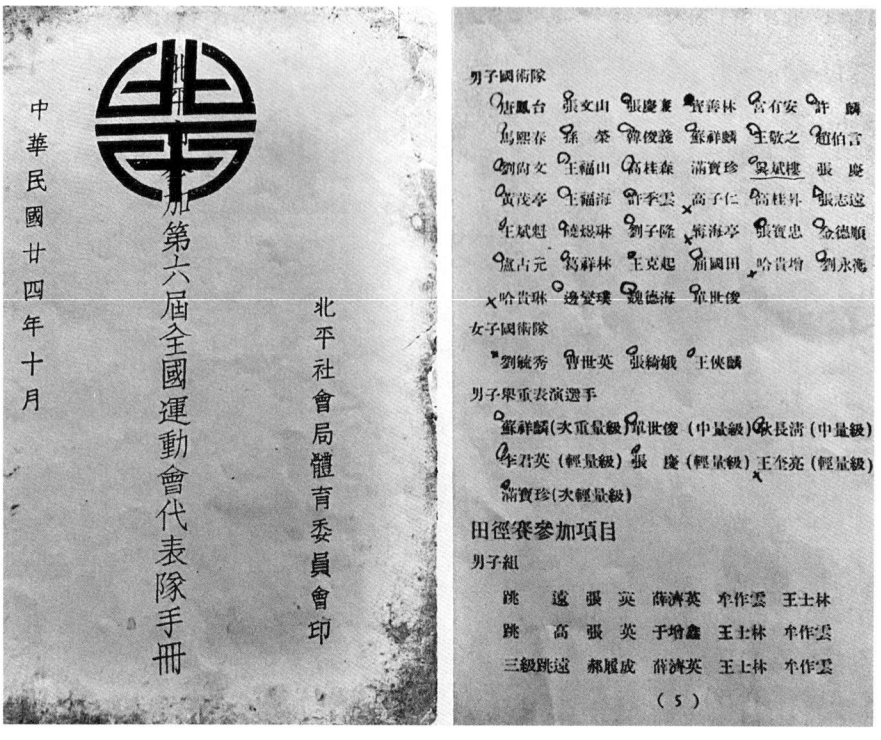

1935年10月，吴斌楼与弟子黄茂亭作为选手参加民国第六届运动会拳术对手、器械对手两项比赛，并获优异成绩。图为北平市代表队手册。

　　会后不久，先师被当局选派参加中国国术代表团赴日本、新加坡等地访问交流。同行的有王侠英、王侠林、宝善林（宝三）等十多人。在日本，他的快枪花鞭、凌厉拳法，引起了日本武术界的注意。日方提出由嘉廷真雄与他比武。嘉廷真雄是当时日本农民道（民间武术团体）中的顶尖人物，据说曾被日本皇室赐予朝拜天皇的荣誉。他身高体壮，功底深厚，以凶狠勇猛著称。二人比试了两个回合。第一回合，吴斌楼先发制人，虚招引手，诱使嘉廷真雄击打自己的软肋，吴斌楼则一拳打中嘉廷真雄中脘，嘉廷真雄摔倒。第二回合，嘉廷真雄左手虚晃，右拳直奔吴斌楼心窝，吴斌楼刁住嘉廷真雄手腕，一个懒驴摔口袋，差点把嘉廷真雄摔出去。就在嘉廷真雄沉腰坐马调整之际，吴斌楼左肘暗打倒撞金钟，嘉廷真雄摔倒。嘉廷真雄起身，向吴斌楼深鞠一躬，表示认输。事后，日方曾再三挽留吴斌楼留日教拳，吴斌楼则婉言谢绝。那年先师38岁。（自20世纪80年代初，有宣传先师的文章把这段历史写作1939年。本人曾向先师亲侄吴国强做了了解，吴国强回忆是在1936年，除赴日外，还去了新加坡。此事还望知情者明示）

北平沦陷期间，先师主要以做豆制品小生意糊口，所创艺林国术研究社自此歇业，未再复建。传拳授徒则变成私人行为，不再挂武术社的牌子。1941年前后，西四牌楼附近发生了一起洋车夫与两个持枪日本兵搏斗事件。受凌辱的洋车夫抡动臂膀左劈右挂，三下五除二夺下步枪，打倒日本兵，飞快拉车逃走。这个洋车夫就是吴斌楼的徒弟。原来自七七事变后，徒弟学艺时，吴斌楼便在传统空手夺刀、空手夺枪的基础上，创造出空手夺洋刀、空手夺手枪、空手夺步枪的技艺进行训练。徒弟在关键时刻显露武功，实是先师教导有方。

新中国成立后，先师曾先后在四民武术社、健身武术总社、健身武术一分社任客座教习，并被北京青少年业余武术学校刘佩玮校长聘为该校高级班教练。除此之外，还先后在文化宫工人武术队、光华印染厂工人武术队、清河毛纺厂工人武术队、北京航空学院体育教研室、北京外国语学院体育教研室等处任教练，未从事过其他职业。

我拜在先师门下学艺时，先师已是61岁的年纪了，他高超的武功给我留下了终生难忘的印象。那时，每次踢完腿，先师都要带领大家演练各种翻跌动作。除了旋风脚、旋子、腾空摆莲之外，他总要一口气做上一二十个空中踅轮。只见他手不沾地，整个身体与地面垂直，像个大车轮一般，绕着场地中央，"唰唰"地转着。我们常常因他精彩的表演而看呆了。先师近70岁时，仍能做高难度动作，这全靠他多年演练醉八仙的功底。一次，先生开箱给徒弟们拿东西，刚一开盖，从箱内突然蹿出一只小老鼠。然而未等老鼠落地，先师便用两指将其夹住，不露声色地扔在角落里，老鼠不动了。其出手之快，令人来不及反应，以至在场的弟子中仅有一人看清。还有一次，先师应邀到长辛店工厂参加表演，场地条件很差，8米多长的台子不很平整，台上吊了8个大灯泡，距地面只有3米多。而先师要练的又是他的拿手好戏鞭里加刀。他一出场，观众便为他紧张起来。因为在这样的场地练鞭，稍不留神就会把台上的灯泡打掉，更何况是晚上。然而先师成竹在胸，只见他在八盏灯之间窜来游去，突然他右手的钢鞭从两盏灯之间向空中飞去，接着上步背刀，一个空中踅轮，又在前面两盏灯之间将鞭接在手中。在八盏灯的烘托下，刀鞭的银光交织在一起，更增加了表演的精彩气氛。刀鞭刚一收起，观众便都拍手叫绝。不少人挑指称道："好一个花鞭吴斌楼，果真是名不虚传！"

徒弟们喜欢打听他过去比武的事，他总是谦虚地说："过去练拳比武是常有的，输赢也是常事。有的人喜欢大吹大擂，这是练武人最忌讳的，胜者对外也不应当随便说。"

虽然先师很少提及他与人比武较艺的事，但我们还是从先师的朋友那里知道了一些。一次，一位在武林之中颇有名气、手法极好的拳师与先师较艺，这位名家轻视腿法，觉得那不过是一些不中用的招式，结果，仅一个照面便被先师一脚踢中，跌了出去，不禁失声叫道："怎么还上脚啊！"旁观者道："戳脚戳脚，哪能没脚。"我们曾问过先师这段往事，想了解得更详细一些，但先师把头一扭，根本不搭理你。

先师功夫虽好，却颇有口德，从不外露吹嘘，因此许多老拳师一提起吴斌楼都说："吴老师不仅功夫好，而且为人谦虚、忠厚。"

先师在20世纪50年代的日记中曾这样写道："我希望我们武术界的同志别走老一套的路线，我们是新中国新社会，我们要走武术的新路线，就是以武术贡献给国家、贡献给人民。"他不仅是这样说的，也是这样做的。他抛弃门户之见和保守思想，热情地为国家培养武术人才。无论是国家的运动员，还是其他拳师送来的学生，他都热情传授，甚至分文不取。先师被北京市青少年业余武术学校聘为教练时曾写下："……市体委宣教科批准，一次有5角车费。我答复校长，我业余教课完全义务。业余教课哪有要车费之理？不管别位如何，我是不收的。我教功课是帮助学者进步，这是我的责任。"（摘自吴斌楼1962年农历正月初八日记）这便是先师吴斌楼的真实写照。

习武健身为至重

先师吴斌楼常说："少年习武正当时，中年习武未为迟，老年习武要坚持。"

《赵君迈传》封面

每天早晨，先师在景山公园的拳场，则是中老年人及病号的天下。几年来坚持不懈的铁杆学员有全国政协委员赵君迈老先生，退休工人乔志深先生，天津某单位病休干部张维亨先生，某出版社编辑邵老太太，国防部大校张瑞琪（音）和中校赵建中、王甲义，中学教师娄志云，中宣部某局局长钟沛璋及其夫人，中国照相馆的王师傅，年事很高的李老先生等。

这些学员除钟沛璋夫妇、邵老太太、李老先生习练太极拳、太极剑外，其余的人都要学翻子拳，这也是很令人称奇的事。因为赵君迈先生已过古稀之年，乔志深先生也已六十开外，张瑞琪和张维亨是 50 多岁的人，赵建中、王甲义、娄志云相比之下年轻一些，但也已 40 岁上下。

先师对习武健身之道有一套比较系统的理论。他曾作《练习分别要言》一文，在总论中说："习武得分男女两派。男派练法按晨昏（下午）两个时间。晨属阴，晚（下午）属阳。借用阴阳二气之灵。二气合，阴阳必舒，用功必尽矣。练时要三分练，七分遛。练用筋骨之力，遛使气舒血活。有三不练，饭饱不练，饿腹不练，心烦不练。饭饱练武主伤气，饿腹练武主伤血，心烦练武主伤神……"

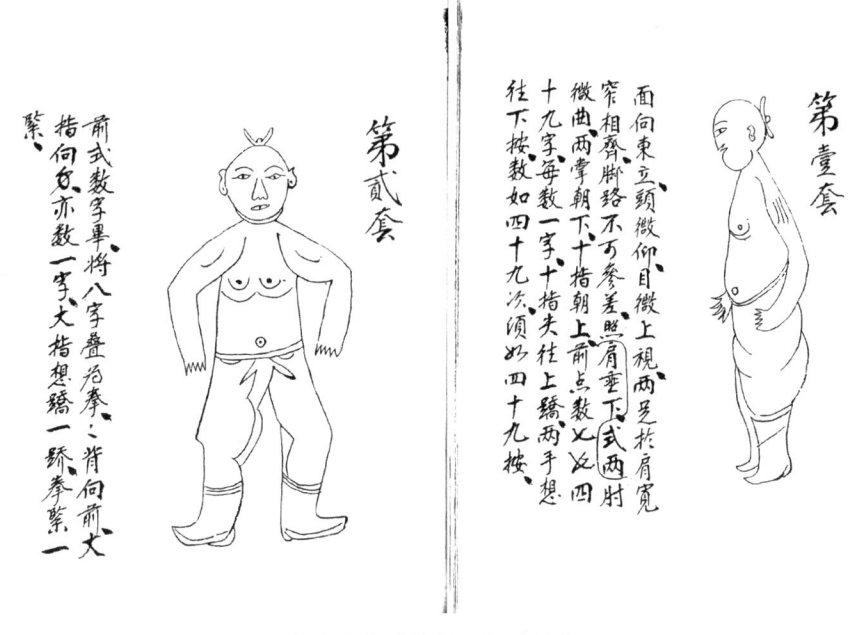

吴斌楼传《易筋经》手抄本

先师特别指出："中年人习武，贵在坚持。武功武功，每日实行。时间长短无关，每日得练，如一日休息，前日之功白用。""老年人练武，应先遛，将身体遛活，然后才可练。最好不要用力，以舒通为本，运动而已。""女子习武，十三岁以前与男孩相同。十三岁以后，则要求天天练习，不应中断。即在'天葵'（月经）之期，可练八段锦、八法实拳，也不可停歇。而自习武初始，就应加刚求硬，才会有永久的功课随身。""少妇习武要看体格，强健者，练拳随意，体弱者，坚持早晚各有半点钟练功即可。孕期五个月内，活动可以随意。五个月后，早晚要遛。遛时以心练武，步大小无关，走一步想一势，可保身体平安。""老妇习武，必得每日晨在宽旷之地，最干静处，如有树木，最为相宜。来回遛上20分钟，再将身体直立，哼、哈、叹、嗽数声，呼吸换气，吐故纳新。运动以散手、散式、散步为主。多遛最主健康。"

正因为先师有这许多关于习武健身的理论，所以他教起这些学员来也便很有系统和条理。

那些学习太极拳和太极剑的人是一个组，完全按照太极的习练方法循序渐进。先师的太极拳是吴式小架，是向把兄吴子珍学来的，并得到武友吴图南的指点。由于先师是戳脚翻子的底子，腰腿功极佳，所以做起左右蹬脚、金鸡独立、海底针、下势等动作来，甚为得心应手。至于24式太极拳、32式太极剑则完全是从体委学习班学来的了。

对那些不肯练太极、非学翻子拳的中老年学员，先师则亲自引领他们从"遛"开始，步步深入。

在这些中年人中间，赵建中是个出类拔萃的人物。他来习武的初衷是因为身体有病。他当时住在地安门内大街的军委大院里，上班在东官房。于是他每天早晨景山公园一开门就来，7点多钟回家换军装去上班。他从1960年开始学习，一直到1969年调到新疆军区，9年间未离开过先师。他到新疆后还经常来信请教，并请求代寻相关武术资料和书籍。20世纪80年代，他调回军委后，从正师职的位置上离休。赵建中学的东西很多，尤喜练剑和散手。无论练什么拳械，他的功夫从未让人看出是半路出家的，都以为是幼功。每逢星期日上午，我们这些年轻人到场，他便和我们一对一地练，比有些年轻的师兄弟还强。他80多岁时，仍在坚持练武，还能踢腿劈叉。他心气不老，好见义勇为，一次在青岛的公交车上，他空手擒拿住一个流氓，令乘客们赞叹不已。

张维亨是个病号，有比较严重的心脏病，干瘦干瘦的。按说，他应当练练太极拳，可他说自己性子急，练不了太极，于是就学了32冲拳。自打学会这趟拳，他就不肯再学新拳。每天就是这趟32式，反复打，越打越精神。两年后，他竟又回天津上班去了。大约在1965年，他退休回京，又天天早上到景山，还是那趟32式，直到"文化大革命"时景山关门。

张瑞琪（音）大校是深深领悟了先师关于"遛"和"随意"的言论真谛的。他练拳让旁观者看来是吊儿郎当，不用力，姿式也不求到位，甚至有时还闭着眼练。但他坚持不懈。他患严重的高血压，曾长期休养，后来竟然上班了。让我佩服的是，他上班坐公共汽车。那时他住在吉安所。一次我上学与他同车，他在东官房下，我在厂桥下。他肩扛大校肩章，挤在公共汽车上特别显眼。偏巧一个佩戴上尉肩章的军官坐在靠窗的座位上，一见他，就忙不迭地起立让座。他还不肯坐，说没两站就到了，再三推让，他才坐下。真是平易近人的老革命！

他买了一把双剑，剑身黑油油的，刻着花纹，是一把古剑。可是剑身不长，也就二尺半左右。他拿给先师看过，先师认为是把坤剑。先师说，这是过去王公贵族府里的小姐们喜武，专门找人定做的宝剑，估算至少有200年历史了，因为鲨鱼皮的鞘已经比较破旧了。张大校甚为得意，从此练起了梅花双剑，但依然是随意得很。

老年习武者中，以赵君迈和乔志深二老为最。赵老是民主人士，全国政协委员，在全国政协负责体育工作，提过不少有关发展体育的建设性提案。他是旧军人出身，年轻时即好武术。他每天都夹着一根四尺来长的白蜡杆乘公共汽车到景山来晨练,他喜欢练猴棍,很有功夫。

他向先师学了不少东西。那时他已年过七十，雪白的头发梳理得很整齐，文质彬彬，气质不凡。他非常有正义感，好打抱不平。一次练完拳在景山车站等公共汽车，车到后，一个流里流气的青年猛推猛挤，把一个抱小孩的妇女从车门拉倒在地上。排在后边的赵老怒不可遏，一脚蹬上车门踏板，右手一个滚肘，将那青年摔下汽车，赵老也随之下车，扭住那人的胳膊，那人见情况不妙，才乖乖地听赵老训斥了半天。

乔志深老先生是从退休后才开始接触武术的。他可称为老年习武成功的范例。乔老也是喜动不喜静的人，因此，他不肯学太极，执意学戳脚翻子。要说也真是个奇迹，学武一年左右，他不仅能像年轻人一样踢腿、打拳，还能翻跟斗、拿大顶。先师也感到不可思议，于是便像教年轻人一样地教他。在6年左右的时间里，他竟学会了大翻子、燕青翻子等许多套路，还学了棍、枪。尤其是他还学会了九节鞭和走线锤，而且练得很好，甚至超过了一些年轻学员。于是，他便加入我们这些年轻弟子的行列，一块儿练基本功，一块儿打拳，如老小孩一般。那时电影《乔老爷上轿》上映不久，于是大家便称他"乔老爷"，他嘻嘻哈哈欣然接受。然而在6年后，六十六七岁的"乔老爷"悄然离去，在故宫神武门东侧的筒子河边开门收徒弟，后来又迁到工人体育场北门外收徒。我们颇有些不以为然。但先师闻知后反而说：锻炼身体嘛，多点人练有什么不好。乔老寿至85岁时，依然运动如常。这足以证明，老年习武，也能成功。

先师在20世纪50年代就提出过"技术、艺术、医术"三术并重的主张。他认为武术的技击作用已不是武术的主导方向了，但是，学武术不懂技击攻防，那是练不好武术的。因此，不能忽略技术因素。由于新中国成立以来武术发展着重在套路演练上，先师认为，无论是比赛还是表演，演练套路必须有艺术性，要体现武术运动的结构美、速度美、劲力美。这种艺术性绝不能变成花架子，必须有扎实的技术和功底在内。关于武术的锻炼作用，先师认为必须有利于健康。因此，他主张锻炼方法要科学，对某些不利于健康的传统练法要予以摒弃。尤其他对少年、青年、壮年、老年、妇女习武练功的程序与方法提出了许多具体可行的观点，而这些观点又在他的学员中得到了印证。足见他的"三术并重"的主张，大有可取之处。

在先师 100 周年诞辰纪念之时，当初随先师学拳、已年近八十的原中宣部某局局长钟沛璋同志对先师"三术并重"发展武术的观点给予了高度评价，并亲笔题词"一代武林宗师"，以示怀念。

吴斌楼与文艺界

我的师父吴斌楼是戳脚翻子门一代宗师。戳脚翻子套路本身在结构、劲力、节奏、速度、造型等方面就具有鲜明的特点，而先师高超的武功更是充分展示了戳脚翻子拳艺，因此，新中国成立前后，有不少演艺界人士前来学习。

还是在20世纪30年代，当时的著名武生李万春先生为拍新戏，就曾托人表示要向先师学习龙头杆棒，后因故作罢。后来李万春先生的剧团排演《真假欧阳德》，戏中曾使用了戳脚翻子独门兵器拦面叟（大烟袋）。

先师与名舞蹈家吴晓邦也曾有过接触，他们共同探讨过武术与舞蹈的关系。

新中国成立后，我知道先师与文艺界有着千丝万缕的联系，仅就1957—1964年的不完全统计，先师曾在以下单位传授过武术：

1957年，先师应聘北京舞蹈学校古典舞教研组武术指导。

1961年2月，应聘火线文工团舞蹈队武术指导。

1961年3月，应聘中央实验歌剧院舞剧团武术指导。

1961年4月，应聘北京人民艺术剧院《胆剑篇》剧组武术指导。

1961年6月，应聘铁道兵文工团《红缨枪》剧组武术指导。

在此期间还曾为舞剧《宝莲灯》《红娘子军》剧组的部分演员指导过武术，并接任牡丹江农垦局文工团舞蹈队的武术指导。

1963年8月，应聘指导解放军艺术学院话剧系音乐系五位教师的武术。

1964年3月，应聘在总政文工团30个单位的编导、教师进修班上授课。

在1957年以前，他曾与名画家徐燕荪有过接触，为徐先生的古装武士画提供过不少造型素材。

仅上述这些不完全统计，就足以说明先师在文艺界的影响和作为。

除此之外，一些演艺界人士还跑到景山来拜师深造。像北京人艺的任宝贤、李源、刘勤，这三位都追随先师多年，学了不少拳术器械，而且都在各自的艺术生涯中派上了用场。那时也在人艺工作、如今是澳门蔡氏兄弟影业公司董事长的蔡安安，当年也是先师身边刻苦求教的弟子之一。

北京战友京剧团的著名老旦演员刘莉莉，14岁还在戏校读书时，就每周日早晨必到景山先师这里习武练功。当时是昆明戏校学生的黄燕生，假期返京，必到景山先师处学艺。据先师日记，当时中央实验歌剧院舞剧团的演员沈迪才，上海的三位京剧演员王云鹏、王卫华、周俊臣等也都向先师讨教过。还有一些地方戏曲界的演员前来学习，我已记不得他们的名字了。（前边所涉及的人名也可能不准确）

先师传授给这些文艺界人士的武功有两种，一种是传统武术系统功法，一种是为表演而改编的套路。

对一些影视演员及长期学武的演员，像蔡安安、任宝贤、李源、刘勤等，先师是一丝不苟地传授传统武术，要他们打下比较扎实的基础。而对于一些戏曲、舞蹈演员，或是一些文艺团体举办的短训班学员，先师则依据学者的需求传授武功。因为这些演员都有较好的基本功，学武的目的多为了演出的需要。

先师不仅传武，还担当了舞台演出的武打设计。像北京人艺排《胆剑篇》时，剧中勾践和范蠡有"对剑"的安排，先师不仅传授剑的基本手法，而且专门依据剧情设计了一趟既简单又美观大方的"对剑"。

铁道兵文工团排《红缨枪》时，先师以五虎断门十二枪为基础传授枪法，同时根据剧情设计了"对花枪"和"空手夺枪"，动作简练而火爆。

舞剧《宝莲灯》中沉香与哮天犬的对练也含有先师的建议。

先师对这些演艺界的演员要求是极严格的，因为他认为，舞台演出和拍电影不一样，拍电影可以反复拍，也可以找替身，还可以"造假"，用特技完成人们不可能完成的动作，但舞台演出可要有真功夫，演砸了，当场就可能被观众喊倒好。

我曾见过刘莉莉耗顶功，一个十几岁的女孩子，拿起大顶来，半天不让下来。我也见过蔡安安练腿功，无论是耗腿还是遛腿，蔡安安所用的时间是最长的，难怪他演起《夜奔》来那么自如。

先师曾说过，武术功底是武行演员的创作基础，武术动作被重新加以组织和融化，就能创造出无限丰富的艺术形象。所以，他在向演艺界人士传授武术时，特别注重武术的造型和身法的演练，在强调动静、起落、转折、高低、侧正、快慢、刚柔的同时，强调象形的舞蹈动作。

例如，先师将靠粘连套路加以改编，突出身法和象形，称之为象形舞蹈古典拆靠，他在讲义中写道："此拳内容是柔里加刚，刚中加秀。舞蹈之中以古典技术配合，以武作点，以舞蹈作艺术。手眼身作灵活之变化；形象作视阅之精华；手法作全神之指导；步法寻找美观之方向及快慢之定规；眼法现精神之充足，使艺术奥妙传神；身法为全盘之主要。身不动膀难摇，周身僵矣。腰为周身之轴，腰不活六节不灵。

上盘，以腰带肩、以肩带肘、以肘带腕、以腕发拳发掌。下盘，以腰带膝、以膝带足、以足腕支发。胯法作侧身之领，头法为象形之导师。肩法在舞蹈中至为重要，像'抖翎''展翅''穿梭''提柳'之动作，完全发于肩法，因此，深造求精，非一时之功矣。"

《靠粘连姿式说明》

先师还特别注明，"靠粘连要注重形法，以鸡形为主，以龙形为助，以猴形为术，以鹏鹞作活泼美观，以龙蛇作舞蹈之灵活"。

先师不仅重视武术在艺术领域的表现，还重视将舞蹈基本功方面的先进内容借鉴到武术教学中。比如舞蹈基本功中的"把杆"。这本是从西洋芭蕾舞基本功学习来的，先师发现它有很多好处，"把杆"能较快地帮助学生掌握重心，由于有了依靠，无论是压腿、控腿、独立都不必全身紧张地借用侧身或斜肩去寻找重心，从而避免了伸脖子、耸肩、含胸、坐腰等毛病。"把杆"还能使四肢及躯干的各关节各部位都得到很好的练习，还不易受伤。于是，我们这批学员就以路椅、树干为扶杆，在先师的指导下练基本功，的确出功较快。

那时学习中国古典舞的通常要上四门课：毯子功（各种跟斗），把子功（兵器独舞和对打），基本功（腰腿功和身段技巧），道具课（水袖、扇子、绸子、云拂、伞等）。戳脚翻子是北腿的代表拳种，它的腿功无疑可以作为舞蹈基本功的借鉴；戳脚翻子有地躺拳内容，各种跟斗综合称为就地十八滚，自然也可以作为舞蹈毯子功的借鉴；戳脚翻子的拳种套路、对打套路也无疑是可以作为舞蹈把子功的借鉴的。这便是拳艺精湛的先师数十年来为演艺界人士所青睐的原因。

也正由于对戏曲、杂技、民间舞蹈等艺术形式的了解，在不失戳脚翻子拳种本门风格特点的前提下，先师注重通过劲力、速度、结构、节奏、手眼身法步的协调展现攻防技术，在攻防动作中显现套路的艺术感染力，因此他传授的拳械尤其是他演练的拳械都具有很高的艺术性、观赏性。这便是"吴斌楼练出拳来如同一朵花"评价的来源。

好戏与武功

先师吴斌楼的弟子中有北京人民艺术剧院的演员任宝贤、李源、刘勤以及后成为澳门蔡氏兄弟影业公司董事长的蔡安安。这几位与我们这一拨人走得很近。

要说北京人民艺术剧院的演员练武术，那可是由来已久。练武术大大提高了演员们形体控制的能力，加强了身体的可塑性，便于他们在舞台上找到人物的自我感觉，从而塑造出一个个鲜活的舞台形象。很多熟悉人艺的人说："人艺的戏好，人艺演员的功夫也好。"

一、任宝贤习武四十载

在1983年中央电视台的春节联欢晚会上，有个"真假宋世雄"的节目，那位以假乱真的宋世雄就是北京人民艺术剧院的演员任宝贤。

从任宝贤模仿宋世雄解说足以乱真这一点来看，他一定是个体育爱好者。对了，他的确喜爱体育运动，特别是喜爱武术运动。他从艺之前，在沈阳工作时就曾随沈阳名拳师张万成的高徒习武；到北京后又先后师从王达三、吴斌楼，学过太极、八卦、翻子拳；他又在他的姨妈、著名武师杨梅君的指导下练习"大雁功"，可谓内家、外家兼收并蓄，拳脚气功样样全来。屈指一算，他习武已有几十载，是一位老拳家了。

话剧演员不像京剧演员有生、旦、净、末、丑之分，话剧演员无行当，三百六十行都可能扮演，三教九流不知会碰上什么角色。话剧表演要求接近生活，演什么得像什么，不仅要内心像，而且要形体像。练武术的好处就是能保持身体的松弛，提高身体的可塑性，帮助演员恰到好处地塑造各种舞台形象。

任宝贤扮演过《蔡文姬》中的董祀，《骆驼祥子》中的老马，《茶馆》中的唐铁嘴，莎士比亚名剧《请君入瓮》中的安哲罗等大大小小几十个角色。这些古今中外的人物形象差距很大，任宝贤却都能演得得心应手，特别是在形体控制上极见功力。他在《渔人之家》中扮演的维希普是个驼背，而《请君入瓮》中的安哲罗则是摄政王，形体要求挺拔，带出绅士派头，任宝贤牢牢把握住这个17世纪清教徒统治者严酷的性格特点，通过笔挺地站、坐甚至连写字都不弯一下腰的外形，准确地刻画出安哲罗的气质和性格特征。而他在《小井胡同》饰演的小环子，则微驼着背，伸着细长脖，眯缝着一双小豆眼，有事没事抻抻胳臂上的红卫兵袖章，一身坏毛病的样子。在《左邻右舍》中，他扮演一个十六七岁的小流氓，举止吊儿郎当。在《哗变》中他又塑造一个外国军人形象……如此众多的形体要求，需要极强的控制形体的能力。任宝贤说："这都得益于坚持练武。"

几十个严寒酷暑，任宝贤练武没有一天间断。北海留下他演练大雁功法的足迹，日坛回荡过他震脚的声响，景山闪烁着他舞动的刀光剑影。他练的连环剑流畅无滞，飘逸潇洒，忽往复收，灵活多变，三尺长的银剑，在他手中似游龙一般。他还特别喜爱练戳脚翻子拳中的罗汉影（靠粘连），因为这趟拳主练象形，龙、蛇、鸡、猴、鹞、虎诸形俱全，十分注重身法，其劲力更是以柔为主，刚柔相济，内外相随。长期的苦练使他的身法有了很大的提高，这也正是他在舞台上对形体运用自如的奥秘所在。他出国演出时也要利用演出间隙练武。一次他随《茶馆》剧组到西欧巡演，在法国巴黎首演之前，他在后台练起了太极拳，这下吸引了不少法国工作人员围观，一致认为他是武术大师，非要他传授太极拳不可。任宝贤极其谦虚，从不承认自己武功好，可是不少见过他练功的人却坚持要求拜他为师，原因很简单，明眼人一看便知道他的武术已有相当的功底。

武术使任宝贤在艺术上获益，在身体上更获益。即使遇到上下午排戏，晚上演出连轴转的繁忙时刻，任宝贤上场仍然声音洪亮，中气充足。他在广播电台演播老舍先生名著《牛天赐》，更是完美表现了台词表演的功力，京腔京韵，京味十足，不仅恰如其分地演绎了老舍作品的风格，自己也因此成为家喻户晓的人物。任宝贤于 1994 年 1 月 29 日不幸去世，享年 59 岁。

二、李源台上见真功

话剧《茶馆》中有这么一段戏：三个学生围住了小二德子，两个学生一左一右拧住了他的胳膊，一个学生从后端出一脚，只见小二德子一个趔步被踢了出去，漂亮地摔倒在二三米之外。剧中的二德子和小二德子父子俩都是会武功的打手，扮演这两个角色的演员要是不会几手拳脚，能演得像吗？不必担心，这两个角色的扮演者李源练过几十年武术，完全胜任。这段开打的戏就是他向导演建议加上的。

他在塑造二德子和小二德子时，充分发挥了他掌握的有关武林的知识：二德子是清末善扑营的摔跤手，常给皇上表演，自我感觉良好，总是威风凛凛，目空一切。李源把握住这一点，又在形体上抓住了摔跤手的特征。李源说，摔跤手的职业特征是走路腿往两边晃，这是因为摔跤之前双方要遛圈，俗称走"黄瓜架"，目的是沉下气，脚下生根，也是为了向对方显示武功。长此以往，成了习惯。还有个特点是"焖指甲"。动手前，先往手心吐口唾沫，然后用舌头舔一下十个手指的指甲盖，再动手打架。这是因为摔跤时要抓对方的褡裢，焖焖指甲免得指甲劈了。李源有武术底子，又向几位老摔跤手请教过，抓准了这些动作特点，饰演人物就有了自信。像二德子和常四爷打架那段戏是一场二德子意料之外的"遭遇戏"。常四爷讥讽二德子不敢向洋人抖威风，伤了他的自尊，他要在茶客面前找回面子，才和常四爷交了手。等到马五爷断喝一声"二德子你威风啊"，李源的处理是：先是一惊，然后两眼盯住常四爷撤步收势，以防常四爷突然进攻，然后一甩胳膊，两步蹿到马五爷跟前"打千儿"。这紧盯对手，撤步收势，连蹿两步，若没有武术功底和武林常识，绝演不了如此的逼真。

李源粗胳膊粗腿，身体壮实，浑身带着劲和力，人说他是钢筋水泥的胳臂，真像个练家子。除了武术，他对溜冰、游泳、体操、气功也无所不好，这一切给他带来莫大好处。在他50来岁时，扮演年轻人仍是惟妙惟肖。小二德子不就是20多岁的青年打手吗？当年演出时有谁能看出扮演者竟已年过半百了呢？李源扮演青年角色历史久远。他在1963年扮演《年青一代》中的少年李荣生，曾给观众留下深刻的印象，谁能想到浑身孩子气、手脚不停闲、似乎患有多动症的李荣生的扮演者李源，那时却奔30岁而去了呢？台上一分钟，台下三年功。您清晨去日坛公园看看李源练武，便知此言不谬。李源练功有股狠劲，还有股韧劲。他非常喜欢燕青翻子，然而燕青翻子中不仅蹿蹿跳跃的动作比较多，劲力要求脆快勇猛刚劲，而且套路又比较长，这对身材粗壮的李源来说可真是要下番功夫的。他一趟接一趟地练着，越是出汗练得越起劲儿。练那些跌扑滚翻的动作，常常是一身土，时而身上还青一块紫一块，他却毫不在乎，大概这也是乐在其中了。燕青翻子的身法要求比较高，壮人要练出秀气劲儿来可不容易。然而李源是个不达目的不罢休的人，就凭这股劲儿，岂能不长功夫？

演员的生活没有规律，特别是吃和睡，常常不能按时，因此神经衰弱的多，得胃病的多。李源可没病。这是因为他能在不规律的条件下过有规律的生活，也就是不管在什么情况下，他都坚持练功，这个规律绝不改变。所以他在什么情况下都能吃得香睡得着，都能保持精力充沛。

《茶馆》剧组赴西德演出一个月，去了14个城市，沿途奔波劳顿。有时夜间散戏后还要参加宴会，一折腾就到凌晨两三点。李源不但身体没垮，而且每次演出他都参加装台卸台。

在日本演出时，由于踢小二德子的演员临时换人，与李源配合不太默契。演出时，一脚踹实了，结果弄假成真，李源一个跟头摔出去，腰部撞在道具条凳上，磕出拳头大小一块紫斑，李源咬牙忍痛演完这一场。事后，他却没有告诉那位演员，为的是怕他心有顾虑不敢再踢，把戏演假了。他自己则在以后的演出中全神贯注，等到踢来的那脚似着未着之时，即刻摔出，做到假中见真。怪不得有观众说："小二德子真有两下子。"

三、刘勤练武深受益

《王昭君》中的拔都肩宽体壮，膀大腰圆，身量高大，有一种粗犷、剽悍的气质。他的扮演者叫刘勤，身高1.83米，体重90公斤，是人艺的巨人。

刘勤扮演过许多角色，其中有不少是会武功的人物，这是因为刘勤本人就会武功。提起刘勤习武，还真有一段缘由呢。那要追溯到1953年，年方22岁的刘勤加入人艺刚满一年，剧院排演老舍的名剧《龙须沟》，刘勤扮演警察。由于他有一双八字脚，在台上走起来很难看。

导演焦菊隐先生要求他加强形体训练，纠正八字脚，走出军人气派。怎样才能纠正呢？练！紧接着他又参加了《虎符》的演出，扮演侠客朱亥，要手持大铁锤走出武术家的风度。不会武术怎能表现出武术家的风度？艺术的需要迫使他投师学艺。

北京当时有个拳师周尚武，擅长少林弹腿、太祖拳。刘勤投到其门下，一学数年。后又拜师吴斌楼。经吴斌楼数年指点，武功大有长进。刘勤练功极其刻苦。由于他个子高大，压腿抻筋都极为费力，但他不怕，为了纠正八字脚，每天练功时，他靠着大树把一条腿绑在树上，让人把另一条腿用力往上搬，然后再换一条腿，每次练功都疼得大汗淋漓。他打拳不惜力，总要比别人多练几遍。他喜欢练刀，便求人打了一把单刀，比一般单刀重一斤，这使得他功力大长。刘勤练刀真有股猛虎下山的劲头。你看他，缠头裹脑，劈、砍、刺、撩，一招一式干净利索，刀法勇猛、清晰。他年过花甲之后，仍然是钢刀一握，雄风不减当年。

刘勤从练武中尝到了甜头。练武中学到的许多东西都直接用到了舞台上。他在《同志，你走错了路》中扮演一个自卫队长。那是个会武术的英雄。刘勤演来形象逼真，特别是那挥舞单刀劈刺抹带的动作，地道极了。他还常请吴斌楼老师看戏，以求得到艺术和技术上的指点。

刘勤曾受过京剧、芭蕾、击剑等方面的正规形体训练，相比之下，他认为都不如武术在形体训练方面全面，使人收益大。他奔60岁时，对形体的控制仍然随意自如。无论是扮演《好运大厦》中的香港警察，还是扮演《针锋相对》中的民兵队长，他的形体都能符合角色要求。《伊索》中有个黑奴阿比西尼亚，是个哑巴，没有台词，在台上全凭形体动作表达感情。这个角色自1963年首演以来就由刘勤扮演，一直演到他退休都不曾换过人。

刘勤的武功得来不易。20世纪80年代中期，北京电视台制作了北京人艺练武活动的专题节目，刘勤的太祖拳被当作重点展现在屏幕上，不少观众看到了他练武的风采。而让全国观众认识他则是他在电视剧《西游记》"车迟国斗法"一集中扮演的虎力大仙。他那头若笸斗、膀阔腰圆、身高体壮的扮相，虎眼圆睁、虎须大张、虎虎生风的表情，手舞宝剑、焚符作法、击牌求雨的身法，都给观众留下了不可磨灭的印象。

四、蔡安安不忘恩师情

蔡安安出身于表演世家，毕业于中央戏剧学院。他的父亲蔡松龄是著名演员，在电影《红旗谱》中成功塑造了严志和的形象，在电影《烈火中永生》中又成功塑造了华子良的形象。蔡安安出生在这样的家庭，艺术熏陶是随时随地的。而为了在艺术上取得更大的成就，他广泛涉猎各种艺术，汲取营养，其中最有成就的是武术和昆曲。

蔡安安习武是在 1959 年。当时北京人艺为建国十周年献礼，排演曹禺的话剧《胆剑篇》。剧院把吴斌楼老师请去做该剧的武术指导。该剧上演后，吴老师离去。剧院的一些青年演员见识了武术，爱上了武术，有六七人追随吴老师学武术。后来坚持下来的有任宝贤、李源、刘勤、蔡安安等。

蔡安安练功极其刻苦，腿功尤佳，这对他的演艺生涯有了莫大的帮助。他在银幕上塑造了不少令人难忘的形象，像《烈火中永生》中的华为，《李四光》中的李四光学生等。他在舞台上饰演过陆游、哈姆雷特、林冲、吕布等不同性格的角色，而饰演林冲、吕布这些古装戏中的角色，在身法功架上均得益于多年的武术功底。

蔡安安热爱昆曲和京剧，曾拜昆曲名家侯永奎为师。由于他的武术功底扎实，唱武生戏毫不逊色于专业戏曲演员。像《林冲夜奔》，这是出唱舞并重的剧目，几十分钟，台上就一个人连唱带舞，极吃功夫，一般专业演员也很少问津。在20世纪60年代常演此剧的除了侯永奎外，就是杨少春等几位当年的青年演员，而蔡安安却经常票演此剧。在1996年第二届北京国际京剧票友电视大赛中，蔡安安凭借在《林冲夜奔》中的出色表演荣获金龙奖，须知此时他已年近六旬。

蔡安安在改革开放后离开了北京人艺。1981年，他参与中国电视剧艺术委员会的创建；1983年，参加深圳电视台的创建；1984年，与其弟蔡元元（电影《鸡毛信》海娃的扮演者，原长春电影制片厂导演）创建国内首家民营集体所有制的影视制作公司"珠海特区影视文化中心"；1989年初，他移居澳门，与其弟创办"蔡氏兄弟（澳门）影业公司"。此后，他在电影《大辫子的诱惑》《夜盗珍妃墓》，电视片（剧）《南海明珠》《家乡的榕树》《路》《小戈和他的伙伴》《错爱》《海南，解缆扬帆》《曹雪芹在西山的故居》等多部作品中担任制片人或编剧或导演。

自打他移居澳门后，师兄弟们很少见面。1999年，纪念先师吴斌楼百年诞辰大会没有通知到他，自然为先师竖立纪念碑的事也没有他。

后来，他回北京公干，顺便到佛山陵园为其父母扫墓，无意间发现了先师吴斌楼的纪念碑。他立即买了鲜花献到碑前，恭恭敬敬地三鞠躬。默哀毕，仔细瞻仰了碑文。之后，他立即和我们联系，述说多年思念之情，回忆当年同窗学艺的难忘情景。武术这条线把师徒情、兄弟情维系得多么紧啊！

吴斌楼的"三术并重"

武术界几乎都知道先师吴斌楼在 20 世纪五六十年代曾针对武术运动的发展提出过"武术应当技术、艺术、医术并重"的观点。前边《武人当以功夫论》《习武健身为至重》《吴斌楼与文艺界》三篇实际已经分述了先师吴斌楼"三术并重"的作为，本章只是再强调一下"三术并重"的形成过程。

在我刚入门那一阶段，并没有听先师系统地讲过"三术并重"，只是在教拳过程中他会时不时地强调练武术对武术技击、表演原则、健身养生都得重视。

一、关于技术

吴老师所说的技术，指的就是技击术。那时，我们这群半大小子对练武的意义其实是懵懵懂懂，张嘴来句练武强身、练武防身，似乎这就是目的。在练套路的时候，总会问些"有用没用"的问题。先师并不恼怒，但总会非常严肃地说：练武不是专门为了打架，强身健体是第一位的。但是，练了半天武术，不敢与人过手，不会与人过手，见了强人就跑，见了练家子就手忙脚乱，那你这武术就白练了。要学怎么打，这是对的，但要一步一步来，别想一口吃个胖子。他对我们说：你喜欢武术，又练了好几年武术，你追求的是什么呢？过去，练把式不外乎寻求个谋生的出路，保镖、护院、教场、卖艺，再有就是当兵吃粮，都是把脑袋别在裤裆里的营生。现在机关枪、迫击炮都有了，刀枪剑戟还干得过机关枪迫击炮吗？虽然在战场上武术不能占据主位了，可并非没用。八路军、解放军讲究近战、夜战、刺刀见红，你要一点儿武术都不会，那不净等着吃亏吗？所以，武术的技击术决不能丢。现在不教你们用法，主要是因为你们还小，还把握不住分寸，甭说与人打架，就是闹着玩儿出手重了也会伤人。所以，别急，总有教你们的那一天。

在先师眼里，技击术是武术的核心、根本。练武之人不懂技击等于白瞎。至于怎么教、怎么学那是门学问，得循序渐进。首先是要练出胆识。20世纪50年代末、60年代初，北京市组织的武术比赛、武术表演、武术观摩交流活动非常多，特别是到了暑假，北海体育场、什刹海体育馆、东长安街体育场、劳动人民文化宫体育场、西单体育场、官园体育场等都有活动。我们那一批中学生跟着先师已经练了几年，刘豹、陆中平、林矛、马天胜、郑志亮、张治安等师兄都学了四五年了，先师就要求我们报名参加比赛或表演，说学了半天武术不敢上场露一露，那叫没出息。上场展示，也是一种练胆的方式。

在现代社会，武术的技击作用已不是主导方向了，但是学武术的不懂技击攻防，那是练不好武术的。因此，武术教学不能忽视技术因素。

二、关于艺术

先师认为，武术虽然是一种技术，但它同时也是一种艺术，是通过动作反映客观现实、思想意识的人体行为艺术，动作的准确、鲜明、生动就是艺术的体现。比如搏击、格斗。高手对搏，除了显示速度、力量、招法外，身法也极其重要，它显示身体各部位的协调，这样的二人相搏，让人看起来也是美不胜收。半吊子对打，互抡王八拳，跟街头混混掐架没什么两样，因为他达不到艺术性的境界。由于新中国成立以来武术发展着重在套路演练、比赛上，先师认为，创编新套路决不能丢掉几百年传承下来的实践证明有用的老套路，决不能只顾蹦蹦跳跃、扑跌翻滚、技巧难度而不讲攻防。演练套路除了要体现攻防意识外，还必须达到形式、结构、节奏、表现技巧的完美，要体现武术运动的结构美、劲力美、速度美。这种艺术性决不能变成花架子，必须有扎实的攻防技术和扎实的功夫在内。

先师说，不要小看套路，套路的产生，是适应武术的传承。套路的头一个作用是让学者掌握格斗技术。套路把平时常用的招式编在一起，平时练熟，免得临阵用时手生。而套路都有几十个动作，平时演练可以增强体力。以前，好多拳种没有套路，都是操练单式子。后来也慢慢产生了套路。这可说是套路的第二个作用。套路的第三个作用就是以武会友，展现功力。朋友初见，总不能上来就交手吧，那就互相练练套路，也就能分出个功夫高低。到了无话不谈的地步，彼此过手切磋也就水到渠成了。再说，参加比赛、表演也得展示套路，一场武术观摩表演，你上去站半个钟头桩，观众还不都跑了？你功夫再厉害，圆不住粘（拢不住人），也不对路啊。套路的构成离不开武术的攻防技术，所以，又回到了前边的话题——不能丢了武术的技击术，不能忽视武术的技击意义。没有攻防意义的套路，那就是体操。

这使我想到明代武术家程宗猷在《耕余剩技·单刀法选》中关于刀术套路创作的论述："以前刀法，着着皆是临敌实用，苟不以路刀势，习演精熟，则持刀运用，进退跳跃，环转之法不尽，虽云着着实用，犹恐临敌掣肘，故总列成路刀法一图……"他讲清了武术套路产生的原因和构成的基础——套路的构成是将着着实用的招法组合在一起，套路的作用是为了"习演精熟"，否则会"犹恐临敌掣肘"。同时期的戚继光虽然认为"拳法似无预于大战之技"，却承认拳法有"活动手足，惯勤肢体"之功效，并称之为"初学入艺之门也"。他指出学拳的要点是"身法活便""手法便利""脚法轻固""进退得宜"，并且强调"腿可飞腾，而其妙也；颠番倒插，而其猛也；披劈横拳，而其快也；活着朝天，而其柔也"。所以，他也"择其拳之善者三十二势，势势相承，与敌制胜，变化无穷……"，创编出一个套路。这说明在武术讲究实战的年代里，武术家们也是重视套路的作用的。随着武术套路的发展，它不仅成为平日练功的内容之一，也具备了通过演练供人欣赏的功能。所以，套路的构成必须突出攻防意识、攻防技术。而演练套路必从攻防意识、技术衔接、蓄力发力、动作协调的角度出发，通过拳法、掌法、腿法、眼法、身法等诸般要求，具备快慢相间、抑扬顿挫、刚柔相济、高低侧正，以及速度、劲力、节奏和精气神的外在表现。这是客观的美学尺度。吴斌楼老师在世时总说自己练的拳是"农民的艺术"，说是"农民的"，除了自谦，还强调一个事实，就是武术是大众的、底层的、来自农村的；而"艺术"二字，则是强调武术有着深刻的文化内涵，有着悠久的历史渊源，有着明确的美学意义。

三、关于医术

所谓医术，指的是武术健身养生的作用。先师认为练武术必须有利于健康，无论是强调技击性还是艺术性，无论是套路演练还是三大搏击，都要以健身为基础。如果练就了超人的本领，却使自己短命夭折，那不是练武的目的。所以，应当摒弃一切不科学的锻炼方法，摒弃玄而又玄的功法理论，依据不同人的特点制定不同的锻炼方法。于是，他专门写了《练习分别要言》一文，含"少儿习武要言""中年习武要言""老年人习武要言""女子习武要言""少妇习武要言""老妇习武要言"等内容。先师认为，坚持练武术是可以起到预防疾病、辅助康复的作用的。

先师挂在嘴边上的两首诗说明了这一点。

其一讲练"外三合筋骨皮"：

"打拳壮筋骨，踢腿活四肢。站桩增内力，强身气充实。"先师有时会将后两句改为"技术不压重，带艺随便行"。

其二讲练"内三合精气神"：

"精养灵根气养神，养功养气见天真。丹田养就长命宝，万两黄金莫与人。"

先师极为推崇华佗的"五禽戏"，极为重视戳脚门的功法"易筋经""血筋经""水筋经"，尤其重视"走为百拳之长"，并以此作为训练病号学员、老年学员的基础。

先师是从旧社会过来的人，保过镖、护过院、教过场、打过擂，参加过民国时期的全国运动会，还随中国国术代表团出国访问过，对传统武术的实用性、技击性、健身性、娱乐性有着深刻的体会，又经过多年的酝酿、思考、丰富，终于提炼出来"武术应当技术、艺术、医术三术并重"的观点。尽管他不能像学者教授那样写论文阐述自己的观点，但"武术要讲三术"的观点已经被广大习武者所接受。

我想，先师这一观点可说是对现代社会武术运动发展的真知灼见，技术、艺术、医术三者并重，不可偏颇，缺一不可，是当前传统武术的实际，是武术有别于其他搏击运动的特征。

四、贡献卓著

现在有一种舆论，认为中国传统武术是花架子，并简单粗暴地用"能不能打"作为衡量传统武术与自由搏击、泰拳、散打、MMA 等搏击运动谁优谁劣的标准，这实在是个"关公战秦琼"的伪命题。尤其是用几个民国时期著名武师擂台失败的例子就认定传统武术历来不行，只能说明持有这种观点的人根本就不懂传统武术。试想，如果中国武术是花架子，那么在热兵器产生之前，战争都是怎么进行的？戚继光、俞大猷等史上著名武术家提倡的实战武术，难道不算传统武术吗？

中国武术可说一直在"与时俱进"，哪一位练家子敢说你练的与老玩意儿一丝不差？完全一丝不差的东西恐怕早就被淘汰了。现在已是信息化时代，武术已成为一种运动，无论是表演、竞技，还是对抗，都是运动。有谁是为了打架杀人去练武术的呢？还是吴斌楼先师说得好，现在的武术要讲究"技术、艺术、医术三术并重"。至于在当下的搏击对抗运动中，如何展现传统武术的技击性，即所谓"能打"，那需要专业人士考虑如何继承发展、去粗取精、去伪存真、科学训练，以及如何制定比赛规则，而不是否定一切。

先师吴斌楼文化水平不高。他年轻时在家乡上过几年私塾，20 世纪 30 年代初，他曾在北平国术馆的中小学体育教员讲习班学习。先师的文化水平也就相当于高小程度。虽然文化程度不高，但他竟然留下小 30 万字的笔记、日记、拳谱、说明、专论、书信等珍贵的资料，记载了几十年间武术界的大事，记载了他关于武术发展的见解、观点，记载了数十种拳械套路的动作结构，记载了高层次的功理、功法，记载了戳脚翻子创拳源始以及传承顺序，这不啻是一份中华武术宝库中的瑰宝。这说明，先师吴斌楼重视武术文献资料的整理工作，了解武术资料对武术传承发展的重要意义。正如我在前面引用过的他的笔记："我国武术可说是世界第一，那些有武术的国家也是中国所传。以先的拳师大概全没文化，因此没有根底。如遇见学生有点文化，也就是记个大概。以先的武术姿式名称，又很玄妙，就拿《纪效新书》来说，六合大枪之谱，文字很少，一个姿式，说不过十二三个字，就是会者也难以明白。戚继光三十二式长拳，姿式名称有，动作说明没有。这个路线如何练法？……三十二式的名称，就是武术家看了也难以弄懂。就是姿式明白了，结构也不明白。我也会三十二式，也不知它是哪个三十二式。所以我希望，传授武术的人，如有拳谱，对那些武术爱好者，应将拳谱一切传出。如没拳谱，根据自会的拳脚，可以按姿式、手法、动作，细致地抄作为谱，以留传后世。"这就是吴斌楼老师的真知灼见。

吴斌楼作为一个民间拳师，生前并没有想到要青史留名，然而纵观他对传统武术的贡献，他又当之无愧地在中华武术史上留下一笔。且看这位文化不高的老拳师留下的文章（包括署名吴斌楼作，吴斌楼模作，吴斌楼抄作，以及×××原作）：

《初学蠢言》

《传武技师训言》

《练习分别要言》

《寻师访友要言》

《寻技闯场要言》

《文规武礼》

《四忌三阴三阳》

《技术礼论》

《点法之技》

《肩头论之说明与手掌拳腕肘腰胯膝腿之谈》

《谈谈十八器械》

《棍枪论四平锁卡五十五着姿势歌》

《拳术发明跟动作内容》

《谈骑乘势与弓箭步及其他步法》

《武术站桩的意义》

《武术徒手跟器械的生芽》

《新社会的师与徒》

《大翻子架子锤谱》

《燕青翻子（八趟）谱》

《枝子拳谱》（本人协助）

《岳式散手十八式》（本人协助）

《十八腿功练法》（本人协助）

《连环剑谱》

《锁手棍谱》

《寸翻子风格动作说法》

《大翻子风格动作说法》

《小翻子风格动作说法》

《谈恕谷之技学》（恕谷即李恕谷，清初大儒，为先师同村邻里）

《钺斧的发明与说法》

《七情鞭的发明与说法》

《牛头铠和铠镰》

《寸翻子（六趟）姿势说明》

《象形舞蹈古典拆靠姿势解释说明》

《子午连环剑姿势说明》

《七星剑姿势说明》

《金背砍山刀加迎门三不过姿势说明》

《分水峨眉刺姿势说明》

《五虎断门十二枪姿势说明》

《大昆仑刀姿势说明》

《小昆仑刀姿势说明》

《滚龙刀姿势说明》

《空手夺枪》

《空手夺刀》

《空手夺匕首》

《对劈刀》

《擒拿与反擒拿》

《双头蛇与双枪》

《鹰熊斗　龙虎斗　金鸡斗》

《一龙斗二虎拳打二人忙》

……

此外，还有古谱《温家教育术》，历代名人语录《艺术明言》，古拳经《武备志》，专论《枪刀概论》等。至于散佚在其他师兄弟手中的资料还有多少，我就不清楚了。

一个文化水平不高的民间武术家以毕生精力为后辈留下这么多珍贵的技术资料、历史资料，怎不令人敬仰、钦佩、顶礼、怀念啊！

传拳、改拳与失传

    各门各派流传下来的功法技法、拳械套路多得难以计数，但这些难道都是经过千百年一成不变地流传下来的吗？当然不是，一套太极拳已然分成了陈、杨、吴、孙、武、李各式，何况长拳类呢？

    当初北平国术馆讲义在"拳术派别"一章中曾有这么一段话："外家拳主刚，内家拳主柔；外家拳以搏人为本，内家拳以保身为本。外家拳其流派至杂，省与省殊，县与县别；一师各传其弟子，弟子各守其心得，亦且人与人殊，故其技之所到，与其术之优劣，亦各不相同。"

    这其实说明，在长拳的流传过程中，拳师的理解、创造，加上拳师个人的特点、特长，往往使所学武艺另具特色，这大概就是门派繁多的原因吧。

    仅以戳脚为例，河北蠡县的魏家、刘家与饶阳段家、沈阳郝鸣久所传不仅套路结构不同，而且风格也有明显差别。先师的弟子中已开门收徒的几位，也没有谁与先师风格完全相同，有的已然很离谱了。这都是拳师本人特点起的作用。何况拳师本人往往会根据自身的特点及个人的领悟对套路乃至技法加以改编或创造。我随恩师十八载，对个中三昧倒有些体会。

一、功课分四等

先师吴斌楼把他所传的戳脚翻子分为四个层次。用他自己的话说："三规教法释、道、儒。有内三法，外三法。柔为内法，主于气；刚为外法，主神灵。内三合，精气神；外三合，筋骨皮。皮是手足，即拳术皮毛。筋乃武技形式。骨乃武道法术根源发明，披击之形，进退之法。""追求皮毛，以算小学资格。求拳术器械架势手法深造，即算中学资格。追求拳之发源根底，器械讲言，拳学拳理，内外修为，算大学。留学资格则是进一步寻师访友，提高技艺，博学多闻，追求筋骨进展，内外合一。"

学习戳脚翻子，小学课程即是拳械套路；中学课程增加技击方法，桩功、硬功等私功的学习；大学课程则要增加运掌八法、易筋洗髓等内功和转轴身子不倒翁、速合、封挡、抢攻、赚打、遇巧、用巧、使巧、击巧等实战技法的练习，同时要研习《解释十全说》《习功七论》《温家教育术》等拳经理论；留学的功课分为两门，一门是研修深造，一门是寻师访友。在本门中则是随先师进一步深造了，基本是研习养气、练气、运气、调息的功法，以达到化境。寻师访友则是寻访高明武师，再往深里追求。由于武林门派极多，隔门如隔山，在寻师访友过程中，除了追求武艺提高外，还要注意人性的培养。修养德行，尊重礼仪，提高思想认识，使武技、人品都得到一个升华。

二、学者分三类

先师曾把学艺的弟子分为三类：一类是求强身健体的；一类是求功名的；一类是痴迷戳脚翻子拳的。

求健身的学生，多是年龄大的学员或是病号。这类学员并不要求继承戳脚翻子的精髓，只求每日有个教练带着练。所以先师讲，要教他们"消食化水"的功夫，比如易筋经、腰腿十八法、太极拳及简单的翻子拳术、剑术，既能不断提高学员锻炼的兴趣，又不使学员过劳，对姿式动作要求一定正确，又锻炼得恰到好处，正所谓"体有小劳，无至大疲"。特别是模仿某种动物动作的白玉峰五拳，他解释说："龙趸飞腾健四肢，虎卧扑身消化食，豹力勇猛精神壮，蛇遛随行把病欺，鹤翅煽动蹬活爪，锻炼强身气充实。"他认为"四肢灵活胃腑舒，胃健消化力充足"，精气神就饱满，五脏六腑就健康。"打拳壮筋骨，踢腿活四肢"，这是锻炼的基本原则。这类学生每日由先师带着又练又聊，其乐融融。这是一些养生的学生，自己追求养生，也养了先师的生。

对那些追求功名的学生，先师传艺异常严格，甚至看着手表，计算学生演练的时间。因为这类学生的目的是从事武术专业，是要出成绩的。他们所学，无论是拳术还是器械，都能达到极高的水准，拿出来个顶个地棒，先师教他们，绝不偏离国家有关武术运动发展的方针和方向，一丝不苟地遵循竞赛规则。先师不反对他们学习别门别派的功夫，不反对他们成为杂家，还鼓励他们按照国家要求发明创造。这类学生也可说是扬名的学生，自己功名成就，也为师父扬名。先师曾说，"有状元徒弟，没状元师父"，即指这些弟子。

对痴迷戳脚翻子的学生，先师教得很系统。从基本功到套路，到功理功法，到技击，到内功，循序渐进。因为这部分学生不一定能做出色的运动员，但他们既然痴迷戳脚翻子门拳艺，学来便专一，便有研究继承的动力，因此追随师父的时间也长。所以，这一类弟子便成了传承本门武艺的徒弟。先师想靠这部分弟子把戳脚翻子的技艺传下去，因此，对这类学生，他不仅系统地教，而且在本门派风格特点上抠得非常仔细。

三、传授必精品

据我体会，先师在传授弟子时，不是保守地将精品压箱底，而是在初级、中级、高级的各阶段内容中先选择风格不同的精品传授。

譬如，入门者先学 32 冲拳或上八番。戳脚则教一、二、三趟；寸翻子在一、二、三、四趟中选教；大翻子教架子锤；小翻子教幺麽腿；靠粘连教头趟；燕青翻子以二趟为主。地躺则教子孙丹，累积套路也不过十来趟，但戳脚手脚并用，直打直进；寸翻子寸劲、寸击、寸形；大翻子扎实刚猛；小翻子紧凑连环；燕青翻子拳打八方；地趟拳则以手为根，以脚为梢。这些套路将方方面面可说全练到了。而这十来趟的确可说是戳脚翻子的上品。

何以见得是上品呢？先师在 1960 年春曾写过这么一段话："……说宋志平（新中国成立初期入门的弟子、老拳师宋兰坡之子）没学过什么东西，可教的架子锤、西阳拳（寸翻子三趟）、三十二冲、二十四式、上八番、寸手一二趟、头趟枝子（戳脚）、子孙丹（地躺）、昆仑刀、双头蛇、双剑、夺刀、夺枪，这些功课不算功课？宋兰坡老师兄在时说过：志平的功课有多一半是吴斌楼的，少一半是北京武术界的。"先师

20 世纪 60 年代初，吴斌楼演练哀棒（哭丧棒）。

花拳大家宋兰坡搬朝天蹬，时
年已近80岁，足见功夫扎实深厚。

这是以宋兰坡老前辈之口证明自己传
授的功课是精品。（宋志平老师兄虽
拜在先师门下，但终是以家传花拳为
主，是当今花拳门的泰斗。）

十大武术教授之一的门惠丰、十
大武术教练之一的吴彬，他们都受教
于先师，分别以二趟寸手拿过北京市
武术比赛的冠军。先师传授给杨僧宝
和经本愚、孙长立和经本愚的对打套
路，在全国武术比赛和北京市武术比
赛中也拿过优胜名次。

的确是这样，像架子棰、西阳拳、
头趟寸手、戳脚，包括32冲拳，都
有老谱在，不是无源之水，无根之木。

1969年后，一是"文化大革命"
的客观形势已经使武术运动停滞下来，二是先师1970年中风痊愈之后
精气神不似以前，三是各类弟子已卷入"文化大革命"漩涡，难有弟
子持续求教。而这时，在部分弟子中间又出现了一种趋势，就是总想
多学套路，认为越多越好，以"学全"为目标，要凑够传说中的"数"，
比如凑满燕青十八趟、凑满六趟根、凑满九枝子，甚至要凑满一百零
八腿，但并未思考过是不是真有这些"数"，是不是在"数"内的都
是精品。个别学者由于过于追求掌握套路数量，对戳脚翻子的风格特点、
技击内容反而缺少深刻领悟。

我感到，已近暮年的先师出于复杂的心态，传授的各种套路明显
增多。弟子想学什么，除了他不会的，他很少拒绝。1970—1977年传
授的套路得有数十趟。先师还借老家的师侄吴泽田、魏叔久、魏宗汉

来京之机,让他们传授了大翻子三拦手、小翻子玉环步以及燕子拳等。可以说,新中国成立几十年来,重套路、轻技击的武术发展政策,对先师晚年传拳方向产生了很大影响。

20世纪80年代初,老师兄吴泽田到京交流切磋,连续几天在景山公园与我们互相学习探讨。图为洪志田与吴泽田(右)对练。

正是因为套路越教越多,质量也参差不齐。比如双枪、双钩,一不是本门的东西,二是结构简单、特点不鲜明。而有些拳术套路重复动作多,缺少新意。先师传拳速度也明显加快,特别是对岁数大的老徒弟,先师往往是坐在那儿口述动作名称,关键地方比划一下,十来天一趟拳就教完了。

其实先师对套路早有明确的指示,那就是不可不认真练,又不可沉迷于套路而无视其他,终究套路"属于拳术皮毛",而"追求皮毛,属小学资格"。

先师曾说,有戳脚前三趟,寸翻子头、二、四趟,燕青三拦手,大翻子架子棰，小翻子幺麽腿，玉环步，靠粘连，续靠粘连，加上地躺子孙丹、醉拳就足够使了。

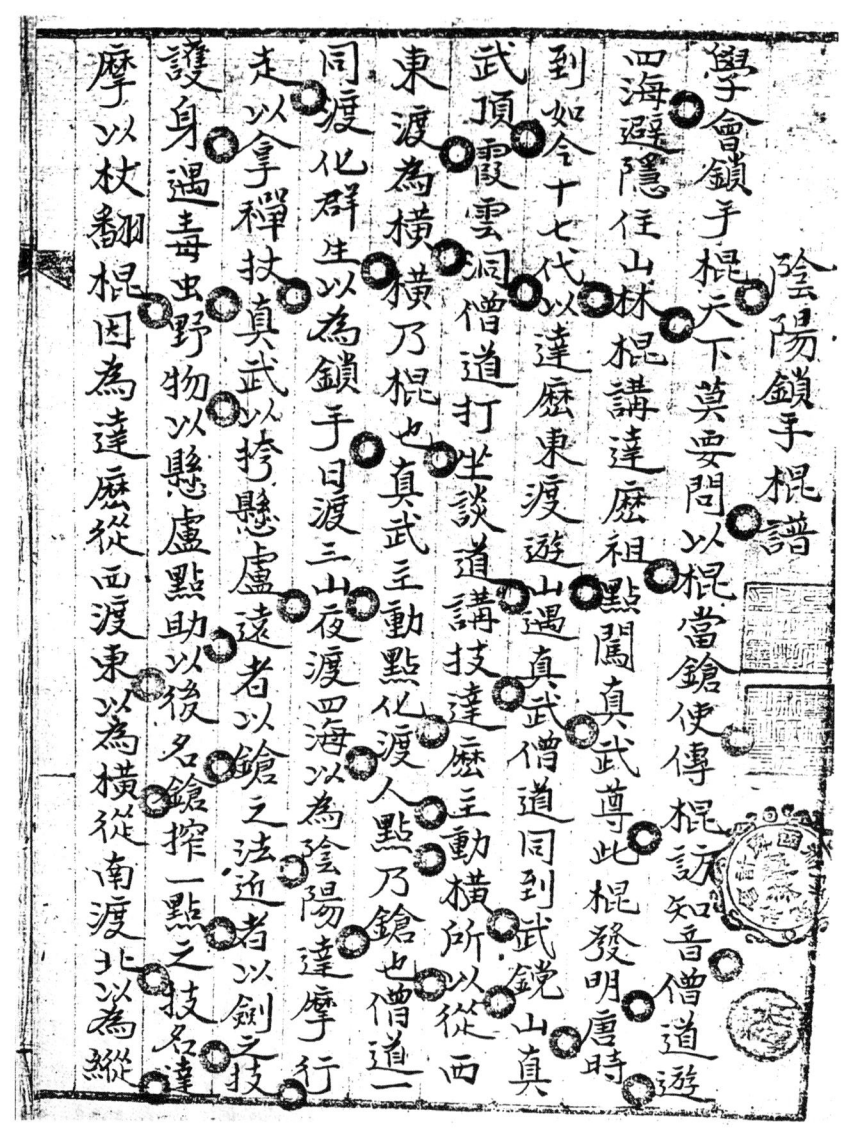

吴斌楼传《锁手棍谱》手抄本

细想三趟戳脚连着练，不过一趟燕青三拦手的长度，这么算起来，总共十二趟套路。不少弟子不练地躺，还得减下两趟去。当然，想当武术教练的还得多学。

至于器械，先师认为属精华的是七星剑、连环剑、金背刀、大小昆仑刀、五虎断门十二枪、锁手棍、双头蛇、牛头镋、双手带、杆子鞭、九节鞭、走线锤等。在对练套路中，他最喜欢的是鹰熊斗智和空手夺枪、空手夺刀。这些东西当时都传给了弟子们。

至于技击技术，虽然在那时的武术发展政策中并不提倡，但先师在传授套路时必定拆解，在拳谱中，也对动作的使用方法做了详尽的阐述，例如《架子锤谱》《三拦手谱》里都标注着每个动作的用法。对一些老弟子则比较系统地传授技击法和技击要领。尤其是他会依据弟子的身体特长（身高体壮或瘦小机敏）分别传授一些出奇制胜的招法。

只要跟随先师学艺三五年，哪个学生都能学到一些本门武术的精华。以为先师保守，把精品都留着，甚至带进棺材的认识，是大谬而特谬的。

四、改拳为实用

先师吴斌楼反对弟子随意改拳，但他自己在传拳之时，却不仅改拳，而且创拳，称得上是一个改革家。

他曾说："将艺术学会、学精，自己再改编创造一种新的结构，这个做法是很对的。这样做，就叫艺术创造革命。"

先师所言"艺术创造革命"有个前提，就是一定要在继承传统的基础上。他认为，如果还"没弄清艺术的要点是什么？内容的掩技（戳脚翻子是闭门拳种，讲究"掩字当先"。"掩"是打人先护己；"技"

指技击。"掩技"即指防护与进击。它是戳脚翻子的技击之法及身形要领的核心）是什么？做得不够礼义，结构还有漏洞，名称经不起推敲，技术经不起问答，这样创编的新套路就离开了本门的风格特点"，"编了新套路，忘了老套路，就更不值了"。

燕青翻子可以说是先师编创的。据先师讲：燕青翻子在老家已经失传，仅留燕青十八翻的技法和拳谱数册。1935年，先师参加民国六届运动会，在会上结识湖北选手姚志广，始知姚先生是戳脚门前辈大师姚振芳之后，二人切磋，整理了濒临失传的燕青翻子。想那民国六届运动会不过十来日，先师与姚志广是参赛选手，哪有许多时间整理十八趟燕青翻子，能整出一二趟来，已属不简单了。

我是一入门先学的燕青二趟。1968年我去部队锻炼前，才学燕青三趟。当时，我曾问过先师，燕青翻子究竟传下多少趟。先师明确地说，那是我和姚志广依老谱整理的。我曾索要三趟燕青翻子谱，先师讲：还没作完。看起来，先师是创编成熟一趟传一趟。至20世纪70年代中期，终于传了八趟。后又编出三趟各20个动作的"一条龙"，学到的没有几人。我猜想，1935年，先师与姚志广充其量是依老谱整理出燕青翻子头、二趟。

先师能创编套路，是仗着他几十年的武术功底，各种动作招式烂熟于胸，随手拈来，即可成拳。先师1910年前后投师学艺，至1935年，已有25年练拳经历。而到了1968年，又过了20年，先师才传出三趟燕青翻子，说明先师编拳的慎重。纵观燕青翻子头三趟，的确也够得上精品，终是经过二三十年的锤炼和不断改进才成形的。比如二趟燕青翻子吧，20世纪50年代收式前的动作是舞花坐盘、右点脚、右后腿、断锁、鹞子出林……到70年代初，改为抱肘坐盘、分手右掀腿、左后腿、坐盘担山（单手）、刁手搓滑、鹞子出林……

为什么会这么改呢？两种动作各有什么长处呢？

20世纪50年代的动作，右点脚、右后腿，速度快，实用性强。70年代的动作，右掀腿、左后腿、转身坐盘担山，左旋右转、高低错落，更好看，适于表演。

再如二趟寸手，原收式前的动作是扒打寸腿、叶里藏花、左后腿、叶里藏花、钝镰割谷、金鸡跳墙、鹞子抄食、扒扣十字腿。为表演火爆，改为十字弹腿、腾空箭弹、就地搬桩、蹿猫、马步架打、扒扣十字腿。又如，戳脚九趟套路，在20世纪50年代都是练到抽步架打后，即并步收拳，收势。而后，才加上了鹞子钻天、圈打单架翅，并步收势。最后又加上了狸猫洗脸。可以说最后改完的套路是最完整的，也是河北、东北戳脚套路中所没有的，这个过程也有十几年。戳脚的传统出势是双挂手，先师改作斜身拗步，这就有了进步抢位的使用价值。当然，也有些改动是为了适应当时比赛的需要，像在续靠粘连中加个空中趸轮，增加了难度，提高了分值。

在我1968年赴部队之前，我曾问先师会不会匕首，我想学一趟，怕万一用得着。先师教了我一趟双匕首，20多个动作。学会套路，先师便给我拆解，这时，先师才说：这趟玩意儿是判官笔的路子。判官笔注重点穴。不点穴不就是"插子"吗？这其实算不上改编。之后，又传了我空手夺插子。

先师还将峨眉刺改作了双梭，练的是峨眉刺的套路。这种改编，可说是先师的创造。后来有人效仿，把双手带改成大铲，把拦马橛改成锄头。

先师在教传统套路时，为帮助弟子们理解，往往把古老晦涩的动作名称改成通俗易懂的现代词，或者把一个较为抽象的名称，分解为几个动作名称。比如大翻子架子棰老谱中的鸳鸯展翅，先师分解作右搂膝冲拳、十字腿刁手撞打；老谱中的翻身三抄食，分解作原步翻挑、剪手寸腿、十字查腿、十字弹腿、左搂膝拗顺步争拳。这样便于弟子记忆这些连续动作。这种改法适应了弟子学习的需要。

先师吴斌楼对戳脚翻子的发展功不可没。他的风格特点已有别于他的同门师兄弟，更不用说旁支旁系了。因此，我们传拳时往往说明，这是吴斌楼式戳脚翻子。

五、失传知多少

戳脚翻子的内容有多少已失传了呢？据我所知，失传东西不少，失传的原因也是多种多样。

一是传说中有，实际没有，比如罗汉影，传说有十八趟，实际上只有靠粘连、续靠粘连、小拳影三趟。如果真有十八趟，恐怕在老家也早失传了。

二是先师还没来得及教，没能传下来。这主要是一些技击法，在那个大环境下，先师教什么，是极其慎重的。比如练实用的腿破腿、对九拳，先师晚年说要传授，终是没有完整地传下来。再如对练金鸡斗，是擒拿与反擒拿的练习。我和史立民是在1975年前后学习的，谁知先师只传了四手，就再也不提了，我们也就会这四手。再有老家盛传的左把枪、双镋，先师都没有传授过。先师过世后，有些弟子特意回蠡县老家学习。

三是练着费劲，学者一扔了事。先师曾在北海体育场表演过续靠粘连，全是低盘动作，身法极讲究，动作比头趟靠粘连多出三分之一，收势还要来个空中蹅轮，是绝好的精品，当时赢得满场喝彩。先师传给了我，可是我练着太费劲，到收势时不仅翻不起空中蹅轮，而且由于转来转去，有时还觉得有些头晕，于是便不怎么练它。终于忘个一干二净。别人又没学，就算失传了。再如地趟拳，原本六趟，称梅花落地，乃是子孙丹、飞剪、燕子卡、五蹅脚、金丝手、小八仙，如今难找会三趟以上的人了。

四是学者觉得简单，练着没劲，丢弃一旁。比如24式、上八番，动作朴实无华，没有蹿蹦跳跃，但实用性强，不少弟子入门时学过，可现在谁还会？这是不屑于练，终至失传。

五是缺了对手，自然忘却。比如拳术对练，那时哪个人不学会几趟对子？我和陈晓明的对劈刀、和李志诚的空手夺插子、和马天胜的活协对打、和王鹤龄的鹰熊斗智，由于大家各奔东西，全完。还有谁会练？我也不知道。

此外，象八步寸打、五行拳我都没见过，大概只有个别人会练。

不仅套路，而且功法、技法，由于当时传人本就不多，失传的更多。比如一些以腿破腿的技击法，得到它的传人本就不多，先师病卧在床时说：等我好了，先得把这个教给大家。可他终于没有好起来，大多数人也就没学到。当然有的东西弟子们会悟出来，有的东西北京失传了，老家还有，老家失传了，北京、东北还有。但，总之会有许多东西永远失传。

说到这里，我想点明一下主题，那就是：先师所传技艺，多而杂，良莠不齐，弟子们应当去粗取精、去伪存真、删繁就简，以利继承与发展。

先师改拳创拳，凭着深厚的功底、丰富的经验、聪明的才智，才能整理创编出脍炙人口的燕青翻子。那些企望"上午去学、下午就改"（先师语）的学者们不可妄自尊大，以免误人子弟。

失传的东西中既有不少精品，也有平淡之作，丢了全可惜。将现存的内容特别是那些功法、技法整理记录下来，使之避免失传的命运，应是我辈肩负的重要使命。

广而论之，各门各派在继承发展本门传统武术的过程中，以此为鉴，似无不可。

轻功与点穴

我看过不少武侠小说，从旧派武侠小说《三侠五义》《小五义》《续小五义》《三侠剑》《彭公案》《施公案》到新派武侠小说梁羽生、金庸的大量作品，几乎都阅读过。书中所描写的轻功与点穴功之玄妙，令人匪夷所思，神而往之，我之所以喜欢上武术，与此不无关系。因此，当我与先师吴斌楼日久熟悉之后，便斗胆询问先师会不会轻功和点穴了。

吴斌楼中年像

提起轻功，先师坦然而答：我不会，那种一跺脚就上房的旱地拔葱，从房上像鸟儿一样轻飘飘落地的燕子抄水，我一样也不会。

这使我很失望。我的师父怎么能不会轻功呢？

先师说："我在醉鬼张三家的院子里见过树干上钉着块门板，听说是练轻功'壁上贴画'用的。人朝门板跑过来，往上一纵，后背贴上门板。越练贴的时间越长，轻功就练成了。我也只是听说，没见过。"

那时的我还不开窍，再三追问到底有没有轻功。先师说，要说有，也没那么玄。我知道的轻功不过是凭着臂力、腿力扒墙头跃身上房，或是捏着椽子头倒卷身子上房，还有在房脊屋瓦上能飞快地跑动，而且响动不大。练这种功夫要的是不怕苦和坚持。练臂力，就是每天用手捏着椽子头来回走，什么时候手指头捏着椽子头三间房能打个来回，功夫就成了。除了这个，还得每日举石担、抛石锁。练腿力，是把一口大缸埋在地下，装满沙子，每天从缸里往外蹦。什么时候把沙子挖没了亮出缸底，能站在缸底一纵身蹦出来，功夫就算成了。也有腿上绑上沙袋蹦的。再有就是练爬竿、爬绳的功夫，如同现在杂技团练的那种。这种功夫就是常说的飞檐走壁、蹿房越脊，也叫飞行术或夜行术。这种功夫，过去保镖的、护院的都得会。我也练过。那时候，一般房子都矮，容易蹿上去。遇有深宅大院，就得借助器械，一个人独自行动，起码得用个飞抓百练锁，要不就是攀登，否则再大的本事也蹿不上去。

先师的解释，使我实事求是起来，知道小说中的描述与实际功夫相差不止十万八千里。

当初我在程全宝老师门下学艺时，曾学过一种"夜行步"的功夫。练来很简单：上身直，双膝弯曲半蹲，双肘微屈，双掌下按，气往下沉。行步时，脚后跟先着地，而后全脚掌着地，步幅大，至少一米开外，双脚交替前行，似跑步的速度，但不允许像跑步一样有跃起的动作，双臂随脚步自然摆动，说白了，像是擦着地皮跑。这种步法，跑起来响动不大，跑的距离长，人也不会气喘。我感觉它类似一种快步行功的气功。

这个"夜行步"我练给先师看，先师居然也是头一次见，感到很新鲜，让我多走几步，他也随着试了几步，连说"有意思，有意思，这是少林功夫"，还说"天下功夫太多，没见过的不知道有多少"。这夜行步行走起来不好看，似乎用处也不大，在近几十年内，我没见有人练过。

提起点穴功，先师说有，并且说那功夫很难练，我们问多了，他就板起面孔，不再搭理，言下之意，那是高级功夫，你们还不到学的时候。

1968年，我正在部队。那时，社会上大力提倡培养赤脚医生，几乎人人都学针刺疗法。我也不例外，手备银针一副，每天拿着人体穴位图研究。这时我忽然联想到：针刺与点穴一定有联系，于是便给先师写了封信，索要点穴材料。先师回信说："你要的穴法，且作不好，作好了给你邮来。望你业余时加紧锻炼。"

1970年，我回到北京，依旧是每天坚持到拳场去。这时，先师拿出一本片页纸、红格、小32开、上下翻、封皮用钢笔写着"点法之技"的笔记本给我看，说："这就是点穴法。觉着有用，你就抄；没用，看看就算了。"我看那笔迹墨色，绝非刚刚写作完成，起码是20年前的墨迹。先师多年说写作未完成，不过是不肯示人的托词。

我仔细阅读了《点法之技》之后，感到内中学问太深，非一时所能掌握，还感到，点穴术绝非子虚乌有，是一门实实在在的科学。

纵观《点法之技》，可分为三大部分。

第一部分是总论，介绍有关点穴的知识和要求。如：

点法之技：点穴者，或以一指，或二指。一指者，独挺食指；二指者，即骈食中二指；用拳，使鸡心拳。其拳式，中指节稍凸出，即以指节点击穴也。

认穴之法：人身要穴，各有尺寸、部位。平日须熟，认明白，临时应用，方能发无差误。否则失之毫厘，谬以千里。

穴图规定：凡人身上，有一百零八穴。七十二穴不致命。其三十六大穴，具致命也。

武德功效：人之气血，流行经络，通达全身，无或稍滞。点穴者，能以点法，阻其流行，限时取命，并能以解法救之。此道在武技中最为深奥，伤人亦最易。谙斯术者，须存心仁厚，非遇万不得已时，切勿轻施。设若专事挟嫌寻仇，则四海之大，高手正多，以涵养还治祸矣。

第二部分讲的是练功之法。

指法拳法之劲：点穴击穴为内功柔术。点击人穴者，或以指或以拳。用指者上，拳次之。要能运柔成刚。指有劲，拳有功，行之则有效。否则纵使点着真穴，亦徒然矣。功穴之熟，熟之生效。穴有封有闭，而不是大开，非以领开门而入之，点击之技非功不可。这种技术，一要武德，二要涵养，三要让。不得已而为之。

练气之法：练劲须先练气，气充则有力，力足则生劲。劲者，力之所聚。故点击人之穴，能使之气闭而血滞也。练气之呼吸为不二法门。其法先呼出浊气三口，然后两手直下吸气，贯注丹田。再握拳渐渐提上迫腰，直时，急将左右手臂，次第用力向前冲出，而气亦随手呼出，不可迟缓。手臂冲出时，须大喊一声，方免气阻肺内，防肺内受伤之患。手之冲法，或向上，再或向左右分开均可。此法早晚在静室中习练。练之既久，则手点击功而有力，而劲亦随之生矣。

点之手眼：点人之穴者，务必认穴真，而手眼捷势，如兔起鹘落，始能告成。厥功若稍迟顿，则反为对方乘胜而进矣。

第三部分讲的是点中穴位后的症状及解法。

例1：点击中巨阙穴（心口下一寸五）人事不省。解法：（1）应用打法，向右边肺底穴下半分劈拳，一挪即醒。（2）用十三味方加桔梗、川贝同煎二服，再用夺命丹五六服，紫金丹二三服。

例2：直击中华盖穴（心口上）人事不省，血迷心窍，伤胃气。解法：（1）枳壳、良姜加十三味方同煎服。重者再加七厘散服下。（2）行走，心胃中淤血走动泄泻三五次。如瘰泻不止，服用冷粥止之。

例3：上擦、下击中黑虎偷心穴（心口中），两眼昏花，人事不省。解法：用十三味方加查肉、丁香同煎，再用七厘散冲服，再用夺命丹三服，紫金丹三服。

《点法之技》中共记述了108个穴位被击中时呈现的症状和解法。

在解法上，多用药解，其中主药是《十三味总方》，这十三味药是：三棱、赤芍、木香、乌药、青皮、桃仁、苏木、骨碎补、蓬术、延胡索、缩砂仁（恐有淤血入内，涩滞通淤为主，用陈黄酒半斤煎）、当归（伤上中部用全当归，伤下部用归尾）、大黄（伤重大便不通者加）。

《七厘散》也是常用药，主药是：地鳖虫（去头尾）、血竭、硼砂、蓬术（醋炒）、五加皮（酒炒）、菟丝子、木香、五灵脂（醋炒）、广皮、生大黄、土狗、朱砂、猴骨、巴豆霜、三棱青皮、肉桂（去粗皮，不见火）、赤芍（酒炒）、乌药（炒）、枳壳、当归（酒炒）、蒲黄（生熟）、麝香。

此外还有十四味加减方、飞龙夺命丹、地鳖紫金丹、万应跌打丸、万应跌打酒等药方。（注：本人不懂医，文中所列药方均抄自《点法之技》，正确与否，应由医家鉴定，不可随意服用）

第四部分记述了几首歌诀，今录于下：

《十二时辰气血流注歌》

寅时气血注于肺，卯时大肠辰时胃。

巳脾午心未小肠，膀胱申时酉注肾。

戌时包络亥三焦，子胆丑肝各定位。

《十二时辰气血注穴歌》

子时注人中，丑时注天廷，

寅时注乔空，卯时注大杼，

辰时注太阳，巳时注将台，

午时注脉腕，未时注七坎，

申时注丹田，酉时注白海，

戌时注下阴，亥时注涌泉。

《血头行走穴道歌》

周身之血有一头，日夜行走不停留。

遇时遇穴若伤损，一七不治命要休。

子时走往心窝穴，丑时须向泉井求。

井口是寅山根卯，辰到天心巳风头。

午时却与中原会，左右蟾宫分在未。

凤尾属申屈井酉，丹肾俱为戌时位。

六宫直等亥时来，不教乱缚斯为贵。

《取穴歌诀》

点法必先通其取，骨度分寸皆适应。

局部定寸若干份，长宽一份亦一寸。

无分老幼或男女，骨度分寸取穴存。

一二节间定一寸，指中横宽亦寸半。

拇指首节定一寸，皆用男女定全身。

悉知要害点穴位，百击百中功夫真。

　　流传的关于各拳种的类似歌诀还有很多，存在一些差异，由于本人对奇经八脉、经络穴位实是不懂，因此也不敢盲目引用、妄加评论，仅供有识之士参考。

　　依我琢磨，这部《点法之技》绝非先师所写，应是代代传抄下来的本子。看过之后，我绝对相信点穴术是真的，是实实在在的。但也深知学习点穴术和应用点穴术是不容易的，尤其"动中击穴"更是极不容易的。因此本人除了仔细阅读了这本《点法之技》外，已经没有丝毫兴趣学它了。

棍槍論四平鎖卡 五十五著姿勢歌

1. 四平　四平高势变化活 · 槍未扎脸用拿法
   扎前拳蹲身打下 · 棍底槍扎袖可脱

2. 中四平　中四平势真可奇 · 神云鬼没不易知
   阖闢縱橫隨意变 · 諸势推尊永不移

3. 底四平　低四平势上着 · 白蛇弄風拿提
   任伊左右劈未 · 边群二捆隨作
   棍高可打前拳 · 惟怕扎袖高削

4. 单手槍　持棍須認合陰陽 · 扎人单手最为狼
   前手放时後手进 · 一寸能长一寸强
   陽击陰收防救互 · 順立二捆收敗槍
   扎人無如此着妙 · 中平一點是槍王

5. 高扎袖　势名扎袖棍壁立 · 前虚后实在呼吸
   側身斜劈非真劈 · 顛步平拿圈外入
   力弱势低不吾降 · 惟怕鷂鶉单打急

6. 边捆　势低氣雄備穿提 · 法乎於斯言用之
   自下而上还自上 · 半輪個月不須疑
   右而左分左而右 · 未往滾轉連环奇
   梨花初開梅花擬 · 真如德长後立时
   左號边捆右群捆 · 两边拿扎不为难

吴斌楼发《棍枪论四平锁卡五十五着姿势歌》油印讲义

吴斌楼的"门户之见"

夸一个武师武德高尚，必有一条——没有门户之见。这个"见"当然指的是"偏见"。先师吴斌楼就是这样一个人。先师从来没有哪个门派好哪个门派次的概念，他挂在嘴边上的是"哪个拳种都好，就看你下不下功夫练"。前边说过，我入门时，他不让我丢了原来学过的梅花拳、黑虎拳，还曾让我去学陈式太极。王侠林的弟子祁志平来学翻子拳，先师也一直要求他不可丢了通背拳。先师非常看重可造就之才，对可造就的人才，他从不吝啬自己的拳技，认真传授。花拳泰斗宋兰坡的弟子谢志奎就在先师这里学习了地躺、双刀、靠粘连等；短拳名师张文平的弟子齐谋业则向先师学习戳脚和翻子拳；学习花拳的杨僧宝、经本愚在全国比赛中夺得名次的对练，也是先师传授的。而他自己的弟子门惠丰、孙长立要学杆子鞭，他说"张文平比我练得好"，于是就请张文平老师传授，张文平老师也是倾囊相授。孙长立师兄参加了北京市工人武术队，被查拳名师常振芳看中。常老师向先师表示想收孙长立为徒，先师为了孙师兄的发展，欣然同意。不仅如此，他还不忍师兄曹兆田要从河北辛集蹬车来京学习，便特意介绍他拜在形意拳名家——河北深州的李振标门下，曹师兄终于艺兼两门……先师哪有"门户之见"？

然而，本文又要说他有门户之见，同样也是褒奖之义，何也？这是说先师在武技追求方面的原则性，即对拳种门派风格特点的重视。

先师曾说："各门武术，都有一定的风格，不能闭门加敞门，敞门加闭门。搅乱了门派的技术风格，各门的特点也就没有了，中国武术的丰富性也就没了。"中华武术之所以博大精深，就是因为它有120多个拳种门派。各个拳种门派之所以能独立于武术之林，凭的是各自的鲜明特点。这个特点既是它区别于别家之处，也是它优胜于别家之处。如南拳北腿、内家外家、长拳短打，具体到炮捶、八极、戳脚、弹腿、通臂、劈挂、太极、八卦，哪一个不是特点突出？倘若用太极风格练炮捶，用大开大合的劈挂劲练绵、软、硬、脆、滑的戳脚，又会是什么样的结果？

先师赞成武术的革新，但不赞成混淆门派的特点，而且不怕别人说他保守，大胆地发表意见。

一、长拳短拳不容混

先师经常强调的是要弄清长拳与短拳的区别，他挂在嘴上的是"九翻子（戳脚翻子）是长拳，八番子（八闪翻）是短拳，不一样"。

现在长拳的含义非常广泛。凡是动作灵活、节奏鲜明、快速有力，包括蹿奔跳跃、闪展腾挪、平衡回环、起伏转折等技术动作的拳术都归纳到长拳系列。也就是按照传统分类的外家拳，如查拳、华拳、红拳、炮拳、戳脚拳、翻子拳等统称为长拳。先师则认为，外家拳本身是有长短之分的。九翻子与八番子都属外家拳，但前者属长拳后者属短拳。为什么呢？

先师说，长拳短打之说由来已久。《纪效新书》就记载有"宋太祖三十二式长拳""戚继光三十二式长拳"和"温家十二短""绵张短打",足见那时拳种风格已然不同。后来外家拳形成南北两派,南重拳,尚短手;北重腿,尚长手。南拳以桩拳为主,北拳以腿功为先。习南拳者,要先站桩,习北者,要先踢腿。南拳尚短手,是指出拳时两肩平如一线;北拳尚长手,是指出拳时要顺肩出拳,手臂可略长约一寸。可以说南拳是短拳,北拳是长拳。

后来,重腿的北拳也有了长短之分。长拳套路长,招式多,拳打脚踢,放长击远,讲究拳打四方;短拳套路短,出手距离短,近身靠打,挨身肘发,讲究拳打卧牛之地。长拳用柔,短拳用刚;长拳达气,短拳自顾。练长拳要顺肩、调胯,有抑扬顿挫的节奏;练短拳要平肩、身正,有脆快一挂鞭的节奏。

先师为了让我们不把戳脚翻子的长拳风格和八番子的短拳风格相混淆,特作了几首歌诀,如:

《八番短门之风》

身直膝顶,骑乘顺弓。

弓箭并竖,击拳拉钻。

双肩摔扣,上盘技风。

《慢八番短门之风》(短打绵掌之风)

骑乘并扣,弓箭直伸。

动作怀中抱拢,击发拉形不扣。

速而双肩不动,击拳拳眼向上。

马弓之式,守门扣肩心向里。

按这种风格区分,少林拳、查拳、华拳、红拳(注:不是广东南拳中的洪拳）、炮拳、燕青拳、戳脚拳、翻子拳等可归于长拳。功力拳、合战拳、孙膑拳、八番子拳等可归于短拳。

二、闭门敞门要分清

先师曾说，外家拳，在攻防上各有侧重，因此便有了闭门敞门之说。闭门，就是强调打人先护己，掩字当头，讲究掩手、掩肘、掩裆、合胯、扣足；敞门是强调先下手为强，动作舒展，大开大合。先师曾以查拳为例说明敞门的特点。

> 骑乘步大而正，弓箭步敞而仆；
> 飞吊旋转而实，空摆带挂而飘；
> 跻步吊摆箭夺，弹踢敞门大开；
> 虎步仆身大敞，腿起摆莲扣足；
> 足尖偏侧旋扫，拳中平而阴扣。

但即使同为敞门，风格也不相同，先师曾举"寸弹中弹之风"为例：

> 姿式中形扣并，马步高坐停身；
> 弓步单边支重，上下十字为母；
> 发足脚尖着力，拳足寸击为本。

先师说，北拳的代表是戳脚拳和查拳，这是两大以腿法著称的拳种。而戳脚拳属闭门，查拳属敞门。先师曾作《河北三支五义歌》，其中有《枝子歌论》和《查拳歌论》，今录于下：

《枝子歌论》

戳脚把门封，明暗要分清。

文武开艺路，插花走底龙。

三春（盘）兼九点，礼健八法通。

何枝帘中立，树聚在东京。

《查拳歌论》

查拳大门开，欢迎同艺来。

明技讲春点，暗黑以手拆。

天下文武道，礼让到中台。

寒暄友谊路，扶助走三才。

后来，我曾接触过不少查拳名师，对查拳做过些许了解，终于领悟了戳脚与查拳二者的风格差别。尤其是结识了山东冠县一里庄查拳大家张英振之女张铜侠，对查拳有了更进一步的认识。虽然戳脚与查拳有闭门敞门的区别，但在技法上却有许多相通之处。比如，戳脚腿法讲：点、圈、查、寸、掀、摆、蹬、撩、勾、挂、缠、丁；查拳腿法讲：弹、踢、踹、扫、勾、挂、缠、点、撩、拐、扑、跺。二者相通之处甚多，但唯戳脚有后腿，查拳没有。查拳技击法有十字诀，乃缩、小、绵、软、巧、错、连、硬、脆、滑。而戳脚技法乃绵、软、硬、脆、滑，是其中的五字。看来，风格不同，技法相通，是外家拳的一个特点。

三、拳如其人拳为本

先师常说：一龙生九子，九子各不同。一师传九徒，同样，也是各有特长。这是因人而异。一个身量高大的和一个身材矮小的都练戳脚，练出来能一个样吗？往往是身量高大的偏重于刚、猛，偏重于硬、脆，偏重于先声夺人。而身材矮小的总是会扬长避短，侧重于巧、变，侧重于绵、滑，侧重于见机行事。人的性格对掌握拳术也有着不可估量的作用，性格温和的和性格暴躁的练出来不会一样，性格阴毒的和性格笃实的在技法运用上也不会相同。不论人的性格、素质、身体条件、机敏程度有多大差别，在学某一个拳种的时候，都会有许多个人特点渗入，但掌握好本门风格，是至关重要的。这便是"拳为本"。

近年来发现不少习武者，以"一师传九徒，个个不相同"为借口，以为只要掌握了套路结构，就不必认真钻研本门风格技法了，自己练成什么样都可以，都能得到承认，殊不知行内人会说你不伦不类糟践玩意儿。

本人在侍师十八载中，见过高矮胖瘦性格各异的众多师兄弟，就其演拳和技击来看，没一个重样的，倒有不少走样的（走样的原因很多，不用我在此赘述）。在掌握戳脚风格后，依本人特点有所发挥的，倒也不乏其人。比如洪志田。洪志田的技击水平在师兄弟中算是上乘的，但他与先师的技击习惯大不相同。先师攻防，多取直线，而洪志田多走曲线。直线、曲线都是戳脚技法，用者却有侧重，这便是"拳如其人"。

民国时的武术大家向恺然先生对此曾有过很精辟的论述，他说：杨澄甫、吴鉴泉都是杨露禅的再传弟子，属一家一派，但两人所传拳式为什么各不相同？或曰：杨澄甫善发人而不善化，吴鉴泉善化人而不善发。"杨体魁梧，且尝闻与其徒推手时，常喜自试其发劲，故其徒皆称其善发人。吴为人性极温文，且深于世故，不论与谁推手，皆谨守范围，不逼人不拿人。人亦无逼之拿之者。闻其在北平体育学校教太极拳时，学者众多，皆年壮力强。与吴推手，任意进退。吴惟化之使不逞而已，始终未尝一发。故人疑其只善化不善发。""以其平日温文之性格，可断其为不欲无端发人，招人尤怨，非不善发人也。"所以，杨澄甫式太极拳动作开展、步马宽大，吴鉴泉式太极拳小巧灵活、严密细腻。所谓拳如其人。

先师认为在学拳时人的因素体现在拳中是极其正常的，但扭曲了本门风格特点，长拳练成短拳味儿，或是敞门加闭门，再或是不伦不类、非驴非马，看不出是何门何派，那就偏离习武方向了。

先师的门户之见，未必没有道理。

武林交往讲礼仪

习武之人一旦出了师，就会到江湖上闯荡，所谓"寻师访友"。寻师访友的规矩是很多的，有所谓"文访"和"武访"。

这"文访"嘛，便是互相"盘道"。初访登门便要根据对方的不同情况，采取不同礼仪。互相"盘道"，无非从师承谈起，上溯至师爷，旁及师伯、师叔等，而后互相交流一下自己所练拳派的特点、内容。谈师承，可以追溯访者与被访者两个门派源流中可能存在的交往，拉近彼此的关系，甚至能论起双方的辈分来。交流门派内容、技法，从谈吐中便可了解对方所学深浅，从而决定下一步应采取的态度。

"武访"，则是要亮亮相了，或是打趟拳、练趟器械，或双方象征性地摸摸手，意思到了即要罢手。通常强者会让弱者，不使其露出败象。败者自然心领神会，心悦诚服，于是双方便有了交往的基础，或拜师学艺，或结为金兰，或朋友相称。这便是以武会友了。

"踢场子"，往往也打着寻师访友的旗号，其目的是砸人饭碗、称霸武林。这类访者常以教场的拳师、卖艺的把式匠为目标，一旦把人家场子踢了，影响很大。如果没踢成，自己栽了面儿，他们会纠集人手卷土重来。

习武者一旦通过寻师访友有了交情，他们会很重视文规武礼这一套。

逢年过节必要走动，收徒做寿必要宴请。自然，有了危难也必要帮忙。光绪二十五年（1899 年），会友镖局失了镖，就邀请了当时的多位技击名家李忠元、刘镜远、尹福、刘凤春、张占魁、尚云祥、周玉祥、程廷华、王正谊、章桂英等协助夺镖。

武友之间绝不贬损他人的武功，即便是胜了某某，也绝不张扬，这叫做留有口德。就拿我的师父吴斌楼来说吧。先师吴斌楼自 18 岁出道，纵横武林六十余载，所交各界朋友无数，尤与武术界的朋友相交甚厚。先师交友以诚待人，强调"礼、义、让"。所以很多熟悉先师的人都说："吴斌楼不仅功夫好，为人也极好。"

先说这个"礼"字，活脱脱表现出先师对友人的尊重。

旧社会习武者闯江湖，免不了要加入某个帮派，否则难以在江湖上立足。20 世纪 20 年代，先师是北平安清帮中的一员。在帮中，他与张文平、吴子珍等为同辈，而李尧臣在帮中的地位则比他们高一辈。虽然大家不是同门师兄弟，到了帮中，却都依了帮中礼数，大家对李尧臣优礼有加。先师说过这么一件事："那时李尧臣开武术茶馆，教着一帮小孩子，生活条件不太好。一次大家应邀参加军阀吴佩孚的堂会。我练了趟文剑，吴佩孚不住地夸好，赏了我 40 块大洋。我都给了李尧臣。那时我家里做着小买卖，比李尧臣强点。"这是七八十年前的事。先师帮李尧臣，是出于对李尧臣的尊重，是"以礼当先"。

张文平长先师几岁，先师称其为师兄。他二人性情极为相投，来往也多。每逢年节，他都会去拜访张文平，一直坚持到新中国成立后。记得 1962 年正月初六，他去看望张文平，上午去的，下午才回来。他二人去逛天桥了。天桥是他们年轻时常去的地方，似乎对这里情有独钟，如今故地重游，免不了谈古论今。二人走街串巷，看了杂耍，还花了 4 角 2 分钱在小饭馆吃了顿饭，这在当时很是奢侈，但先师高兴异常，回来多次提及这天过得痛快。

此后几天，先师又陆续拜访了不少朋友，显示他"以礼当先"的交友之道。

初七那天，先师拜访吴子珍。先师这是回访。初二那天，吴子珍曾带着李大顺子看望先师。先师与吴子珍也是多年交情。新中国成立初期，吴子珍主持四民武术社，特聘先师为客座教习。为了提高四民弟子的长拳水平，吴子珍曾让不少四民弟子纳入先师门下。这次二老会面，吴子珍又要先师为他一个学太极的弟子李俊文整理功课，先师一口应允，且表示不收学费。先师不忘在四民武术社任客座教习的日子，对吴子珍总是非常尊敬。

初八下午三时，先师去拜访刘佩玮。刘佩玮当时是北京市青少年业余武术学校的校长。先师对刘佩玮非常佩服。他曾说："人家刘佩玮是老革命，14级的干部。放着官不当，非要搞武术，真不简单。"正因为此，刘佩玮邀请先师任该校高级班教练时，先师毫不犹豫地应聘了。初八这天，刘佩玮校长又告诉先师，经市体委批准，先师在业余体校高级班可以教授本门拳脚戳脚翻子。先师很是高兴。但他提出三个条件："一是不许要求改动传统套路的动作姿式，改变翻子门的演练风格；二是要允许自己选拔学员，不能由校方委派；三是对不遵守纪律的学员，校方不能姑息。"没想到刘校长很痛快地答应了。先师感到非常满意，在日记中多次提及此事，表示出对刘佩玮校长极大的敬佩。

初九那天，先师去拜访葛馨吾。葛馨吾比先师大六七岁，先师与葛馨吾的交往始于20世纪30年代。那时葛馨吾的身份是北平国术馆教员，教授吴式太极拳。二人属同辈，但先师曾入北平国术馆体育教员讲习班学习，由于这层关系，先师对葛馨吾一直是极尊敬的。那天先师下午三时到了葛家。二人话语投机，谈兴很浓，不觉到了晚上。

葛馨吾备家宴招待先师。吃完饭，二人又喝茶清谈一小时余，先师才告辞回家。算来在葛家待了四个多小时。先师回家后立刻就将这次拜访记在了日记上。

先师与赫寿岩、宋兰坡、吴图南也相交甚深，但他们三人均长先师数岁。先师无论是当面还是背后提到他们总是尊敬地称呼"老师兄"。老师兄有求于他，他从不拒绝。比如宋兰坡老师让先师给其子女整理功课，先师二话不说便收了宋志平、宋坤英为弟子，还应邀在健身武术一分社帮教。前辈老拳师王荣标在世时很喜欢先师，先师与王侠英、王侠林姐妹共赴国外交流时，王荣标特嘱先师照顾姐妹二人。先师对王荣标、恒寿山、刘月亭、刘彩臣、张长祯等前辈以晚辈之礼事之。这些前辈拳师对先师评价甚高。在旧社会那种封建规法严格的时代，中年时期的先师能与众多前辈武术家共享"北平十老武术家"称号，说明武术界对他的认可。这包括对他武艺、为人的双重认可。

先师待友突出的"义"字，体现在他关心朋友、照顾朋友，为朋友排忧解难方面。

先师与名跤师宝三（宝善林）相识于20世纪20年代初期，此后的几十年未断交往。宝三在天桥初设中幡跤场时，生意并不火爆，他便邀先师前去帮场，要先师在耍中幡前垫场演练"醉八仙"。先师进京后，家中开着豆制品作坊，后来他本人又开着艺林国术研究社，又到体育教员讲习班学习，想着能做个小学体育教员，生活并不困难。尤其是自他入江湖之后，便忌讳卖艺，认为那是给祖师爷拆白现眼，但他听完宝三讲述的难处之后，竟毅然决然地答应为宝三帮三个月的场。垫场活儿得"粘住人"，"醉八仙"要跌扑滚翻，天桥的场子都是黄土地，先师得赤着上身在地上扑跌，但先师从无怨言，令宝三极其感动。后来宝三的中幡跤场终成天桥一绝。

六合拳名师马玉清老师比先师小约 20 岁，在北平体育研究社体育教员讲习班学习时与先师同班，故称先师为老师兄。从那以后，马玉清当过小学体育教员，给日华贸易公司护过院，给武邑县县长当过保镖，当过警察，还在国民党中央军校北平分校任过中尉教官。因为这些复杂经历，新中国成立后他受到了冲击。1962 年马玉清回京，户口由外地转了回来。先师不怕牵连，和他会面，询问他生活有没有困难，需不需要帮助，知道他当临时工、扛大个、拉冰，总算能挣钱糊口，才算放心。"文化大革命"后马玉清被对外经贸大学、民族学院、农机学院、地质学院研究生部及东城武术馆聘为武术教师，终是苦尽甘来。马玉清在 1999 年纪念吴斌楼百年诞辰时曾撰短文缅怀先师。他写道："吴斌楼先生是中外享有盛名的武术家、武林一代宗师。我深知吴先生人品正直，艺业高尚，授艺辉煌，在这里我对师兄深表缅怀。吴先生青年时代就享有盛名，60 年前我与吴先生在国术教员讲习会是同班同学，经常一起学习，一起练功。几十年的友情甚密……"马玉清的寥寥数语，展现出与先师的交情之深。

先师与八极拳师王金生甚好。"文化大革命"后期，王金生曾参加广交会开幕式武术表演。得知国家拨乱反正，将大力发展武术的消息，回京后就来看望先师，报告了这个消息。二人甚为兴奋，期待着这天早点到来，那时再显身手。但不久，王金生得了癌症。先师得知后，便翻出了他保存多年的一块麝香，亲自给王金生送到家去，让他配药用。王金生终是不治。但先师的义举却让知道的人无不称赞。

1973 年，先师回了赵蠡县齐庄老家，在当地造成了不小的轰动。先师曾在给北京弟子的信中说："……回家来卅日，因为有五县的武术界同志，来我家看我，每日少者十二三位，多者廿多位，要学项目。这一来不得休息，来家五日就累病了……"由此可见先师在当地的威望和人缘。他待人以诚，不顾高龄，不怕累病，有求必应，自然赢得武林人士对他的尊重。后来听先师说：那边（指蠡县）对武术重视，练的人多，对武术界的人也尊重。话里流露出一种满足感。

先师交友很讲究一个"让"字，说白了就是谦虚。尤其是在武术同仁聚会和表演联欢的场合，他主张"不要争先论后，应以尽让为怀"。

既是表演，就总有个排名先后，开头垫场的多是年轻人，最后压场的必是德高望重的老武术家。名列何处，似乎关系着武术家本人的声名地位。先师对此却绝不竞争，主办方安排在哪儿就在哪儿。他还有个原则，前边的人练枪，他绝不练枪，前边的人练刀，他绝不练刀，为的是不让观众进行比较，当场品头论足，伤了表演者之间的和气。但先师对自己是充满信心的。每次练什么拳，练什么器械，都有周密的安排，总会在表演中赢得喝彩。

他说，表演和比赛不同，表演是联欢性质，得先讲武礼。要顾及上场下场。上场有名师，下场有观众，还有来自五湖四海的异能之士，必须要有明礼暗规。明礼敬群众，暗规敬内行。对一同表演的同仁，要讲三让，即礼让、步让、演让。对贤者以礼让，对愚者以步让，对明者以演让，就是在表扬时不要过分压着对方。至于在比武较量中赢了对方，他总要给人台阶下，不使人丢面子，事后更不提起，不张扬。

先师在礼让方面还表现在让徒弟上。当年，河北辛集的曹兆田酷爱戳脚翻子，拜在先师门下，常常不远百里来京求艺。先师看他太辛苦，就介绍他到深州名拳师李振标门下。李振标是河南心意六合拳大师买壮图的嫡传徒孙，师承山西祁县南古丰村的范文明，是一位很有本事的拳家。这样一来，曹兆田就近求教李振标，终于身兼两门绝艺。20世纪80年代，河北辛集市戳脚翻子心意六合拳研究会成立时，曹兆田被推举为会长。

20世纪60年代中期，吴斌楼（左）与挚友心意六合拳大家李振标（右）合影。

马全福也是一位著名武术家，艺从三师，既通少林，又精通臂和八卦。他对先师极为恭敬。当初他在宋兰坡门下学习八卦，那时先师常去拜访宋兰坡，只要先师一去，马全福就打酒，买点小菜，和先师对酌。他一提起先师，挂在嘴边的一句话就是："我们爷俩，说得来，一见面就喝二两，吃碗炸酱面。"他二人可以说是一对忘年交。马全福对戳脚的后腿踢人很感兴趣，在几十年武术生涯中对此不断揣摩，后来他在传徒授艺时便加进了后腿的用法。尽管他与先师情谊如此深厚，却没有师徒名分，那是因为先师对老师兄宋兰坡尊敬礼让，"君子不夺人之美"。

　　先师的武友除了前边提到的几位之外，还有陈月坊、骆兴武、陈子江、杨禹亭、马有清等。先师交朋友的故事有许多动人细节，限于篇幅，只能蜻蜓点水，泛泛而谈，让读者了解个大概而已。

20世纪30年代中期，吴斌楼与武林朋友出访时合影（前排左1王侠林、左2王侠英，2排中宝三，后排右3吴斌楼）。

当选北京武协首届委员

20 世纪 50 年代末期至 60 年代初期，武术运动在北京市蓬勃发展起来，在那种大好形势下，为了更好地领导和组织民间武术活动，北京武术界开始酝酿成立北京市武术运动协会。

1962 年春，各区体委负责此项工作的同志频频走访北京市知名老拳师，了解情况，召开一些小范围的讨论会，就武术协会的章程、作用、委员人选等方面的问题进行磋商。

先师吴斌楼是归西城体委管的，就成立武协事宜，体委的李同志曾多次找过先师。当时的北京青少年业余武术学校校长刘佩玮也找先师议论过此事，并要先师写一份历史自传上交。

在整个筹备过程中，多是武术界的领导和名拳师参与其事，但也推选了少数青年习武者作为代表。我和乔宗淮由先师推荐，成为代表之一。那年我 19 岁，乔宗淮 18 岁。

由于我们参加的各种会议很少，对武术运动的发展方向并不了解，于是便向先师打听成立武协的意义。

先师说："武术是咱们国家的国宝，南拳北腿，各种门派那么多，没有人管哪行？武协就是把民间练武的管起来，走发展的路。"

他还说："旧社会有国术馆，可是当头儿的大多是军官、老财，民间的拳师还是得不到重视。现在不一样了。只要你的拳种有用，特别是群众喜欢、爱练，国家就会扶持。"

我感到，先师对成立武协很支持，还很兴奋，似乎有了武协就有了靠山。

1962 年 7 月 28 日，市武协筹备组综合各方面的意见，提出了首届武协委员候选人名单。

候选人共有二十七位，他们是：

王达三　　八卦

王修　　　八卦

孙占鳌　　少林太祖

孙剑云　　孙氏太极

刘佩玮　　少林迷踪　形意

刘世明　　长拳　太极

刘高明　　杨氏太极

李光　　　东城体委副主任

李天骥　　杨氏太极

李尧臣　　炮锤（应为捶）

李剑华　　八卦　陈氏太极

陈子江　　形意

许小鲁　　八卦　形意　长拳

吴图南　　吴氏太极　杨氏太极

吴斌楼　　长拳　翻子拳

马锡春　　通背

杨禹廷　　吴氏太极

韩其昌　　梅花桩

徐致一　　吴氏太极

张文平　　短拳

张文元　　长拳　杨氏太极

常振芳　　查拳

崔毅士　　杨氏太极

雷慕尼　　陈氏太极

成传锐　　长拳

骆兴武　　八卦

葛馨吾　　吴氏太极拳

北京武术运动协会委员会

候选人名单　　1962.7.28　（筹备组）

王达三	东城甘雨胡同 26 号	八卦
王　修	北京师范学院	八卦
孙占鳌	铁道部退休干部	少林太祖
孙剑云	西单誊写社	孙氏太极
刘佩玮	什刹海业余武术学校校长	少林迷踪　形意
刘世明	北京医学院体育教研室主任	长拳　太极
刘高明	宣武机械厂	杨氏太极
李　光	东城体委副主任	
李天骥	国家体委武术科科员	杨氏太极
李尧臣	宣武区福州营前街 41 号	炮锤
李剑华	海淀镇 41 号	八卦　陈氏太极
陈子江	雍和宫大街甲 2 号	形意
许小鲁	广外马沟庙甲 19 号	八卦　形意　长拳
吴图南	北京市文化局文物队	吴氏太极　杨氏太极
吴斌楼	南魏儿胡同 23 号	长拳　翻子拳
马锡春	电车公司退休干部	通背
杨禹廷	北池子 77 号	吴氏太极
韩其昌	北京大学	梅花桩
徐致一	清华公寓	吴氏太极
张文平	宣武区西坛根	短拳
张文元	铁道医学院	长拳　杨氏太极
常振芳	工人体育场教练	查拳
崔毅士	朝内南小街甲 2 号	杨氏太极
雷慕尼	辟才胡同小六条 1 号	陈氏太极
成传锐	北京体育学院	长拳
骆兴武	宣武延寿街 100 号	八卦
葛馨吾	新街口珠八宝胡同甲 3 号	吴氏太极拳

首届北京武协候选人名单

作为年轻的代表，我们对名单中所列诸位老拳师并不熟悉，于是先师就给我们一一做了介绍。

比如葛馨吾老先生，先师就介绍说，葛先生是吴鉴泉的弟子，民国北平国术馆成立时就任过课，我还在国术教员讲习班听过他的课呢。

比如骆兴武老先生，先师介绍说，骆先生的八卦掌学自李光甫，形意拳学自郝恩光。他在沈阳打过擂，得过奖，办过兴武武术社。

这份名单中，太极、八卦拳师占的比例最大。练吴氏太极的占了四位，练杨氏太极的占了四位，练陈氏太极的占两位，练孙氏太极的占一位，练八卦的占了五位。先师对我说，在北京，太极、八卦是大门派，早年杨露禅、董海川在北京授徒，不少王公大臣都跟着学，影响很大。杨露禅以后有了杨氏、吴氏、孙氏、武氏、李氏八卦的分支，董海川以后也有程氏、尹氏、梁氏、樊氏八卦的分支，练的人多，代表就应当多。

这份名单是经过了反复酝酿的。但，我对于这份名单的关注远不如先师，只是觉得，既然是筹备组经过很长时间的酝酿推荐出来的，自然没有什么异议。因此，当我知道名单上绝大多数是老武术家后，也便提不出什么意见来。

1962年9月23日，北京武术运动协会的成立大会召开了，地点在中山公园中山堂后边的大殿——北京市政协会议厅。

那天是个星期天，我和乔宗淮随同先师吴斌楼一同出席了大会。

大厅正面是主席台的位置，一溜排开的长桌铺着雪白的桌布，以李光同志为首的几位领导坐在后边。主席台对面是数排代表席位，我俩陪先师坐在中间的位子上，挨着张文平老师。会议厅的座位基本上坐满了，大约有七八十位代表。会议由马有清先生主持，大会作了回顾武术运动发展的报告，宣读了协会章程，大家举手通过。然后发选票，大家投票选举。会场气氛极严肃，代表们也都认真地填写选票。

　　投票后，大会休息，由监票人员计票。众多代表便都到室外吸烟、聊天，气氛很平和、肃穆，没有人大声说笑、喧哗。先师在会议厅外抽了一支烟，与张文平、雷慕尼几位老师闲聊。我们则紧随其后，未搭一言。

位于北京中山公园中山堂北面的北京市政协会议厅，首届北京市武协在此举行成立大会。

　　休息过后，大会宣读了当选者名单。候选人都当选为首届北京武协委员，东城区体委副主任李光当选为首届北京市武协主席。

　　当选的人中既有李光、刘佩玮、李天骥这样从事武术领导工作的同志，也有王修、孙占鳌、吴图南、马熙春这样的国家工作人员，还有成传锐、刘世明这样的高等院校的武术老师，更多的则是葛馨吾、崔毅士、骆兴武、常振芳及先师这样的民间拳师，他们占了委员总额的一半多。纵观当选者，老中青都有。除了李光是专职干部外，其余的全是武术家，可以说真正代表了北京武术界。

　　大家鼓掌祝贺首届北京武协成立，祝贺委员们当选，然后，委员们留下，其他代表就先行退席了。

　　武协委员内部划分了许多工作部门，有教练工作委员会、裁判工作委员会、太极拳研究组、长拳研究组。每个组的成员由当选委员和几位年轻的拳师组成。先师分在了长拳组。

　　先师当选后，非常珍惜这个荣誉。据我所知，他的大部分关于武术的著作是在当选武协委员之后写的，就是为了响应武协关于挖掘传统文化的号召，其中有些文章交给了武协。先师很谦虚，由于文化水平不高，他曾把写过的稿子交给马有清先生，请他帮助修改文字后再交上去。

　　而在传拳方面，先师也特意在武校学习了国家套路：初级拳、甲级拳、甲级剑、乙级拳、乙级刀、乙级棍等。他不仅在体校高级班兼职时为学员整理这些功课，就是在景山公园，他对于一些想报考体育学院的弟子也认真传授这些国家套路。这一时期，初入门的学员不再学习32冲拳了，而是学初级拳了。

　　此后，先师的社会活动多了起来，除了更多地参与武术比赛的裁判工作，武术表演的组织工作外，他还经常参加各种会议以及一些单位的庆典。当时先师十分活跃。

　　从1962年当选武协委员至1966年"文化大革命"开始，先师的精神面貌焕发出青春般的光彩。

　　（注：曾有人著文质疑北京市武术运动协会成立时间，并提出北京市武术运动协会是在1958年成立的，一时造成认知上的混乱。借本书出版之际，笔者在此说明：1958年成立的是中国武术协会。）

叁·怀念师友

景山公园关了门，各地武术社停了业，人们热衷的是打派仗，原来环绕身边的弟子们由于各种原因四分五散。

师徒父子情

韩愈在《师说》中说："师者，所以传道授业解惑也。"古时候将传授技艺的人也称作"傅"，如太子的老师可以称太师，也可以称太傅。逐渐地，师傅便成了对老师的另一个称谓。然而在武术界、宗教界、江湖行当中，往往把"师傅"称作"师父"，所谓者何也？原来是在这些领域里，奉行"一日为师，终身为父"的信条。因为师父是教你谋生本领的人，如同给你生命的父亲一样重要。

武林中师徒如父子的例子举不胜举。近代赵鑫洲替师坐牢，陈子江为师父送终摔盆打幡，马玉清的师父去世后他侍奉师娘直至送终，这都反映了师徒之间有着深厚的感情。当然，人总要有是非观念，倘若师父恶行昭著，弟子只知追随，那就是助纣为虐了；反之弟子不肖，师父一味偏袒，也属包庇纵容，均为世人所不齿。

在当今，要使师徒关系达到如父子的境界，需要师徒双方做出努力。为师的，除了传道、授业、解惑之外，还肩负着教导后辈如何做人的重要责任，也就是武德教育。为徒的除了学习武功、武技之外，还需要恪尽为徒的职责，对师父的尊敬、孝顺乃至赡养是不可或缺的义务。

先师吴斌楼一生教了许多徒弟，仅在他新中国成立后的日记中查到的有名有姓的弟子就有100多人，新中国成立前20年中所传授的弟子还未计算在内。本人不敢说先师与每个弟子都有良好的关系，但仅在我侍师十八载之中，就耳闻目睹了许多师徒情深的故事。

记得我们1956年至1960年前后入门的那一拨，年龄都在十三四岁，都把师父看得至高无上，然而与师父却丝毫没有距离感，十分亲近。

这首先是因为师父的以身作则。

前文曾写过先师为了培养学生，凡是努力练功并取得成绩的，他以免收学费作为鼓励。这里我要说的是先师免收学费时竟往往不考虑自己的生计，这可是鲜为人知的。

先师在1962年2月17日的日记中记了这么一段话："体委张百龄开会，问每位（教师）教课跟进项问题（情况）。我答复，东华门33号之学员已迁景山公园，按迁九人五位免费，四位拿钱，七元（其中一位只收一元），如今只剩八人。病号学者还全没到场，是四人，八元。航空学院还没开学，开学一月四堂课，十二元整。"

算算看，先师这一个月满打满算收入27元。可我们这9个人中竟免了5人的学费，那就是10元，在当时用作一个人一个月的饭费还有富余。先师在日记中记述了这样一件事："有一位初小学生，跟痴生学一点农民艺术，又赶上1953年落选，加紧培养。可是肚内没食口内干渴不能学，等学时要供给他，还有时要给些零花。就这样，六年之时间，到1958年时拿了国考一等第七。"

先师虽然没有写出姓名，但可看出痴生是先师自称，这位学生是早年入门的师兄。先师为了培养他，6年时间没收过他一分学费，直至将他培养成国手。这份情义真是难能可贵啊。

记得三年灾荒时，郑德歧因为粮食定量不够，吃不饱，而把功夫停了。先师非常痛惜。郑德歧是1957年拜师的，此前已学过六七年别的拳种。先师说："自跟我学习后，很服从指导，一步比一步感情深……"正因为此，他劝郑德歧，克服定量不足的困难，"用虚弱之力来锻炼，无论如何不能把腿的功课抛下"，并以自己为例，"我（粮食）定量才27斤，可是我克服一切困难每日锻炼，日久天长也就一样了"。

先师和李自胜的感情极深，两家过从甚密，就连李自胜夫妻打架，先师都去劝架。后来李自胜把儿子李朝栋也送到先师那里学武。那时弟子们有些活动他都参加。李志诚、黄金友结婚，他去祝贺；洪志田孩子过满月，他送红包；孙长德的爷爷病了，他还给找药方。1962年国庆节前夕，我们四中有参加晚会的任务，于逊、乔宗淮便请先师参加他们班的预演活动。先师不顾高龄，老早地随队进场，午夜方归，还在预演中表演拳术，真使弟子脸上生辉。

在一些特殊条件下，先师的爱徒表现成护犊子。一次，在名拳师李振标家中聚会，李振标表示，要其长子李英冬拜在先师门下。先师应允了。但李振标怕别人小瞧了他的儿子，非要李英冬与先师带去的几个徒弟比试比试。李振标是著名的心意六合拳师，是河南买壮图一脉，李英冬得家传，又是天生的人高马大，确是很吓人。还有另一层关系，就是李振标的妹妹嫁给了先师吴斌楼的哥哥吴学曾，两家是姻亲，李英冬管先师叫二叔。这么复杂的关系使各位师兄弟谁也不愿出头，因为赢了不是，输了还不是。先师点名要洪志田上。李英冬一个虎扑上来，被洪志田上边双手一拍，下边一个查腿给摔了出去，先师一看赢了，竟得意地回屋里，躺在炕上跷起二郎腿，抽上了烟。李振标脸上有些挂不住了，便要先师的另两位徒弟依次上去战洪志田，虽然那二人均不敌洪，但并没倒地。李振标怒不可遏地将其中一人叫过去，指着腹前的一个大脚印，质问洪志田为什么不把他踢倒。洪志田无言以对，李振标便老大一个耳刮子扇了过去。先师知道了，竟对洪志田说，他派谁来，你就打谁。一派护犊子样。

当然，事后李英冬正式成了先师弟子，学起了戳脚翻子，而且进步很大。李振标则托人捎话，要洪志田去找他，他要传授些功夫给小洪。

由于先师对待弟子既严厉又慈祥，传授武技一丝不苟，关爱弟子无微不至，于是很多人愿意推荐求学者或亲友前来。史立民带来儿子史文波，朱长友带来儿子朱志平，祁志平带来弟弟祁志民、祁志生，洪志田带来自己的同事，孙长德是他爷爷送来……师生如家人，亲切和谐。

我和先师相处了18年，感情自然是非同一般。我上高中时，曾在练功时两次发生了意外。一次是突然腰疼，肾区如刀绞一般，是先师给我掐穴止痛，并在公园的椅子上给我按摩。待我稍好些，又亲自把我送回家中。事后查明是输尿管结石。大夫开的药方中有一味海金砂，当时不好买，先师还托人替我买到了这味药。另一次是劈叉用力过猛，一下撕伤了大腿韧带，一时竟站不起来。又是先师找人把我背回家，近两个月不让我练功。这两件事让我至今难忘。

张大为与恩师吴斌楼（右）合影，1971年初摄于故宫神武门外筒子河边。

先师对弟子好，弟子们也非常孝顺先师。先师爱喝酒，但不多喝，而且只认青梅煮酒；先师也抽烟，但抽得有限，不过遇有好烟会控制不住。那时，我们会接长不短地给先师送瓶青梅煮酒去。好烟嘛，我们那时是淘换不到的，张安东行，他的父亲是高干，他每月总会给先师拿两盒大中华来。先师会高兴地笑眯了眼。先师每天早晨两三点钟起床，在门外街上先自己练功，而后，冲两个鸡蛋，吃几块蛋糕，大约5点左右，便骑车上景山了。先师从来不让弟子们给他买蛋糕、鸡蛋、粮食、蔬菜，油盐酱醋也一概不麻烦弟子们。

先师很少下饭馆，有时徒弟们请，他也不去，不让徒弟们浪费钱。只是在大约1969年初，他突患轻度中风，腿脚不便，弟子祁志平连续几天来看他，陪他到附近的柳泉居吃饭。先师还觉得很不落忍。先师很喜欢看节目，京剧、话剧、舞剧都爱看，但不看电影。那时，一些文艺界的弟子常送票来。有时我们也陪着先师去看节目。"文化大革命"开始后，他不看了，每天晚上很早就睡觉。但一次演出芭蕾舞《红色娘子军》，我请先师同去，先师倒痛快地应允了，我们一同骑车去了天桥剧场，原来他是想看看那里边的刀舞。因为他曾经指导过该团一些演员的武术动作。

先师对师娘张立中很有感情，师娘于1958年去世，葬在南苑。每年清明，先师都要去扫墓，直到"文化大革命"开始。1961年清明节，我曾随先师骑车去南苑为师娘扫墓。先师带了四块蛋糕上供，烧了点纸。我帮着培培土，鞠了三个躬。

1968年，我到张家口部队锻炼，一去两年多。其间，也曾寄过几次钱给先师。先师每次接到汇款，都立即回信，从不耽搁。

1975年以后，先师已明显苍老，特别是在冬天，骑车已显得很费劲。我曾表示愿接先师住在我家。我家为独院，有闲房。但先师考虑再三，对我说："你和你爷爷一块过，他比我还大。我去了，你不照顾我不行，照顾我，就是照顾两个老人。以后再说吧。"

在先师临终前一个月，的确是需要人照顾了，值得一提的是，史立民、史文波父子和孙长德在那时真是尽了很大的力。我将专文记述先师临终前的事。（见《先师谢世追记》一节）

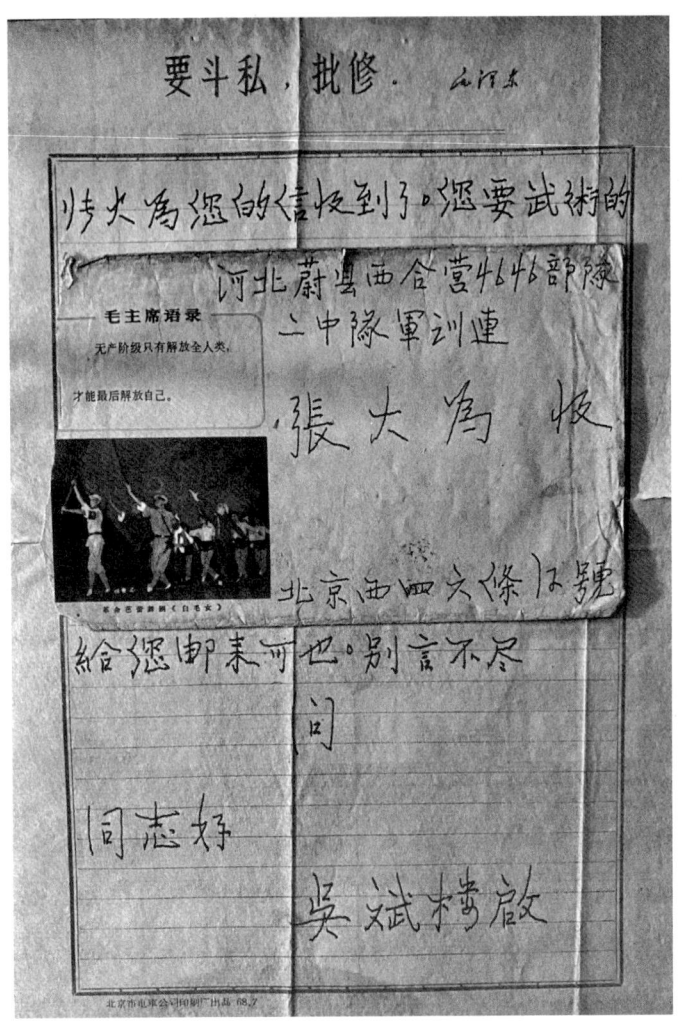

1968 年，吴斌楼老师给正在部队锻炼的张大为寄来亲笔信。

协助先师做文案

先师吴斌楼在《文规武礼》一文中说"文以安邦，武以定国。文为右膀，武为左臂"。他特别强调"武不能脱文，一脱文，就是文者动动笔，武者跑折腿"。作为一个武人，先师对文化的重视是超乎寻常的。

当年师兄弟间常戏言我是先师的秘书，其实现实中没有这个身份，只不过因为自 1965 年后，我经常协助先师吴斌楼整理武术资料，撰写拳械的动作说明，偶尔替先师处理一些来往信件，似乎是兼着"秘书"的工作，于是一些师兄弟便有此戏言了。

先师之所以选择我协助他做些文案工作，是因为我在 1963 年考上了大学中文系，是个将来要靠"文"吃饭的人。与那些热衷于考北京体育学院，或是想去业余体校当教练的师兄弟相比，我是个另类。

然而，我又的确喜欢武术，且喜欢研究，在先师眼里，我是既好武，又习文，用来整理资料、撰写拳谱，似乎是第一人选了。

正因有此殊荣，因此对先师所存之资料，所著之文章，所抄、改、翻作之拳谱有了比较详细的了解。

先师本人是极重视武术资料的整理与写作的，我在《吴斌楼的三术并重》一节中引用过他"应当重视武术资料的撰写，以流传后世"的论述，表明了先师对继承、传授武术的见解，表明了他对用文字记录武术技术、功理功法的重视。

先师存留了不少古拳经、拳谱，比如《温家教育术》《技术礼论》《架子棰谱》《大翻子拳谱》《连环剑谱》《锁手棍谱》《燕青翻子三拦手谱》。这些拳经、拳谱都是辈辈留传下来的，每个功法、技法都有系统的介绍，每个动作都有较详细的说明，那些语言虽然无法与现代通俗白话相比，但是可以看得懂。

还有一些资料就不能称为"经"或"谱"了，只是姿式名称。这类资料如不翻作，很难让今人看懂。比如《九枝子》，即九趟戳脚，多用顺水撑篙、燕子抄水、顺风拉旗等较抽象的名称表述，没有学过这趟拳的人光看名称是无论如何也不会练的。

此外，先师还保存着一些武术前辈的著作，并经常摘取重要章节给弟子们学习。

先师手边有一本《艺术明言》。近来发现武术万维网刊登了这篇作品，并署名"吴斌楼作"。这是以讹传讹了。这可能是因为《艺术明言》中的部分章节多次被先师摘录并油印发给弟子，被人误解为先师所著。试想，以先师仅在私塾几年学得的文化，怎能写出"吹呴呼吸，吐故纳新，熊经鸟申，为寿而已矣"的佳句来呢？

《艺术明言》其实是新中国成立前北平国术馆的讲义摘录。其中"道家之导引发明""华佗之五禽戏""达摩之十八手""易筋经少林十二式"等十节摘自当时北平国术馆副馆长许禹生所著之《国术史》；"福海禅师之行动法"摘自许禹生的《罗汉行功法序》；"觉远上人之拳术""白玉峰之五拳"摘自郭希汾的《中国体育史》。关于龙、虎、豹、蛇、鹤五拳的具体解释摘自尊我斋主人的《少林拳法秘诀》；"戚继光之三十二式长拳"，前半部分摘自郭希汾的《中国体育史》，后半部分摘自《纪效新书·拳经捷要篇》；"明时边澄之技击"，摘自《宁波府志》转引自《少林武当考》；"清初技击家之苦心孤诣"，摘自郭希汾的《中国体育史》……

《艺术明言》一共有两个抄本，一本是师娘张立中手抄，一本不知是哪位手抄。其中一本明白写着"北平国术馆讲义"，此本曾流落至潘家园旧物市场，为一收藏家重金购买。我想提供给万维网的一定是另一本。由于没有署作者姓名，被误以为是先师所作了。

先师曾于20世纪30年代初在北平国术馆体育教员讲习班学习，故保存有国术馆讲义，并不奇怪。

先师自己也撰写了不少武术讲义，武德方面的有《文规武礼》《传武技师训言》等；拳理方面的有《解释十全说》《武术站桩的意义》《谈谈十八器械》等；拳谱方面的有《燕青翻子（八趟）谱》《寸翻子（六趟）姿势说明》等；技法方面的有《牛头锐和锐镰》《七情鞭的发明与说法》《谈恕谷之技学》等。

先师改写或翻作的拳械动作名称更是极多，如靠粘连、寸手翻子、连环剑、金背刀等数十种。先师自己撰写的，必署自己名。经他改写或整理的拳经、拳谱则署"吴斌楼模作""吴斌楼抄作""吴斌楼编作"或"愚吴斌楼翻作"等，可以说十分重视作品的著作权、署名权，绝不贪天之功为己有。先师还发给我们一些经典文章，如《棍术问答》，它实乃程冲斗《少林棍法阐宗》的问答篇；《拳术问答》则摘自张孔昭的《拳经拳法备要》。对于这些经典作品，先师总是采取拿来主义。

先师虽然文化水平不高，但笔耕不辍，当然，文章中有些地方用词不当，表述烦琐，特别是虚词使用出现错误，是在所难免的。

自我上了大学之后，先师便要我帮助他把以前他写过的文章顺一顺，把没谱的拳技编写出来，并安排了任务，要写十八腿、九枝子和十八散手。我当时对这些掌握得并不全，于是便边学边写。

武 术 讲 义

燕 青 翻 子

岳 氏 散 手 十 八 式

（简要注释）

第二版·(油印件)

吴 斌 楼 著

《岳氏散手十八式》油印讲义

首先是比较系统地整理出十八腿。说实在的，都说戳脚有十八腿，但谁能准确地说出是哪十八腿？我们那时练腿功，主要是练迎面腿、十字腿、夹膀腿、摆莲腿、里合腿、吊点腿、二起脚、旋风脚、九翻鸳鸯脚、拽莲腿、后外摆腿、腾空摆莲腿，也就这么十二种腿。

到底怎么认识这十八腿呢？先师边教边让我记。

原来，腿法有明有暗。明腿既是为练功，又是为实用；暗腿则是突出变化，全为实用。

明腿中加上跺子腿、掀腿、查腿、扁脚、后蹬腿、扫挂腿，这就是十八种腿法了。但先师在讲授时说到十八腿，往往说还有蝴蝶脚、玉环步、连环腿等，其实是将暗腿算在内了。

张大为在吴斌楼指导下执笔《枝子拳谱·头趟戳脚》，后刻版油印。

暗腿要加上蝴蝶脚、外缠丝腿、顺水撑篙腿、里缠丝腿、扣钟腿、鸡蹬腿、叶里藏花腿、穿心脚、兜裆脚、里搬查、外搬查、顺手牵羊腿、劈脚、撞钟腿、踩腿、青龙摆尾腿、寻枝腿、后抡腿、长蛇倒挂尾、蹉滑腿、蹶子腿等。这么一写，我自然也明白多了，尤其理解了戳脚108腿的意义，原来是十八明腿分上中下三盘踢，左右两腿合计108腿。这些内容都详细写进了我和洪志田、钟海明合写的《吴斌楼戳脚翻子全书》之中。需要说明的是，对于108这个数字绝不能狭义地理解。

108 的实际含义是指无穷无尽。108 之谓来源于佛教。佛教认为人有 108 种烦恼。108 是 9 的 12 倍，9 是最大的单数，9 的倍数意味着无穷无尽，佛教要消除人的无穷烦恼，故项戴 108 颗佛珠，念经要 108 遍。而 9 又是 3 的倍数。3 在中国文化中是一个大数，一个关键数字。儒家多以"三"说明一种概念，如日月星天之三宝，水火风地之三宝，精气神人之三宝。又如"吾日三省吾身""事不过三""不孝有三"等。而道家则称"道生一，一生二，二生三，三生万物"，比喻"三"是"万物之母"。9 是 3 的 3 倍，108 是 3 的 36 倍。这 108 之数暗合儒释道三家解释。武术哲学多与儒、释、道三教教义有关，由此可见一斑。戳脚所言 108 连环腿，乃取其变化无穷无尽之意。连环腿可以以十八腿为基础任意组合衔接，是没有定数的。

此后我学全了九趟戳脚，于 1972 年写出了《枝子拳谱》。先师审阅后，让我刻蜡版油印。当时我写的东西，都是遵师命，从未署过自己的名字。1986 年，我去参观全国传统武术挖掘整理成果展览，发现竟有人把我写的《枝子拳谱》油印件当做古董挖掘贡献了，堂而皇之地放在展柜里。当初一共油印了三四十册，不知是怎么造成的误会。

后来，我陆续写了《十八散手》《基本功》《金背刀谱》《幺麽腿谱》《架子棰谱》《连环技法》等，并在沈阳戳脚名师史春霖及洪志田、钟海明、祁志平等师兄弟的帮助下，对戳脚源流始末进行了研究，写出了《戳脚翻子源流初探》一文，自以为很不成熟，不敢贸然发表。

戳脚翻子门传下不少歌诀，或称拳诀，但不是面面俱到，而且有的歌诀语言又晦涩难懂。在先师的指导下，我整理、编写出戳脚门各类歌诀近 50 首，有讲风格要领的，有讲动作衔接的，有讲散打交手的，有讲拳史的，有涉及内功养生的，有讲器械使用方法的……且举一个《月锐歌》为例。月锐又叫牛头月锐、牛头锐、锐镰，是明代戚家军抗倭时常用的兵器，其形制、用法记载在《温家教育术》里。戚继光《纪效新书》所记"锐钯"，与"锐镰"类似。但都没有歌诀。我学习了牛头锐后，就试着写了这首歌诀："持锐须知合阴阳，顺势推拍最为良。前手放时后手进，一寸长来一寸强。上出为支下出捕，锐翅折翻两势当。回带为钩提为捞，击顾连络不着忙。顺立二拦左右护，平扎平拽前后防。击出无论高和下，粘他枪杆他便降。自打温家传在世，大破倭寇保家邦。"我想，只要学过武术的人，大概都可以悟出牛头锐的用法。这些歌诀的一部分已然收录在我与洪志田、钟海明共同编著的《吴斌楼戳脚翻子全书》中。

1970 年以后，先师中风痊愈，但终有后遗症，就是写字手哆嗦。从此，先师就很少动笔了，有时连来往书信也交我处理。那时海淀赵忠老师写信向先师推荐其弟子邸国勇（曾任北京形意拳研究会会长），就是我代先师写的回信。据说，这封信现在还保留在邸国勇手里。当时先师有些无关紧要的家书，也曾委托我代理。

"文化大革命"后，自 1982 年始，我在各类体育报刊上发表了不少文章，这都得益于协助先师整理文字这段经历，是先师使我饱览大量武术资料，以至今日尚能回忆些只鳞片爪，借助笔端以飨读者。

先师心中的"师"与"徒"

师徒如父子，几乎是每一个师父、每一个徒弟都渴望的师徒关系，然而现实生活中，却往往不尽如人意。

我的师父留下一个从 1965 年 6 月 4 日开始记录的笔记本，除有700 余字记的是部分春点（也称为隐语、切口或黑话）外，其余内容全讲的是师徒关系。从中我们既可以分析出师徒关系的复杂性，也可以看出他老人家对待传艺授徒的复杂心理活动。

一、传技传礼访知音

先师在笔记本的开头这样写道："在旧社会，把师生的地位做得实在不平衡，就好比当老师的高有万丈，徒弟是出生之芽。……往往有些老师，自是一对学者说话，就是我这么长，他那么短，……可是真长，是假长？还不能说，还怕是欺怨二字。在我们新社会，是互相学习，……像文化低的教者，就得跟文化高的学者当学生。……这样做法，增加双方的感情，互相进步研究深造。"

这段话的表述，完全不是强调"师徒如父子，欺师灭祖必有刀枪

160

之祸"的吴斌楼的思想。这种追求师生平等、追求师徒共进的思想，是吴斌楼在新中国建立后接受了新思想之后的反映，也是当时一大批由于解放而获得新生的老拳师们的共同思想体现。可以查一下，自新中国建立至"文化大革命"开始这十七八年间，北京知名老拳师诸如李尧臣、赫寿岩、张文平、吴子珍等有谁开过香堂，要徒弟磕头递帖？因为那一时期人们的思想认识就是如此。

然而，武术的传承终是不比其他，它需要言传身带、口传心授，师生关系是非常重要的环节。如果师生关系出现了问题，徒弟是很难学到真东西的。而这一批老拳师大半辈子生活在旧社会，让他们的思想有个彻底的改变并不是一朝一夕的事。因此，在先师的心灵深处一直有一个矛盾的漩涡：他既渴望在新的师徒关系中能有人把他的本领、技艺继承下去，又渴望继承人对他能有所回报。他写了这么一段顺口溜，"知人知艺而知心，传技传礼访知音"，在"知音"二字后边特加了注解——接班人。他还说："艺是万人艺，轻视艺无人。寻艺千里路，艺传知音人。"

作为一个传武技师，他是不想把他的绝技带到另一个世界去的，所以他又写了个顺口溜："知心来谈话，艺授贤门徒。绝技无保守，遇难显宾朋。"

这几段顺口溜里，涉及了这么几个概念，一是"传技传礼访知音"，二是"艺传知音人"，三是"遇难显宾朋"。传礼传的什么礼？知音知的什么音？遇难遇的什么难？

他所谓的知音，是他技艺的知音，是他人品的知音，是他以传承中华武术为己任的知音，还是多年感情上的知音。这样的知音才是他心目中的接班人。为了寻找这样的知音，他宁可倒贴钱。他在笔记上记有一位他很看好的学生，按他老人家的笔记所记："一不是亲，二不是故，三不是先生学生。"可是先师很看重这个学生是棵好苗子，培养了6年，没收过他一分钱，有时还要照顾他的饮食，直至他在全国比赛中拿了名次。这可以说是先师寻访知音的证明。

然而，先师并没有无私到完全奉献的境界。他希望用他的真诚换取徒弟的孝心，而不是单纯的你学我教、你买我卖的关系。他希望有无形的东西来约束师徒关系。旧社会师徒传承讲"师徒如父子"，但历史上背叛师父的徒弟有多少？师徒反目的故事又有多少？他对"师徒如父子"并不完全相信。他只希望，无论是旧思想还是新思想，应当传承中华礼仪之邦的传统，建立新型的稳定的牢固的师徒关系。所以他说："师负全盘之艺，徒负终归之养。师有全盘之主，徒有全意之尊。"这大概是他传艺授徒的真实想法。

他所谓的"遇难显宾朋"，是他70岁以后的想法。他自20世纪50年代后期就独自一人生活。儿子在新疆，孙子在老家蠡县，他孤身一人，收入仅靠教拳。"文化大革命"期间"破四旧"，教拳的教师也被打被轰，先生的生活更显孤独。他必须考虑在年老体衰、困难重重时要面对的问题，最实际的是在他遇到困难时有徒弟在眼前。这或许是他希望的"遇难显宾朋"。

二、龙生九种各不同

先师在新中国成立前收了多少徒弟，现在已没人说得清。自新中国成立以后至他去世，所收的徒弟、学生在他的笔记中能查到的有100余位。

从他的笔记中看到，他对称心的弟子要求是很高的，既希望他们能将自己的技艺继承下去，发扬光大，还希望他们人品好，德行好，在社会上能有出息，更希望他们不忘师恩，能在师父跟前尽孝。

他最不喜欢的徒弟有这么几种：

一种是过河拆桥的忘本之徒。他说这类学生"来时先说些伪妙瞎话，什么一辈子忘不了您，又什么我总有一份人心，又什么我就是您的接班人，又什么整个接受您的全盘艺术，保证艺术种别正确"，"胡吹三辈来传授，良心放在哪一边？所学技艺成家传了"。先师说他们是"食而忘农，饮而忘井，富而忘贫之徒也"。他说："宁教痴呆一群，不教嫉妒一人。""因为人要是嫉妒，心性一定奸诈，自是嫉妒奸诈，外表就要骄傲。"这类徒弟还有个特点，就是自己尚未出师就背着老师在外边开场子收徒弟，每星期来一次，急急忙忙向师父学点东西，现学现卖，为的是怕自己忘了。他不仅和师父抢学生，还把玩意儿糟践了。这不是过河拆桥的忘本之徒是什么？

另一种徒弟是狂妄自大之徒。先师说这种人轻视艺术，乱删乱改，妄想自立新派。先师说："上午学会，下午就改个七乱不整，真好比他比汉时华佗、宋时岳飞、明时陈达开还高出一头。"先师又说："其实才学会吃饭，可是还不知饭是如何做法。吃饭就得有菜，可是菜还不会吃。偷着吃点菜，还不知菜是何味，就敢做给人吃，这是误人子弟。"他说："自是轻视，拿艺术就随便删改，闹的黑白不分，浑清难辨，长短并举，闹的老的全忘，再学实难，无法再求矣。""其实是瞎比画，然后就胡蒙一气，可是比画半天还是那两下子。"他又说："这个作风用的实不正道，根本技术艺术全不会，就用蒙人、欺人、骗人求利。"

上述这两类徒弟，先师是毫不犹豫地予以除名，并且多次表示，这种徒弟"对师而浅薄，对艺而轻视，对事而奸诈，对同学而歧视，对同业而嫉妒"。他认为："这样的做法是断路，自己已把门来封。"而他自己则决不让开除的人再回来，"看来难回旧门路，本字之规紧口封"。

三、为师得尊为师道

先师对为师之道也有明确的认识。正如本文开头所说，他所希望的是"师负全盘之艺，徒负终归之养，师徒共走明光大道"这样一种平等和谐、稳定共进的师徒关系。

他比较赞成办武术社收徒传艺的方法。他认为只有有真本事的人，才敢办武术社。武术社按月收费，按时上课，有一套完整的管理制度，对教者、学者都是个保障。他认为老师必须遵守师道，他所谓的师道就是韩愈所说的"传道、授业、解惑"。他反对把武术神秘化，进而借着神秘骗人。旧社会练武术是江湖中的一个行当，属"卦子行"，例来就有"尖卦子"（真本事）、"腥卦子"（假本事）之分。先师从旧社会来，深深了解内中底细，所以他反对不良的教拳风气。

他明确反对那类没有真本事，只会胡编乱侃的教者，误人子弟。他说："师父不明弟子拙。"这种误人子弟的教者"根本技术全不会，偷着看过几个姿势，使劲这么一练，其实瞎比画。也没投过师，也没访过友，也没学过艺、医，可是他的科目非常的宽大，技术、艺术、医学样样精通"。这种人"对本门技艺理论功法全然不晓，看过几本别门别派的拳经拳谱，生拉硬扯到本门技术，便号称深得真传"，其实是"买碱给矾，拿着红土补银珠"。

先师说："这号教者，南一千北八百，东横西渡，上下翻飞，什么针灸按摩、气功正骨，没有不精的。这位骗先生，口齿得漂亮，自是徒弟一上套，就得把您拴着——又胡吹什么技术人跟我是师兄弟，某名人跟我是朋友——像这类人旧社会最多，现在还有，不过（是）少数。"这段言论一方面讲出了他不赞成这种教者，一方面也反映了当时社会上的部分现实。

其实在他老人家身边混的就有这样的人，刚学了点皮毛就到外边教拳，竟对外称是家传。有一位对外自称是师父最爱的关门弟子，还有一位竟大言不惭地对外宣称是先师的师弟。林子大了什么鸟都有。这类学者，先师不齿于教，开除了事。这样的人去做教者，也是拉大旗作虎皮，包着自己去吓唬别人。

先师不赞成的另一类教者是耍手腕骗徒弟钱的人。这种人先要吹嘘自己的本领技艺图名，然后再求利。他说："这个做法为的是名，然后从中图利，跟着这么一吹'上山擒过猛虎，又下海拿过鲸鱼，又在洞内擒过老鼠，又在河里摸过泥鳅'，像初学者真不知道这位教者吃几碗干饭，这就交费学习……得一两个月学一手技术。遇见不明就里的门徒，单把这位痴呆学者叫到没人的地方，这才宣布，像您学习得很好，我很喜欢您，我想着教您点真艺术，您赞成吗？如赞成，可不能随便传授，这是顶门立户的科目，得叩头拜帖，永久之徒。再不然给我的徒弟叩头。就这么一胡闹，让学者花好些钱，才算永久徒弟，可是您还得每月交费，可学的还是那两下子。您还得帮助辅导。他还跟新学者说，这是我最好的徒弟，希望你好好跟他学习，以后我命他收您做徒弟。像这个戏法变得多巧妙，又收学费，又不费力，又当师爷，真是名利双收。""这类捞钱的教者还有一招，事先宣布义务传授，以武会友……会一点技术，贡献国家，为人民服务，帮助工农身体健康。可这位艺术善人非常阴毒。像在武术社学习，每月要交学费2元，这位义务教者不收学费，但是需要三节两寿（三节指端午、中秋、春节，两寿指师父、师娘的寿诞）送礼。这还不算，另外，两月一个生日，仨月不是嫁娶就是满月，学者全得出份金，每次两三元不等。"还有就是教者经常约学者到家吃饭，"如有十位，每位得拿点礼物，或是茶叶，或是酒肉，每位至少两元。……临走时对教者还得道谢。真是大头。你在武术社学习，一年十二个月，有二十四元就够了。如跟这位义务君子学习，一年四十八元也不够。还没法报答，是一辈子的恩人"。

先师爱憎分明，他实在看不上这些没有师德的人。当然，这也是当时武术界存在的一些不良现象。

先师作为一名教师、教练，一位从旧社会来，又不断接受新事物新思想的老拳师，他以徒弟认真学习、刻苦练功为乐，以徒弟学有所成、出人头地为荣。那些在武术界有影响的弟子是他的骄傲，那些在其他领域里有所建树的弟子，他也引以为豪。所以他常说："有状元徒弟，没有状元师父。"这是一位老拳师崇高的境界。

他曾设想办这么一期学习班："第一堂课先讨论骄傲二字。第二堂课讨论私（人感）情二字。第三堂课讨论艺术正规四字。第四堂课讨论老一套三字。第五堂课讨论不正确三字。第六堂课讨论风格二字。第七堂课讨论艺术种别四字。第八堂课讨论姿势正确四字。第九堂课讨论内容二字。第十堂课讨论实事求是四字。"他说："这十堂课有好大的学问。有的教者学的还不够初小四年级的水平，就想当教者，岂不把教育看得太轻了？"他自始至终认为教师必须有真才实学，所以他说："有艺不怕家中闲，知音知艺把科担。货卖识家必传艺，没地焉能来耕田。"而在这种思想支配下，他并不看重收徒的形式，而注重的是弟子的人品和性情，注重是否是知音，因此，对无论以何种方式入门的弟子，他的态度都是"君子好述，求必有方，来而不拒，去而不留"。

先师对学者、教者的这一通言论，展现了他思想深处的东西。后生晚辈今日读读，也会有很大的启发。

文規武禮

文規者。文武是一家。以法实言講。
文以安邦武以定国。武不能脱文。
一脱文。就是文者动动筆。武者跑
折腿。因此一切組織文武並合。文為
右膀。武為左助。古礼。文武講以法
（以方）文理武出打（双和）安邦衛健
国。文武是一家。师生之規。徒字之講
以師代徒。二人同走明兄大路。徒
者之主要。稱之有三。初掌擔怙為師
父。以是外三親。师父。嗣父。義父。另
外三夫。姑夫。姐夫。姨夫。加内三親
这是九族。师父以属五倫。天地君
親师。师是师徒如父子。以是师覺

吴斌楼手迹：《文规武礼》

先师走了"回头路"

旧时，拳师开香堂收徒，有许多封建规法。我拜入师门的时候，先师吴斌楼告诉我这样一首《拜师歌》：

> 荐师带徒进道门，一炷高香起青云。
> 三师引路佛门进，明暗二法左右分。
> 进门要走光明路，暗字以心欺压人。
> 进门守规佛祖法，黑白分明自己身。

这首歌可以说是从形式到内容表现了旧时武林开门收徒的习俗。

首先，这首歌强调了收徒的严肃性及严格性。进武门要由三师引路，这便是荐师（推荐人、介绍人），保师（证明人、保人），师父（传授武艺的人）。

拜师是件极其严肃的事。旧时，拜师仪式是非常讲究的。通常在堂屋正中悬挂祖师爷的画像（如前文曾叙述的，戳脚翻子门把岳飞当作祖师爷），画像前的八仙桌上供着师爷、师祖的牌位。师父站于（或坐于）八仙桌的右首，荐师、保师站于（或坐于）八仙桌左首（左右以八仙桌朝向来分。就如皇帝面南背北，其左手是东，右手是西。文武大臣，文左武右，即文在东武在西）。这叫主居右，客居左，古时以左为尊，对客人讲"虚左以待"。八仙桌表示四面八方；桌上一炷香，寓文武一家；两支蜡，寓南拳北腿，还寓蜡照明暗两线。徒弟向师父呈递拜师帖。拜师帖就是用红纸写上徒弟姓名、生日、入门年月，拜在某某师父门下，本门传承师祖、师爷姓名，还有徒弟的艺名（有的门派不讲艺名），以及荐师、保师姓名，有的还附有学艺条件。帖宽四寸，为四开；长七寸，为七情。递时要头顶拜师帖，表示敬师如天，而后，叩拜祖师爷、师祖、师爷、师父。拜师讲究三叩九首，进门一叩，为一至而终（从一而终的意思，表示认门）；递帖要三跪，为三请（恳请师父教诲）；三叩，为三才（天地人）；九首为九点（代表三要、三亲、三观）。再叩拜荐师、保师，最后作揖拜见各位师兄。

在我国这个礼仪之邦最具特色的传统礼仪可以说非跪拜莫属，至于跪拜礼起源及变迁，当另文专述。辛亥革命后废除了跪拜礼，至今已超过100年了。在辛亥革命的浪潮中，旧意识、旧习俗、旧称呼、旧礼仪等都受到了冲击，跪拜礼也不例外。当年以孙中山先生为首的南京临时政府发布文告，改革旧俗，保障民权，其中重要的一条就是废止跪拜礼。当时只规定官员之间，官员和民众之间不行跪拜礼。民众在私人场合则不加干涉。通用礼节男子为脱帽鞠躬，大礼三鞠躬，常礼一鞠躬。女子雷同，唯不脱帽。

在民国初期革故鼎新的大气候下，武术传承吸取了西方办学理念，淡化师徒私相授受、口传心授的旧行制，这在当时促进了武术的发展，开创了武术前所未有的蓬勃局面。摒弃门户之见、采用新法教学的上海精武体育会、北平体育研究社、天津中华武士会、北平四民武术社、济南山东武术传习所等都取得了辉煌的成就。1928年南京中央国术馆成立以后，各省市都建起国术馆，在这些机构里就更要遵循民国政府的规定了，其中也包括地方社会局批准成立的武术馆社。新中国成立初期，移风易俗，人们之间都互称同志，旧称呼都被抛弃了，跪拜礼在公开场合基本销声匿迹。而在民间，跪拜礼与鞠躬礼是并存的，并未断绝。

先师吴斌楼一直谨遵社会新习俗。新中国成立之初，他便像许多武术社团一样主动废除了旧收徒仪式，代之以鞠躬礼了，但推荐人、保证人、证明人必不可少。在校生入门则需要有人介绍，需要家长出面，需要学校老师出证明信表示同意。20世纪50年代初期，先师收宋坤英、宋志平，那是老武术家宋兰坡出的面；收门惠丰等，是老武术家吴子珍出的面；收孙长立、郑德歧等，是在工厂工会主办的工人武术队。那一时期入门的吕凤阁、刘来喜、郭安、刘豹、林矛、郑志亮、陆中平、王纪平、马天胜、张治安、于江明等都是新事新办。

先师曾说过去履行了递帖和叩头手续的即为入室弟子，也有弟子叩头不递帖的，递帖的是一等的徒弟，叩头的是二等的徒弟，其他就是学生了。但自从先师废除了这一套旧礼仪之后，据我的观察，先师在传艺时，没有厚此薄彼。有些递帖徒弟由于表现不好，所学还不如其他人。

由于先师因材施教、有教无类，他看中的是弟子的人品、悟性、好学精神，所以从不把入门形式当作一种对弟子区别对待的条件。若说有区别，那除了徒弟的悟性和学习精神外，就是聆听先师教诲的时间长短了。

然而在1970年前后，先师却突然打破20年来从未打破的规矩，收了十几个叩头递帖的徒弟，其中多数是刚入门不久的，也包括几个学了四五年的。在"文化大革命"那么严酷的"破四旧"环境中，他为什么胆敢逆潮流而动呢？

原来，自打"文化大革命"一开始，武术就被红卫兵小将列在了"四旧"之列。最声势浩大的行动，是在中山公园音乐堂批斗老拳师，像李尧臣、杨禹廷、奇云和尚等都无一幸免。那些没有遭到打击迫害的拳师，大多都中断了教拳生涯，如雷慕尼老师到煤厂去做了工，王金生老师去看了大门，而吴子珍老师则贫病交加而亡，至今连坟地都无处去寻。

先师吴斌楼却是不幸中之大幸，这得益于他的成分——贫农，他一生之中除了教拳就是兼做小贩，历史上并无任何污点，所以他得以逃过挨批斗的厄运。然而在那种轰轰烈烈的大环境中，革命风暴又怎能不吹到他身上呢？一群红卫兵来到他家，没收了他全部武术器械，随即送到派出所。戏剧性的变化是派出所的民警对红卫兵们说：快给人家送回去，那是练功的家伙，不是凶器。听话的红卫兵就又给先师送回来了。这些武术器械如今成了我们这些弟子珍藏的纪念品了。

先师人虽没受冲击，练武的大环境却没有了。景山公园关了门，各地武术社停了业，人们热衷的是打派仗。尤其是原来环绕身边的弟子们由于各种原因四分五散。我们那一拨十几个人，都在1966—1968年大学毕业，在毛主席"上山下乡"的指示下，纷纷离开北京到农村、到部队、到边疆接受再教育去了。

先师本没有正式职业，没了徒弟就等于没了生活来源。尽管那时一些徒弟接长不短地给先师寄点钱来，但仅是杯水车薪而已。在这么窘迫的条件下，先师于20世纪60年代末突患中风。先师孤身一人居住，儿

吴斌楼老年像

171

子在新疆，孙子在蠡县，无人照顾，他又舍不得花些积蓄去看病，就靠朋友给针灸，靠自己运功自疗，还靠顽强的毅力，终于站了起来，行动也自如了，虽不能打整趟拳，但教拳没问题。而这场病让先师不得不考虑倘若真的遇到了困难，有个灾闹个病该怎么办？

这时"文化大革命"开始已有三四年，工厂已不能正常生产，人们又已厌倦了打派仗，练武健身正是一个排遣闲暇时间的好项目。有几位喜好武术的练家，过去曾在吴子珍、赫寿岩等名师门下学艺，对先师一直敬仰，就不约而同地投到先师这儿来了。这些弟子都是带艺投师而来，年龄也比较大，多在40岁左右。可能他们原来学艺时是依照旧仪式拜师的吧，于是他们建议按旧仪式入门。先师此时何尝不需要有些实心实意的弟子侍候呢？如果有一种形式能让他对徒弟感到放心、对未来感到安心，那他为什么不采取呢？于是，他在遵循新风俗20年后，重开了山门。那时先后履行递帖仪式的有史立民、许梦华、李志诚等十余人。

这样一来，先师身边便出现了三种弟子，鞠躬的、叩头的、递帖的。递帖的弟子还有了艺名，排在了"枝"字辈（排辈字序是"观昌赞斌，枝叶茂盛"，前四字乃指刘观澜、魏昌义、魏赞魁、吴斌楼）。可是细究起来，其中有不少疑点，先师却不甚明了。先师在笔记中说起师承：依次往上是魏赞魁、魏昌义、刘观澜、王凤山、魏老方、姚振方。除了观、昌、赞外，王凤山、魏老方、姚振方又排在什么字辈呢？河北体委组织人力整理的材料证明刘观澜、魏昌义是同师学艺的师兄弟，后又有刘氏后人在网上发文说刘观澜与魏昌义是表兄弟。而在已知的四代传人中，却只有刘观澜、魏昌义、魏赞魁、吴斌楼四人名中带有"观、昌、赞、斌"的字，其他传人却没有，像吴斌楼的师兄弟魏希贤、吴振堂、肖春荣、孙连庆等，而下一辈的魏叔九、魏宗汉、吴泽田等也没听说谁列在"枝"字辈。这岂不是有些奇怪吗？而蠡县戳脚翻子所叙传承，又有刘家、魏家之分。不知这排序的八个字从何而来，或许，只是先师制定？这也只能作为疑案了，由研究者去探索吧。

我是1970年8月由部队调回北京的，那时叩头递帖弟子已有十余名。这时，有一位递帖的弟子要我也履行这个手续。我找了赵建中，问他知不知道这码事。在"文化大革命"那个大环境下，作为军人、师职干部的赵建中和刚在部队锻炼两年才回京的我，总感觉有些不妥。我俩便向先师提出了质疑：是不是要用递帖叩头这种形式把徒弟分成三六九等，以示有亲有疏？先师语重心长地对我俩说："叩头递帖的不好好练，也学不到东西。不叩头递帖的好好练，照样能得到东西。"我便又问，像我这样跟了您十来年的徒弟还要不要叩头递帖？以前的手续还算不算数？先师果断地说："不用，你不用，赵建中也不用，刘豹、乔宗淮他们都不用。以前的都算数。"赵建中当时是军委的干部，是1960年前后跟老师学艺的。于是，我们这几个都成了例外。或许先师认为我们当初入门时的仪式相当于叩头递帖？总之，1963年以前入门的老徒弟都免了这套仪式。此后也无人再提了。

大概先师为了证明对徒弟一视同仁吧，在李志诚结婚的宴席上，10多个徒弟簇拥着先师参加婚礼，先师自然要坐在首席。他的右首是从蠡县老家来的师侄吴泽田(他是先师师兄吴振堂的弟子，蠡县名拳师，当时已60岁出头)，而左首席位空着。我是个知趣的人，在这十来人里，我大概是唯一没有叩头递帖的徒弟，尽管我入门比他们中的有些人要早上十来年，但自忖不应属入室一列，所以一直在门外候着，待别人入了座，我插个空坐下便是。谁知先师却高叫：张大为呢？哪儿去了？咋不进来？我急忙进屋问有何事，先师指指他左首座位，到这儿来坐。我忙说，那可不行，让年长的师兄坐。先师道："这就是你的座。"先师的话就是命令，我只好坐了过去。此后，还有几回类似活动我都荣获此待遇。这是先师在用行动说明对弟子一视同仁。

既然弟子中有了递帖的、叩头的、鞠躬的之分，那团结自然是一个极其重要的问题了。因为已经开始有人专门拿叩头递帖说事了。于是自这个阶段后，先师所讲的传统道德也便多了起来。我们再回到本文开头这首《拜师歌》上来。

这首《拜师歌》多处提到"佛门""道门"，先师说，武术是讲儒、释、道三教合一的，佛教、道教的戒规，儒家的礼义，是武林推崇的道德观。

先师作《传武技师训言》一文，明确解释了"儒、释、道"的含义。先师说："三教规法，儒、释、道。含内三法，外三法。三才、三要、三亲、三规法。柔为内法，主于气；刚为外法，主神灵。须有内外三合相配合。内三合，精气神；外三合，筋骨皮。皮是手足，即拳术皮毛；筋乃武技形势（式）；骨乃武道法术根源、发明，进退之法，披击之形也（此处用皮、筋、骨比喻武术的三个层次，武道法术指武术的理法技术，根源、发明指武术的创始与发展）。三才，拳为天才，身为人才，足为根才。三要，一要技术至重，二要传武有道，三要按规传法。三亲，一亲同师手足，二亲同门同道，三亲本门发源技术。人不亲义亲，义不亲刀枪把亲，刀枪把不亲祖师爷亲。三规法，不许欺师灭祖，不许分门分派，不许拆门分法。"

先师还明确指出："师徒如父子，师父带道传法，忘恩负义皆有刀枪之祸。"

先师这篇《传武技师训言》，可以说是他旧思想的大暴露，但对于以各种形式入门的弟子来说，无疑是个明确的约束。只是，以后的事情，先师也始料不及。

现在去看50年前先师走回头路的表现，真是感到悲哀。本欲反修批孔破四旧的运动，却使一位一直锐意求新、紧跟形势的老人看不到前途，反倒求救于封建礼教，这岂不是"文化大革命"的悲哀吗？

关门弟子入门记

先师吴斌楼的开门弟子是谁，我无从知晓，也从未听先师说过，只在先师1961年春节的日记中发现这么一段话："以先商界之人全通没来，以先商界全是资产，现在我们新社会，以无产之人为领导……像这些大掌柜们，全是眼空四海目中无人。"我揣测这些"商界之人"大概指的是早年入门的弟子，或是这些弟子的家人。我虽不知早年入门的大师兄们是谁，却知道先师的关门弟子是谁，以及他是如何入门的。这人就是杨勃。

我初识杨勃是在1976年春，是在我的同学雍冠生家（雍冠生曾任中国民主促进会中央委员会第一副秘书长）。杨勃是雍冠生的弟弟雍亚生的朋友。

杨勃那时大约28岁，是中央歌舞团的司机。他有1.80米的个头，浓眉大眼，细腰窄背，肌肉强劲，真个好身材，好相貌。他是八极拳名家、原北京健身武术三分社社长陈彦龄的女婿。他的八极拳得其岳父真传，不可一世。我二人初次见面，少不了谈武术，各自叙说师承门派更是少不了的。孰料，杨勃年轻气盛，出言不逊，竟道："谁是吴斌楼？没听说过。戳脚是什么玩意儿？我们八极专打戳脚。"这一下气氛便紧张起来。雍氏兄弟原以为我二人会比划比划，让大家开开眼，娱乐娱乐。但此时的气氛已不容比划比划了，而是大有火拼之势。雍家大哥为人厚道，极力相劝，并拉我到另室叙谈。但我不能受此欺师之辱，便与杨勃约定星期天晚上在筒子河边相见。杨勃立即答应，梁子就此结下。

我比杨勃矮半头，身量也不如他强壮，自忖没有必胜的把握，万一输了，岂不有辱师门？总得拉个帮手。情况紧急时，便不讲什么道理了，两个打一个，务必得打倒他。何况这种交流总要有见证人在场。于是我便去找了师弟洪志田。洪志田一听我叙说，也是气往上撞。他道，还约什么筒子河，咱们找他去，上他家，就在他家比。

我二人便分头打听他家地址。那时他借住在中南海西门对面一间似乎是破庙改建的房子里，屋顶很大，间量高，室内较黑。一日中午，我们几经周折找到他家，推门一看，就他一人光着脊梁正擦身子。我二人自然也不是进门就打，那岂不是流氓行径？我们依然是彬彬有礼，讲的是先礼后兵。

谁知杨勃的态度却有改变，虽没有服软认输的意思，却表示上次侮辱先师吴斌楼是大大的不对。我二人自然心里舒服些了。原来，杨勃回家询问他岳父吴斌楼是何许人，他岳父如实相告，他才恍然大悟，才知道自己口无遮拦，捅了娄子。他既然表示了歉意，我二人自然就不能动手了，但双方均意犹未尽，总觉得就这么说说便了了，不是武林作风，于是，依然约定按计划在筒子河边相见，只不过变成了互相交流，以武会友了。

在筒子河边，双方已没有敌意，但交流是认真的。杨勃善用霸王请客，来势汹汹，极难抵挡。但他没有和戳脚门的人交过手，似乎也不了解戳脚门的技击特点，当我右脚点腿他便闪身时，不防我的左腿后挂抡来，脚后跟砸在他的后背上，砸他一个趔趄。由于我是含着劲踢的，而他又体壮如牛，无大妨碍，双方哈哈一笑，就算他输了。他与洪志田交手就不那么客气了。洪志田却没有起腿，总是以身法、手法、步法破解杨勃的进攻。杨勃很是佩服。

由此，我们来往便多了起来，渐渐大家成了朋友。我也便了解了他，他就是这么一个性格极其豪爽又极其要强的人。他是歌舞团的司机，却在空余时间跟着舞蹈队练基本功，他的认真劲儿、吃苦精神，在歌舞团有口皆碑。随着交往的密切，我们拜访了他的岳父陈彦龄老师，结识了他的许多师叔们，结识了他的许多师兄弟。他的小舅子陈步金练的是家传八极，也跟我们成了朋友，大家常一起练武。

那一阵子，研究散打技击是我们在一起交流的主要内容。杨勃总觉得戳脚的腿法有意思，在与洪志田交流时，便要求洪志田一定要用腿。一次在杨勃家中，一间约 15 平方米的屋内，有我、陈步金、杨勃、杨勃的岳父等在旁，洪与杨再一次比武，杨勃左摇右晃寻找机会，不料洪志田离他二尺余突然起高桩拽莲腿，那脚的外侧擦着杨勃的上嘴唇横蹭过去。杨勃顿时后倒。我正坐在他身后，连忙扶住他的身体。他已有些发昏，几秒钟后，才恢复正常。这是我看到的最精彩的腿法。杨勃非要学戳脚，他的执拗劲一上来，谁人劝得了？他岳父陈彦龄倒也爽快，支持他投入戳脚门，说："我一辈子投了好几个师父（注：陈彦龄老师先后拜在枣强县名镖师陈连印，北京胜利国术社社长崔通达，北京健身武术总社社长赫寿岩，著名八极拳师王喜庆、王金生门下）。你拜吴老师为师，多一门技术，是大好事。"我们便将杨勃和他岳父的意思向先师吴斌楼讲了。先师在此前曾多次说过，"快八十了，不教了。八十岁时回老家"。所以他对收杨勃之事总是不答应。杨勃是个急性子，一天，买了一个点心匣子，在我和洪志田的陪同下去了先师家。杨勃进门倒头便拜，连叩三个响头，说道："您不收我做徒弟，我就不起来。"先师呵呵大笑，说："你起来吧，把门关上。"杨勃噌的蹿起，关上屋门，冲我俩咧开大嘴，说："我说师父不能不收我，怎么样？！"他那豪爽、鲁莽又天真可爱的性格，实是让大家喜爱。杨勃真成了关门弟子。

吴斌楼，20世纪70年代中期摄于西四北六条寓所小院。

不久，杨勃和他的小舅子陈步金一同被吴斌楼收为入室弟子，拜师仪式就在先师的小屋里举行，有我和洪志田在场做见证。在先师的坚持下，没有到餐馆聚餐。他们是吴斌楼收的最后两位弟子。

此后，我们和杨勃、陈步金的关系就更近了一层。除了先师给他们讲解功理功法之外，套路、腿功、一般的技击方法就是我们师兄弟一起交流了。杨勃对套路不甚钻研，就是对技击散打感兴趣。半年后，在技击方面，他在师兄弟中已排到前列。我再与他过手，已只有招架之功了。于是他又在外面吹起来，戳脚如何厉害，终于得罪了他一个八极拳同门。那人也年轻气盛，好勇斗狠，二人便比试起来。此时的杨勃下手尚不知分寸，一个踢右踩左，把人家的左腿胫骨踩折了，赔了人家60元钱，这在当时是杨勃一个多月的工资。赔了钱，挨了批，少不了让老婆数落，这就长了记性，再与人过手，也知道掌握分寸了。但"吴斌楼又有个能打的徒弟"，也渐渐传了开来。

20世纪30年代中期，艺林国术研究社创立，吴斌楼（中）与弟子拍摄演武照。

由于杨勃在歌舞团的关系，引来一些舞蹈演员及他们的家属加入练武的行列。坚持练武很久的郝凌云，当时是团里红绸舞的领舞，今已移居澳大利亚。还有司文革，是中央民族乐团办公室主任司乐的孩子。司文革是我们的晚辈，是下一代中的佼佼者，也以善打出名。

杨勃为人热情，极乐意助人，托他办个事，从没有被拒绝过。这位小师弟赢得了大家的好感，是极有人缘的一个人。先师吴斌楼最终也得了这个关门弟子的济。先师是1977年12月24日下午5时辞世的。那时火葬场灵车不足，要排到第二天下午，是杨勃借了辆130卡车，于第二天早晨，会同家属和几位师兄弟将先师遗体送往八宝山火化。

8年后，忽一日杨勃右手中指碰破血流不止，大约两星期后，仍不封口。他去了同仁医院，一位小护士坚持给他验血，发现血液有问题。大夫要他入院检查，确认为白血病。于是转入白塔寺人民医院血液科。

那时，还没有什么骨髓移植的治疗方法，眼见他一日不如一日。两个多月后，他已是面白如雪，骨瘦如柴。依我看，那时医院也已束手无策。家属自然昼夜看护，我们隔三岔五就去医院探望。

一日傍晚（记不清年月了），接到医院下的病危通知，我连忙赶往医院，那时大约晚8点多，他的神智依然清醒，竟瞪着圆眼豪气冲天地说："我死不了，我自己知道，你们放心，你们都回去吧。"那种不向死亡低头的劲头，着实令人难忘。谁知，两小时后，他便与世长辞了。终年38岁。

他留下了尚年轻的妻子和两个上小学的女儿。歌舞团为他举办了隆重的追悼会，并把他妻子调到歌舞团做会计。师兄弟们凑了几百块钱，仅表一点心意。

如今杨勃走了30多年了，追忆他的往事，仍似发生在昨天。他实在是一个性格鲜明、特点突出的人，尽管他仅仅是一个普通的司机，一个普通的习武者，却使人难以忘怀。

说说几个师兄弟

先师吴斌楼，在 20 世纪 30 年代就开始收徒传武。1929 年北平国术馆成立以后，北平如雨后春笋般成立了几十家武术社，由北平市社会局管理。先师也创办了艺林国术研究社，正式挂了拳场的牌子。自那时起，到 1977 年他老人家去世，无论是明场（挂牌拳社）还是暗场（私相授受），教拳生涯 40 多年，弟子门生及短暂求教的学生数百人。老师兄与小师弟间的年龄差距有四五十岁，功成名就者也大有人在。现将几位与我相熟的师兄弟介绍给大家。

一、老师兄年纪长早育桃李

先师创办艺林国术研究社那会儿，本人还没出生。究竟谁是最早入门的大师兄，我一无所知。我只知 1935 年 10 月民国六届运动会在上海举办，当时的北平社会局体育委员会组团参加，其中有男女国术代表队。男子队有运动员 40 人，先师吴斌楼携弟子黄茂亭同时入选，参加了拳术（对手）和器械（对手）的比赛，获得了优胜名次。先师吴斌楼还受到表彰，获赠冯玉祥将军手书条幅一副。黄茂亭是我早年的师兄。算起来，黄师兄如健在，应是百岁以上了。

181

与黄师兄年龄相仿的几位老师兄是吴泽田（1913—2004），魏叔久（1905—1997），魏宗汉（1909—2001）。严格地说，他们不算我的亲师兄，他们都是先师吴斌楼在原籍河北蠡县西齐庄的同村人。吴泽田是先师的本家子侄，魏叔久和魏宗汉是师爷魏赞魁的堂孙辈。这三位早年投师于吴斌楼的师兄吴振堂门下，算起来是我师父的师侄。吴振堂过世后，他们多次往返蠡县与北京，向先师求艺，因此与我们这些小师弟相当熟悉，彼此均以师兄弟相称。他们向我们传授了燕子拳、大翻子三拦手、小翻子玉环步等，也从先师这里学走了不少拳术器械、功理功法技法。他们在当地传授了不少徒子徒孙，可谓桃李满园。他们的后辈传人现在多是当地戳脚翻子研究会的骨干，是河北武术运动的中坚力量。这几位老师兄在当地早已是师爷辈分的人了。他们都非常长寿，都寿至90多岁。

吴泽田演练牛头镗。　　　　　　　　魏宗汉演练九节鞭。

这些老师兄比我们这一代大30来岁，可见面时，从没有妄自尊大，看不起我们的意思，不仅态度谦和，和我们情同手足，而且每次见面，都会传些东西给我们，或对我们的武艺加以指点。我们在师父面前会唯唯诺诺，可在这些老师兄面前则放得开，互相切磋，亲密得很。由于辈分所至，他们的弟子晚辈见了我们也是师叔师叔地叫，还有叫师爷的，尽管有的人比我们还要大几岁。这让我们感到很不习惯，但他们的礼数、礼节从不逾越，这也是老师兄们教导有方。

2000 年冬，我们一行数十人去蠡县西齐庄为先师立碑，吴泽田师兄还精神矍铄地练了趟牛头镋，而魏宗汉师兄正卧病在床，已不能正常待客了。

2008 年 2 月 16 日，在中国武协、北京武协和九翻武道研究会的新春团拜会上，部分师兄弟合影（左起：祁志平、赵东海、张大为、孙长立、吴彬、刘豹、洪志田、吴志刚、钟海明）。

二、搞专业誉全国建树颇丰

自打新中国成立，先师就和当时所有的民间拳师一样，摒弃了旧社会拜师那一套，称呼上也有了改变，互称老师学生。不管是什么时间、以哪种形式入的门，一概如此。而在新中国成立初期跟随吴老师学拳的弟子中，从事武术专业的多，成绩斐然的多，建功立业的多，成名成家的也多，其中年龄较大的是宋志平，他生于1920年。

宋志平家学渊源，其父宋兰坡（名德泉，1878—1958）是著名武术家，京城花拳名家，有"京城怪侠"之称。宋兰坡与先师吴斌楼是忘年交，先师小宋兰坡20岁，称宋兰坡为老师兄。宋兰坡很重视对儿子宋志平、女儿宋坤英的培养，他极看中先师的功夫，为此，在新中国成立初期的1950年，便命宋坤英、宋志平姐弟拜在吴斌楼门下。宋兰坡前辈说过："志平的功课有多一半是吴斌楼的，少一半是北京武术界的。"（引自吴斌楼日记）

宋志平除习练戳脚翻子外，自幼从其父宋兰坡处学得花拳、八卦掌，同时对形意拳、太极拳也有极深的造诣。1952年，他创办健身武术一分社，后调到北京什刹海体校从事武术教练工作，培养出杨僧宝、经本愚、董文玉、常金福、纪鸣谦、方世绵、郭双凤以及李志洲、王珏、梁长兴、郝致华、凌华等大批武术专业人才。例如，其早期弟子杨僧宝曾获1959年全国青少年武术比赛长兵第一，长拳第三，全能第三；经本愚获长拳第三的好成绩。他二人还多次荣获北京市武术比赛的冠军。董文玉1973年就担任北京西城区青少年业余体校专业教练，1986年在北京市传统武术选拔赛中获两个优秀奖，同年在全国武术观摩大会上荣获雄狮奖。郭双凤年轻时参加1960年武术锦标赛，获拳术、对练两项冠军，刀术亚军，后考入北京戏校。宋志平后来培养出来的李志洲、王珏、郝致华等也多次获得过全国武术比赛的冠军。宋志平可以说是一位极有成就的优秀教练员。

孙长立师兄是1952年拜师吴斌楼，那时他是光华染织厂的工人。在随师父学习5年后，从1957年起开始参加武术比赛，曾连获三年北京市朝阳区武术比赛第一名，1958年，获北京市武术比赛棍术第一名，1959年，获北京市武术比赛对练（与杨僧宝）第二名。1957年他参加文化宫工人武术队，从师常振芳，习练查拳、弹腿及器械。1961年，到北京大学任武术教练。1965年，又拜田廻为师习练阴阳八卦掌，可谓内外兼修、艺出多门。1990年，在电影《国际大营救》中他担任武打设计。1992年，在北京武术院任教练，1994年，随北京武术代表团访问波兰。2010年，香港导演陈勋奇筹拍《杨门女将》，亲自带人到京向孙师兄学习各种兵器，尤其是杨家枪的用法。

孙师兄1930年出生于山东莘县。他一生坚持每天练武，无冬历夏，练起来要赤膊上阵。他82岁高龄时，练起九节鞭、虎尾鞭、锁手棍依然是虎虎生风，打起拳来依然不让青少年，兴之所至，还会来几招地躺拳，是个一辈子没歇过手的练家。2011年，中央电视台10频道为他做了专题节目，介绍他的养生健身之道。

先师早年弟子中还有门惠丰。提起门惠丰，武术界应是无人不知，他是中国武协1995年组织的"中华武林百杰"系列活动中评选出的全国"十大武术名教授"之一。

门惠丰少年时在四民武术社跟随戴玉斌学艺，大约在1952年，他得遇先师吴斌楼。此时四民武术社因戴玉斌调往宣武区武术馆而缺少教练人手，吴斌楼被四民武术社的吴子珍老师（他们是把兄弟）礼聘到四民武术社任客席教练，专教一帮青少年学

门惠丰练剑

员练武,这其中就有门惠丰。门惠丰比我年长6岁,比我早追随先师6年。

先师吴斌楼特别喜欢刻苦练功的学生,当年非常器重和喜爱门惠丰,他在技术上要求严格,传授一丝不苟,还在生活上予以照顾。门惠丰练功极为刻苦,为他的武术生涯奠定了良好的基础。1956年和1958年,他在两届全国武术比赛大会上获优秀奖。1959年,参加第一届全运会获武术比赛对练第一名。1958年,被保送到北京体育学院,1963年,毕业留校任教。

此后,他在武术领域做出了不小的贡献。他曾在中央警卫处、北京市公安局十三处教授擒拿术;1986年,赴老山前线培训侦察兵;曾出访过非洲6国及日本、澳大利亚、美国等;多次担任国内、国际武术比赛总裁判;编著了多种武术教材;还曾担任电影《武林志》的武术指导。门惠丰曾向许多武术前辈、武术名家请教,所会拳种、功法极多。他成为教授后,担任过北京体育大学武术系副主任,中国武术学会委员,北京武术协会副主席。晚年潜心于太极拳的传播和研究,创立了东岳太极拳流派,在国内外极有影响。

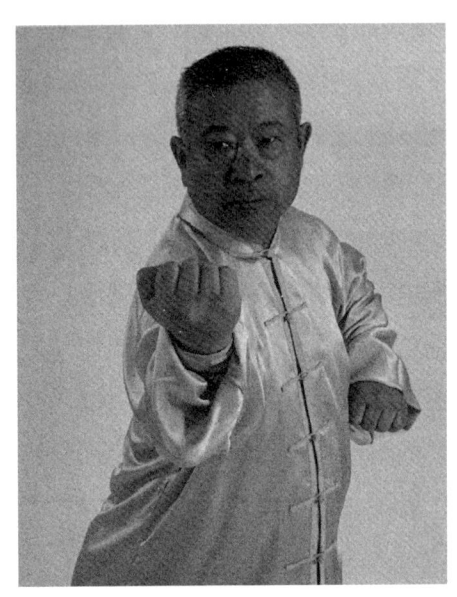

吴彬练拳

大名鼎鼎的吴彬是中国武协1995年组织的"中华武林百杰"系列活动中评选出的全国"十大武术名教练"之一,是享誉国内外的武术名家。他青年时曾经是举重运动员,因受伤改学武术。这位半路出家的武术系学生与门惠丰是北京体育学院的同班同学。在门惠丰的影响下,他也喜欢上了戳脚翻子拳,经常利用星期天随门惠丰一道到景山拳场向吴斌楼先师请教，因此与吴斌楼有了师生名分。吴彬练武的天赋极好，又聪明刻苦，进步飞快。1965年，在北京市武术比赛中，吴彬拿到翻子拳冠军。吴斌楼老师乐得合不上嘴，连说："吴彬呀，练得不错！不错！"

吴彬毕业后分配到什刹海体校任武术教练。为了提高自己的教练水平，他结交武术前辈，可以说"逢人便学"。他拜访请教过的名拳师有八卦掌名家李子鸣，太极拳名家徐致一、吴图南、李天骥、石明、孙剑云，查拳名家常振芳，形意拳名家吴子珍，八极拳名家王金生等。1974年，他参与组建北京武术队。1975—1985年，他与其他教练一起带领北京武术队蝉联10届全国冠军，创出武术史上的惊人纪录。他所训练的男队获个人金牌51枚，培养出李连杰、李志洲、王建军、吴京等优秀运动员数十位。1993年，他在间隔数年后重新出任北京武术队总教练。1994年，他率领北京武术队在全国武术锦标赛上再次夺得团体总分第一名。北京武术队先后在1993年、1995年、1997年、1999年、2001年的世界武术锦标赛上夺得十几枚金牌。

吴彬曾作为中国武协和北京武协的主要负责人，带领北京市武协所属几十个拳种研究会，进行挖掘整理、普及提高的工作，对开展全市的武术健身运动起到巨大的推动作用。我们这一届弟子要比吴彬小个五六岁，在我们相继退休以后，与吴彬师兄的来往便多了起来。我们组织的很多国内国外的武术联谊和交流活动，他都于百忙中积极参加和支持。

人民体育出版社于2004年出版《四牛武缘》一书，记述了四位同庚属牛的武术家，门惠丰、吴彬名列其中（还有张山、夏伯华）。该书详细介绍了他们的事迹，褒奖他们为武术事业所做的贡献。

这一拨随先师学习的弟子中还有吕凤阁、郑德岐、范希武、杨万章、林增善、刘来喜、郭安等人。向先师求教的有谢志奎、齐谋业等。

三、同期生虽业余各成事业

我们这一期学生是从 1956 年、1957 年到 1960 年前后入门的。之所以称为同期，是因为虽然入门有早有晚，但年龄相仿，属同届的中小学生，均在 1963 年、1964 年高中毕业。

这拨学生大多是先师在健身武术一分社收的。1956 年前后，先师吴斌楼应宋坤英、宋志平姐弟之邀到健身武术社一分社任教，地址在东华门大街 33 号。按照当时的分工，先师吴斌楼教授长拳、翻子拳。先师先后收了十几名初中生、十几名小学生，学员大体固定。后来，先师与宋坤英有些隔阂，便退出了健身武术一分社，于 1960 年初带领坚持练武的 8 位初中生按西城体委的安排迁到景山公园设场。我就是其中之一。那些小学生们先师均留给了健身武术一分社，只有一个叫于江明的坚决要求跟随先师到景山公园。迁到景山公园后，先师又陆续收了一些弟子。这批学员多数成了先师本门拳种的重点培养对象。

我们这批弟子中同届的中学生多。林矛、张志安是十三中的，陆中平是六十五中的，郑志亮是二十七中的，马天胜是二十五中的，刘豹是育才中学的，乔宗淮、张安东、于逊、赵东海、陈晓明和我是北京四中的，宝石是地安门中学的，土纪平、萧精兵是哪个学校的忘记了，陈晓明、宝石比我低两届。我们这批弟子在 1963 年、1964 年陆续高中毕业，绝大多数都考上了大学。由于从小在一起，同时习武五六年，彼此很说得来。

这批学员还有个特点是干部子弟多。为什么干部子弟多喜好练武呢？依本人看法：他们的父辈都是老革命，这些老革命为了共产主义理想，在枪林弹雨中出生入死，哪一个不是把脑袋别在裤腰里过来的？他们深知身体强壮的重要性，深知身有武功的重要性。这些干部子弟们多数出生在抗日战争的艰苦时期，从小就在艰苦环境中成长，个个

张大为的北京四中同学兼师兄弟（上左乔宗淮、上右于逊，下左赵东海、下右张安东）

都有着历经风雨的童年，培养了吃苦耐劳的本质，意志都很坚强。出于这些原因，他们不仅喜爱武术，而且刻苦练功。他们的父母对他们练武术也非常支持。

出身干部家庭的弟子有刘豹、乔宗淮、张安东、于逊、赵东海、肖精兵、陈晓明等。

乔宗淮，原外交部部长乔冠华之子。他是 1960 年在北京四中念书的时候前来拜师学艺的。由于练功刻苦，极受吴老师器重，有意重点培养。1962 年，他被选为北京武术界代表，参加北京市武术运动协会第一届委员会的选举成立工作。他不仅拳打得好，文化课也不错。他考上了清华大学。后来，他考取中国科学院力学研究所，获得硕士学位。"文化大革命"后，乔宗淮子承父业，进入外交领域，曾先后担任新华通讯社香港分社副社长；中国驻芬兰、爱沙尼亚、朝鲜、瑞典大使；中国常驻联合国日内瓦办事处和瑞士其他国际组织代表、大使；外交部副部长，外交部党委委员、纪委书记。他还是中共第十二届、十三届中央候补委员，第十六届中央纪律检查委员会委员。数十年来，不论在什么岗位上，他都为弘扬中华武术文化做着不懈的努力。尤其在担任驻外使节的时候，武术常是他进行文化交流的一个话题。

赵东海的父亲赵秉谦是个老革命，抗日战争期间，他担任过河北抗日民军四支队的排长、指导员，后转入地方，任肥乡县县长，专员公署财政科长、秘书主任。解放战争时期，他转入晋冀鲁豫边区审检厅工作，后任华北监察专员。新中国成立后，长期从事国家机关行政监察、人事管理工作，担任过内务部党组成员、机关党委书记，是部长曾山的得力助手，"文化大革命"中随曾山一起受到冲击，是毛主席出面保曾山，他才随着被解放。"文化大革命"后，任八机部纪检组负责人、顾问等职，还当选第五届全国政协委员。赵东海1960年拜师吴斌楼，得到吴斌楼亲授功理功法。他为人踏实，练功刻苦，学艺时总是默不作声地苦练。他有艺术细胞，从北京四中毕业后考入中央工艺美术学院，毕业后一直在新闻出版行业工作，尤其精通印刷技术。他做过8年印刷厂工人，后来成为中国印刷物资总公司副总经理。再后来调入新闻出版总署，曾任国家新闻出版总署科技发展司副司长，国家新闻出版总署信息中心党委书记。他对武术的传承与发展极为关心，对武术出版物、武术音像制品给出过不少建设性意见。

刘豹是吴斌楼最喜爱、最器重的弟子之一。他1956年拜师吴斌楼，学艺期间参加过三次北京市武术比赛，均取得优异成绩。他是学艺期间少数几个得到吴斌楼传授技击手法的弟子之一，足见吴老师对他的信任。他大学毕业后参了军，有过战场上的实战经历，经历过枪林弹雨。后在通信兵总部工作，再后来转业到地方，任石油勘探研究院企业电视台台长。刘豹的父亲周兴是个老红军，1927年参加南昌起义，红军时期是搞保卫工作的，延安时期担任过保卫局长。新中国成立后曾任公安部副部长，最高人民检察院常务副检察长，山东省委书记处书记，云南省委第一书记，昆明军区第一政委。这样一个父亲自然支持他习武。他也成为我们这一期中最早入门的一个，也是学东西最多的徒弟之一。

于逊的父亲于江震是参加过长征的老红军，时任红四方面军总政治部组织部部长。后一直跟随邓小平、贺龙在西南地区工作。新中国成立之初，曾任西南军政委员会组织部部长。后调任中央组织部副部长。后又调回中共中央西南局，任西南局书记处书记兼秘书长。于逊性格开朗，为人豪爽。他于1960年拜师吴斌楼，练功极为刻苦。他不辞劳苦地每天负责携带练地躺用的毯子到拳场供大家使用，得到师父和师兄弟们的交口称赞。1962年，他被吴斌楼列为本宗弟子之一。于逊从北京四中毕业后考入北京航空学院（今北京航空航天大学）。由于他的父辈在"文化大革命"中受到冲击，经历坎坷。改革开放以后，他发挥出巨大能量，曾担任中国华阳技术进出口总公司总经理，为国家振兴作出过很大贡献。

张安东是张劲夫之子。张劲夫是个老革命，早年参加革命，参加过抗日救亡运动、抗日敌后游击战争、解放战争。新中国成立后担任过轻工业部部长，中国科学院常务副院长（院长郭沫若）兼党组书记，财政部部长等职。他为我国"两弹一星"的发射做了许多艰苦的工作。"文化大革命"后，他任中共中央顾问委员会常务委员，国务委员。张安东1960年拜师吴斌楼，深得吴斌楼喜爱。他生得人高马大，但动作极为灵活，对戳脚和翻子拳的理解有独到之处，且侍师甚孝。张安东毕业于中国科技大学。改革开放后，他作为中信泰富公司的有关负责人，长期在香港配合荣毅仁、荣智健，为祖国的四个现代化做了许多工作。现在他为国安集团董事。

陈晓明是陈正湘中将的儿子。陈正湘是参加过革命根据地反"围剿"斗争和长征的老革命，多次立功受奖。抗日战争期间，先后任115师685团副团长，晋察冀军区第一团团长，晋察冀军区第四、第十一军分区司令员，曾直接指挥炮手击毙日寇"名将之花"阿部规秀。新中国成立后，先后任铁道兵第一副司令员，华北军区副参谋长，北京军区副司令员。陈晓明上初中时就随吴斌楼老师习武，他患有高度近视，戴着深度近视眼镜。他虽然个头不高，却是虎背熊腰，练起拳来，冲劲十足，震起脚来，砰砰作响，带着一股霹雳火、急先锋的气势。吴老师开玩笑地说他是熊式。他后来考上了北京外国语学院，主攻越南语，毕业后在中国人民对外友好协会负责对越交流工作。

萧精兵因不是一个学校的，对他的情况知之甚少。

我们这一期的林矛，曾在维尼纶厂、维尼纶研究所工作。改革开放后，他瞅准时机，下海经商，从经营医疗器械入手，最终成为涉外公司老板，多年在土耳其等国做生意。陆中平毕业于北京师范大学，早就是教授了。马天胜、张志安、于江明后来不知去向，断了联系。王纪平当时被吴老师夸为好学生，后来担任过北京市工商局长。这一期弟子中还有当时中国戏校的学生、后来战友京剧团的当家老旦刘莉莉，昆明戏校的学生黄燕生等。唯郑志亮英年早逝，可惜可惜。

这一期弟子十六七人，不管是干部子弟、平民子弟、在职军官，还是青年演员，彼此都亲密无间，互相辅导、互相陪练、互相切磋，一起摸爬滚打，出一样的汗，滚一身的脏，一起说说笑笑、打打闹闹，一派团结友爱的景象，让许多其他门派的老师羡慕不已。

这一期弟子几乎没有一人从事武术专业工作，但他们在自己的工作领域都取得了不菲的成绩，且都业余练武，并尽全力在各自工作领域支持武术运动。这也算个奇迹。

四、后来者居其上武艺超群

在我们这一期都考入大学之后，1963年暑期，先师收了洪志田、钟海明、李朝栋、李宗乔等数位弟子。1965年左右，先师又陆续收了李进才、黄金友、房淑敏、李英冬、王鹤龄、张志君等几十位弟子。从"文化大革命"中期到先师逝世的近10年中，又有史立民、许梦华、李志成、彭岁平、左焕文、刘金龙等10多位入门。

2004年11月，在东岳太极拳研究会成立大会上，吴斌楼部分弟子前往祝贺，与会长门惠丰等合影（前排左起：1钟海明、2张大为、4阚桂香、5孙长立、6门惠丰、7洪志田、8周宝华，后排左起：1祁志平、2吴志刚）。

这些弟子中，现在有不少人已成为武术界名教师，其中有几位手上功夫了得，传拳授武，徒众颇多，在武术界有很大影响。例如洪志田。

洪志田还在上中学时，就有绰号称"小洪"，那是因为他经常与其他门派的传人较量赢得的名声。吴老师担心他试手较量会惹是生非，为此开除了他3次。由于喜爱他是棵习武的苗子，又3次招他重归门下，并传给他许多秘籍私功。

洪志田小我3岁，中学毕业后参了军，复员后在第五机床厂供销科、保卫科工作。他对戳脚翻子算是到了痴迷的程度。

戳脚翻子是个内外兼修的拳种，既有套路也有内功；既强调腿法，也突出手法，尤讲身法。内功既有易筋经、水津经、血筋经的练气、养气之法，还有铁砂掌等硬功功法。一般的弟子在掌握上往往有所侧重，唯洪志田对内外功法兼收并蓄，且尤精技击。近几十年来，他广传弟子，除本国弟子外，还收了波兰学生马立克（现经商，为波兰戳脚翻子研究会会长）、皮特（为欧洲武术联合会传统武术委员会主任、波兰精武体育协会主席、波兰中国传统武术及文化协会主席），保加利亚弟子西蒙（是保加利亚国家委派来华学习的），俄罗斯弟子鲍里斯，等等。

外国人习武讲究实用，不肯光学套路。他们在洪志田这里得到了满足。据他们自己讲，他们受益匪浅，在各处的武术较量中，胜算颇多。2007年、2010年、2012年洪志田被波兰武协邀请赴波兰开办训练班，学员多为警察、城管、保安等城市执法局的成员。在欧洲，得有真功夫才立得住脚。从中国去的拳师，少不了有人前来要求试手。洪志田算是经住了这许许多多的考验，并引起轰动，受到当地媒体的关注。虽然他只是一个中国民间拳师，但名声在外，前来求教的各国习武者络绎不绝。近日又有俄罗斯、捷克的习武者组团来中国向他求教。他是北京市武协第五届委员、第六届理事，北京武协九翻武道研究会常务副会长，中国民间武术家联合会副主席。他出版的关于"戳脚教学"的十二张光碟，及《戳脚技击法述真》光碟非常受读者欢迎。在我编辑《中华武术大观》系列的过程中，特聘他担任统筹。洪志田刚入门时我们就在一块儿练。他从部队复员后我们走得更近，算来已50来年了。前边的许多文章都提到过他，此处不再重复。

师弟钟海明是个干部子弟。他父亲钟沛璋15岁入党，参加过上海地下工作，新中国成立后曾任中宣部新闻局局长。钟海明20世纪80

年代初北京邮电学院硕士毕业，曾任电子部电视电声研究所主任。他主持的多个国家项目获得部委颁发的科学进步奖。1985年，他担任向日本松下公司就电视质量问题索赔谈判的"主谈代表"，为国家争得一笔8亿零5000万日元的赔款。国际电视行业颇受震动。

钟海明练靠粘连

钟海明曾跟我是一个胡同的街坊，小我6岁。他在上小学时就由他父母带着到吴斌楼老师那里习武，有幼功。青年时，他能头脚各架在一个椅背上，腹、背、腿悬空压上几十斤东西而腰不塌，足见功力之强。他在上研究生时，曾有一个爱好美国功夫的英国记者天天到长城饭店练功房练功，特地来约钟海明切磋，讨教中国武术中的腿法。那人个头近两米，体重少说也有200斤，是空手道黑带。这位老外向前一扑，钟海明一闪身，用一记查腿轻轻磕他的脚后跟，那人顿时脚下不稳而跌倒。由此钟海明的名声在留学生中传了开来，多人专程拜师。

钟海明还是位截拳道推广者。中国大陆最早出版的一本《李小龙技击法》，就是他和徐海潮翻译的。钟海明从20世纪80年代后期淡出了武术界，退休后又重出江湖。他与李小龙的早期弟子、美籍华人李凯联手协助中国截拳道习练者成立了中国截拳道国际联盟，并被推选为联盟主席。目前他是北京武协学术委员会主任和中国民间武术家联合会常务副主席，及北京武协九翻武道研究会会长。他还办了一所武医书院，旨在为中华文化的传承培养务实求真、品艺兼优的传承者和栋梁之材。他文武兼长，曾出版《中华武道概论》《经络调理与眼保健》等书。《人民日报·海外版》曾刊文《武秀才》介绍他。

钟海明的弟子也很是了得，女弟子张爱霞多次获得各种武术比赛金牌，仅二十五六岁已获国家武术六段。85公斤以上级别的散打王、神腿赵子龙也是他的弟子。

金成茂也是很出色的一位，功夫很俊，手上的功夫也了得。他对武术可以说是痴迷。他练功时好思考，肯钻研，那时他为了掌握内功，研习过奇经八脉。他对各门武术的关系也肯下功夫探究。他写的《岳式散手十八式》刊登于《中华武术》杂志，文章叙述详尽，极有见地。他常年来往于国内外，教了不少弟子门生，很有影响。

"文化大革命"初期，四民武术社被迫歇业，吴子珍老师也在混乱中辞世。四民武术社的一些弟子就找到吴斌楼这里，继续学艺。其中有史立民、许梦华、李志成等，还有马青柯。

马青柯出身革命干部家庭，他是作家、革命者杨沫的长子。杨沫凭借巨作《青春之歌》享誉文坛，又因《青春之歌》电影问世而闻名全国。她1936年22岁时就加入了中国共产党，随后投入到晋察冀边区的抗日斗争中，先从事妇女工作，后从事宣传工作，在《挺进报》《黎明报》《晋察冀日报》《人民日报》做过编辑。新中国成立后，她被任命为北京市妇联宣传部副部长，不久即调往文联从事专业文学创作。这时她创作了《青春之歌》。后来她当选为中国作协北京分会副会长，北京市文联主席。马青柯的父亲马健民也是位老革命，他15岁时参加革命工作，1927年加入中国共产主义青年团，1930年转为中国共产党党员。建国后，历任中央人民政府新闻总署党委书记、办公厅副主任，北京师范大学副校长、党委副书记、代理书记，中国社会科学院历史研究所党委书记等职。

马青柯 1952 年在四民武术社习武，师从吴子珍、戴玉斌、李清泉、王世勋等人，系统学习了六合拳、少林拳、形意拳、八卦拳、太极拳。1968 年又跟随吴斌楼老师习练戳脚翻子。马青柯毕业于清华大学，为高级经济师，"文化大革命"中曾和我在一个中学教书，他教物理，我教语文。"文化大革命"之后，科研人员归队，他先后在国防工业部门和审计署任职。到哪个单位他就在哪个单位推广武术运动。他曾任四民武术社名誉社长，戳脚翻子研究会常务副会长，中央国家机关太极拳协会副秘书长，北京市武协委员……

祁志平跟随先师学习有十年的经历。他原是通背名家王侠林的弟子，由王老师亲自介绍拜在先师门下。他身兼通背、劈挂和戳脚翻子三门技艺。祁志平记忆力极强，常有师兄弟和子侄晚辈前往讨教武技，他毫不保守，实诚相待，颇有口碑。他是北京武协九翻武道研究会副秘书长，担任东城国术馆教练多年，成绩斐然，其女弟子王斌获得过 4 枚市级武术比赛金牌。他本职是中医，对治疗疑难杂症颇有见地，出版过《中医药酒》《中医按摩》《道家回春功》等光碟。

吴志刚，北京亚大塑胶集团保卫干部。1966 年，拜师吴斌楼，习练戳脚翻子拳。吴老师去世多年后，他又拜老武术家马玉清为师，学习形意拳。自 1974 年开始担任北京市各级武术比赛的裁判工作，同时担任北京宣武区武术馆教练、通达国术馆副馆长兼教练。现为北京武协九翻武道研究会副秘书长。

周宝华，北京月坛中学的职工。原本身体较弱，自拜吴斌楼习练武术以后，身体日渐强壮。他虚心好学，掌握了戳脚翻子拳术、器械、对练多个套路和功法。现为北京武协九翻武道研究会常务理事。

刘学勃是 1965 年由吴彬介绍到先师处的，那时他已三十七八岁了。

他在蠡县老家学过翻子拳，是拳师张永和的徒弟。他到先师这里时别看年岁不小了，但基本功相当不错，还能拿大顶、翻跟头。他每周日到景山来，跟大伙一起练，他练功很刻苦。后来先师亲授他地躺"子孙丹"和"醉拳"以及各种拳械。先师去世后，他又回蠡县老家学了不少东西。20世纪80年代，刘学勃在武术圈很有影响，传授了不少弟子，尤其参与组织了许多武术界的活动，为北京武术运动的发展出过不少力。1990年，他当选为北京市武术运动协会第三届副主席。

新中国成立后，先师所收弟子在笔记本上登记的累计有100余位。本人较熟悉的还有史立民、许梦华、李志诚、侯庆成、左焕文、刘金龙、彭岁平、史文波、孙长德、祁志生、刘永昆、刘长庆、陆华、刘志刚、刘纪敏、房淑敏、宝石、蔡景和、王建宝等，其中有不少是北京武协的名拳师。由于篇幅有限，又缺少详实资料，就不一一介绍了。

20世纪80年代初，老师兄吴泽田从河北蠡县来京，部分师兄弟在景山公园交流后合影（左起：钟海明、张大为、吴泽田、洪志田、祁志平）。

五、带艺者来投师业绩不俗

吴老师的弟子门生中有不少是带艺投师的（其实前边记述的宋志平、洪志田、祁志平、马青柯乃至我本人等多人也都是带艺投师的，在本文中不过是分而记之罢了），他们在其他老师那里已学武多年，有功夫在身，为求深造，又来向吴斌楼请教。这些门生在武术界的各个领域多做出了显著成绩。举以下几个例子为证：

曹兆田，1932年生，河北辛集人，从小在家务农，兼学制造皮革的手艺。他14岁时在家乡学习少林拳、形意拳。到1969年，他已是家乡很有名气的拳师了。这时，他为了追求更高的境界，奔波数百里来到北京向吴斌楼求教，其迫切心情可想而知。他每次来京都是骑自行车，要骑上两天。到京后，就在师父的小屋里搭上两把椅子凑合几宿，学完东西再蹬车回去。这一学就是三年。吴斌楼见他实在辛苦，便介绍他拜在河北深县（今深州市）英武村老镖师李振标门下深造心意六合拳。李振标是河南形意买壮图嫡系，师承买壮图弟子、山西祁县南古丰村范文明。当年，李振标是河南、河北、山西几省武术界尤其形意拳界的知名人物。在李振标的精心栽培下，曹兆田全面继承了他的衣钵。

曹兆田自此身兼二艺，在辛集市颇有盛名。20世纪80年代末，"河北辛集市戳脚翻子、心意六合拳研究会"成立时，他被推举为首任会长。他从20世纪70年代开始收徒，弟子传人无数，其中有多位在河北省及全国武术比赛中获奖。

史立民，1933年生。1950年入四民武术社随吴子珍老师学形意拳、六合拳。"文化大革命"中，四民武术社被迫停办，吴子珍老师不幸去世，史立民转投吴斌楼门下，学习戳脚翻子拳和地躺拳。他还把孩子史文波也带来跟随吴老师学习。20世纪七八十年代他曾应邀到什刹海体校教课，教授过王珏、范登禹等十数名学员，并被聘到北京军区看守所教授武警战士散打三年。他还曾任北京武协戳脚翻子研究会副会长。

李振标的儿子李英冬，家传心意六合拳，颇有功力。20世纪60年代末，在李振标主持下，拜在吴斌楼门下学习戳脚翻子，尤重地躺拳。吴、李两家有姻亲关系，李英冬的姑姑嫁给了吴斌楼的哥哥，故而李英冬管吴斌楼叫二叔。李英冬现为北京武协九翻武道研究会监事长。

朱长友，1928年生。幼年在天津习练少林拳和弹腿，20世纪50年代初，吴斌楼赴天津传拳时，他曾有缘拜见求教。20世纪60年代初，他跟随炮捶名家陈昆习练三皇炮捶拳。1967年，他在北京面粉厂工作时再次与吴斌楼相见，遂拜师求艺，自那时至吴斌楼去世的10年间，他掌握了不少拳械套路和功理功法。退休后，他在北京平谷设场授徒，有弟子和再传弟子五十余人。其子朱志平子承父业，一直在平谷设场教拳，成绩不小。

李进才，从小跟随吴斌楼的师弟孙连庆学习翻子拳，打下很好的基础。1966年，拜在吴斌楼门下，成为吴斌楼入室弟子。由于他练功刻苦，深受先师喜爱。他多次参加北京市武术比赛，获得过多枚金银奖牌，是当下戳脚翻子主要传人之一。曾任北京海淀区玉渊潭乡体育委员，北京武术院通达武术馆馆长，北京武协第五届委员会委员。他的弟子延良已开门授徒，并率先在中学开课，成为武术进校园的先驱。

同样为北京武协第五届委员的王鹤龄，早年在陕西宝鸡市随当地名师张海清习练查拳。1965年，到京后拜在吴斌楼门下。他学艺十几年，功力不俗，曾获2000年北京武术比赛男子老年组翻子拳、刀术第一名，2001年，又获男子老年组翻子拳第一名，刀术第二名。20世纪

90 年代，曾出任北京育英学校、五一小学、翠微小学武术班教练。他在学艺时就协助先师整理过《六趟燕青翻子谱》《虎尾鞭》《拦面叟》，退休后，又自行拍摄拳械套路，留下十分珍贵的资料。后当选为戳脚翻子研究会会长。

黄金友，北京永安机械厂职工。1966 年，他拜师吴斌楼，练武数十年坚持不懈，掌握了戳脚翻子的技击精华。他热衷于传播传统武术，常年利用业余时间广为授徒，退休后更是把传武授徒当做职业，成为有名的拳师。现为北京武协九翻武道研究会常务理事。

原北京健身武术三分社社长陈彦龄之子陈步金，家传八极拳，还受到过八极拳名家、他的师祖王喜庆及师爷王金生的指点和传授，20 世纪 70 年代，拜吴斌楼为师。1985 年，参加北京市武术比赛，获得拳术第一名。他本职是中联部干部，同时又是北京八极武术社秘书长，曾被评为"全国百名优秀武术辅导员"。

北京武协第三、第四、第五届委员，连续担任北京武协形意拳研究会会长 10 年之久的邱国勇，早年师从赵忠老师学练少林拳和形意拳。1973 年，拜吴斌楼为师习练戳脚翻子。1975 年，又拜李子鸣为师习练八卦掌。1987 年，被评为北京市先进武术工作者。曾先后赴喀麦隆、韩国、罗马尼亚、美国、俄罗斯、匈牙利等国家交流武术，传拳授艺。

还有练过金刚拳的王寿义，拜吴斌楼为师后，专学地躺拳。地躺拳有六趟，称为梅花落地。他掌握了三四趟，是当今少见的地趟拳继承人。

天津修武少林会老拳师韩义祥亲传弟子张俊汉得韩师真传少林拳、翻子拳，曾参加 1964 年天津市武术比赛，获全能第二名。期间参加京津两市武术互访表演活动，受到吴斌楼的指点。他还代表河北省队参加全国武术比赛。他热心武术传播工作，长年义务辅导中老年人健身，退休后也坚持不懈。2010年，获北京第八届国际武术邀请赛第一名。2012年，他创编的蟋蟀拳在首届蟋蟀邀请赛上被纳入蟋蟀文化的组成部分进行展示。

此外，还有不少师兄弟在民间默默无闻、踏踏实实推广着武术。他们不求名不求利，只秉持一颗爱武之心。他们是武术这一优秀非物质文化遗产的传承者，他们是全民健身运动的践行者，他们是弘扬中华武术的坚实基础。

吴斌楼教出这么多有出息的弟子门生，在当时的武术界实不多见。

从吴斌楼部分弟子的情况可以看出，教育工作者、科技工作者、医务工作者、文艺工作者、企业家、公务员、军人等各行各业都有喜爱武术的人。正是由于这些人的努力，才使得这一流传几千年的非物质文化遗产得到各方面的重视。这说明中华武术有着多么深厚的人脉。可能会有人认为我所介绍的人物并非都是吴老师的入室弟子，但我的观点是：这些人都是我在吴斌楼老师这里见过的，并且见过他们受到吴老师指教、传授的，至于谁叩头、谁递帖、谁鞠躬，谁连躬都没鞠，那不是我写谁不写谁的标准。

实事求是地讲，虽然弟子众多，但全面继承吴斌楼衣钵的人并不是很多。吴斌楼是个全才，无论技击还是套路，无论拳术还是兵刃，无论内功还是外功，无论实战还是表演，无论理论还是实践，都有极高的造诣。弟子门生能掌握其七八，就相当了不起了。叩头递帖并不能代表你入门时间的长短，学的多少，悟得深浅，练得好坏，有没有功夫。举个例子：吴斌楼绰号"花鞭吴斌楼"，他藉以成名的九节鞭、鞭里夹刀（右手鞭左手刀）、刀里夹鞭（左手鞭右手刀），有几人全盘继承下来并且练得和先师一样？又有几人娴熟地掌握了九节鞭的技击法？实在是不多。客观地讲，时代不同了，对武术内容有所扬弃是正常现象，既不能忽视传统，也不能墨守成规。在新形势下，一些时代不需要的内容会被淘汰，时代需要的东西会被吸收融化，否则，武术怎能发展？先师吴斌楼一辈子靠武术吃饭，那时搞武术专业的可没人按月发工资。他必须保持自己的功夫永不消退，才能维持自己的生计。主观地讲，当下的武术人没有生存的危机感，自然会少了些督促习武人努力的压力。随着弘扬传统文化蔚然成风，随着国家政策的引导指导，随着社会广泛达成共识，传统武术一定会迎来一个昌盛的时代。

先师谢世追记

1977年11月16日，北京城下了一场大雪，顷刻间满城皆白，银装素裹，到了夜间，地面积雪已达半尺厚。白天，路上行人已渐稀少，夜间更是鲜见路人了。

先师吴斌楼却不改多年习惯，17日他依然在凌晨两三点钟起床，随后就到大门外活动。但他没有意识到寒冬乍冷下的雪是很容易结冰的，更没有意识到他自己已是79岁高龄，骨质已然疏松，结果，不幸发生了，他一跤跌在地上，便不能动弹了。他坚持爬到南墙根，用拳头狠命砸街坊宋家的后山墙，惊醒了尚在酣睡的街坊。街坊跑出来，把先师抬回了自己的屋里，这时已是早晨五点多钟了。

先师一直是独自居住，他的独子在新疆，孙子在河北蠡县老家，儿媳虽在北京却不在一起生活，身边没有亲人。街坊便急忙打电话通知了徒弟黄金友、李进才。他二人随即通知了洪志田，经与洪志田商量，他二人把先师送到丰盛医院，医院诊断结果是髋骨粉碎性骨折，没有什么好的治疗方法，只能静养，待其慢慢愈合。他二人闻听此言，只好把先师又拉回了家中。

17日下午，我接到师弟刘志刚的通知，火速赶到先师家探视。到他家一看，先师平卧于床，连翻身都办不到了。我马上意识到问题严重——它意味着从当晚开始，先师身边就离不开人了，而这个"侍候"的任务必须暂由徒弟们承担。

当时在场的我、洪志田、史立民几位便开了个会，决定先安排人昼夜守候。史立民年长我们十来岁，他是四民武术社的早期弟子。1952 年，先师在四民武术社任客座教师时就与他相识，并指导过他。"文化大革命"中，四民武术社社长吴子珍老师病逝，史立民便转到了先师门下。史立民不负众望，当即承担了夜间照看先师的任务。那时史立民在清河附近的汽修厂上班，距离先师家很远，勇于接受这个任务，确实了不起。但终究要影响上班，于是，他便安排他的儿子史文波和先师的另一个小徒弟孙长德值夜班。

史文波、孙长德二人年龄相仿，那时刚上初中，但已跟着先师学了好几年了。史文波先是由他父亲带着来，后来就天天早上自己来。孙长德是他爷爷天天带着来。孙长德练功时，他爷爷就蹲在一旁眯着眼睛看。那老爷子极其和善，对他孙子更是关爱有加。文波和长德都是先师亲授，拳打得非常好。文波和长德从先师病后两三天起就每天晚上八九点钟去，第二天一早离开去上学。先师家境很差，两个孩子只能在椅子上偎一宿。先师为病所扰，经常发脾气，两个孩子也受了不少委屈。

史立民、洪志田几乎是每日下班后必到。我是每天下午四点后必去探视。那时我在中学教书，要待学生放学后才能赶到先师那里去。

先师略有积蓄，也就八九百元，都是一元两元的票子，一沓沓整齐地放在一个小皮箱里，别无长物。他让我们拿出 200 元作为每天的饭钱。我们把钱交给洪志田，由他负责安排。洪志田便将钱放到抽屉里，立了一个小账本，不管谁值班，赶上饭点就由谁给先师买菜做饭，花多花少记在账本上。洪志田又请来护国寺中医院骨科主任、名医郭宪和前来会诊，结论仍是应当静养。先师闻听有些情绪低落，认为"英名一世，落个瘸子"。

先师病倒的头两天，我们对当时能通知到的弟子都给了信儿。给先师在新疆的儿子也发了电报。先师的儿子一时不能回来，便立即寄来了钱。

很多弟子前来探望，我能记起来的有祁志平、刘纪敏、刘志刚、朱长友、马青柯、孙长立等。轮值的弟子虽有孝心，但不大懂护理，就是做饭也没几个人会。轮到不会做饭的人值班，只能给先师买包子、馄饨。住得离先师家较近的弟子，偶尔会熬些粥、汤之类的送去。先师大小便均要在床上。11月17日当天，我给拿去一个医院用的便盆以解燃眉之急。正值严冬，值班的人还要负责管好煤火炉子。先师的衣服、沾上屎尿的垫布，自然也是要给清理干净。

瘫痪病人的通病是大便干燥。很快，先师便便秘了。我略晓些用药知识，先给先师用了开塞露，垫上数层报纸，放上便盆，但先师依然痛苦，因为稍微搬动一下他的腿、髋，他就疼痛不已。后来便隔三天给他吃半粒麻仁滋脾丸，倒比使用开塞露效果好多了。

不论谁值班，都有许多时间陪先师聊天，或讲古，或请教些技术方面的事。先师的话也比平常多，而且多次表示，病好之后要把没传授给大家的功法教给大家。先师还分赠给徒弟们一些纪念品，例如，先师送给洪志田一件呢子大衣、一枚刻着名字的银戒指、一个铜墨盒留做纪念，送给我不少张老照片和拳谱、器械。先师大概意识到自己时日无多，还与我们讨论与哪位师娘合葬的问题。

不久，先师的儿媳和孙女大暖赶来了，家属们也做了安排，文波和长德从夜间值班的差事中解脱了，此时已经离先师摔倒过去半个月了。我们白天的轮值也轻松些了，不过基本上仍要每天去，因为要替换一下师嫂，她在白塔寺那边还有个家。

髋骨粉碎性骨折的病人最怕得褥疮，但这可怕的事情终于发生了。

先师臀部的疮面先只有铜钱大小，后来有巴掌大，右侧臀部和股部有了两块。我急忙请了一位医生来看，医嘱要做纱布垫圈，把疮面垫高，并要烤电。可家中哪里去找烤电设备？医生便嘱咐涂紫药水以使疮面结痂。我便买了紫药水和药棉给师父拿去，师嫂则做了垫圈把师父的大腿、腰垫起来。先师很坚强，尽管骨伤很疼，褥疮也很疼，他依然很乐观。然而不久，先师开始发烧，由低烧而至高烧。我们以为是患了感冒，除给服用感冒药外也给服用了抗生素，但谁也没有想到这是褥疮造成细菌感染的结果，而细菌感染后定会引发败血症。先师发烧时高时低，烧了近一周，终于引发败血症而不治了。

12月24日下午3时许，我到了先师家，师嫂在，先师精神还好，神智也清醒，还吃了几口师嫂给买的粘糕。我待了一个来小时便回家了。谁知6时便有一位师弟急匆匆赶到我家，说先师已于5时多过世。我忙不迭地赶回先师家。师嫂、师妹、洪志田、史立民都到了，不一会，杨勃也赶了来。先师安静地躺在床上，黑色棉裤棉袄棉鞋均已穿戴整齐，头戴一顶老头乐毡帽，连鬓胡子有半尺多长，遗容安详、威严。

在场诸位忙商量后事。由于当时火葬场灵车不足，便决定由杨勃找个车，自行送到八宝山。杨勃这个关门弟子当即离去去借车。大家又商量第二天火化及通知有关亲属的事。随后，由我倡议，在场六七人举行了简单的遗体告别仪式，留下史立民、洪志田、吴大暖三人守灵，其余人便散去，这已是后半夜了。

25日早晨7时，杨勃开来一辆130卡车，借了副担架，史立民、洪志田，先师的侄子吴国强、孙女大暖等五人一同随车去了八宝山。后来骨灰由先师孙子接回蠡县齐庄老家，安葬在庄北一里多的墓地。

先师生于1898年12月12日，逝于1977年12月24日，享年79岁。

2000年，吴斌楼纪念碑在北京佛山陵园落成，弟子们前往祭奠并拍照留念（左起：张大为、钟海明、洪志田）。

在先师百年诞辰纪念之际，弟子们在佛山陵园为先师立了块纪念碑，在蠡县齐庄墓地也立了块碑，受师兄弟委托，由我撰写了碑文，碑文如下：

先师吴斌楼，别字学海，蠡县齐庄人。幼习武技，兼攻翰墨，师事铁腿魏赞魁公。得拳械秘授，尤精技击，弱冠艺纯，游大江南北，会异能之士，技乃大成。列十老武术家于燕都，胜嘉廷真雄于大阪，续燕青翻子于申城，传戳脚精髓于太谷。其品性耿介，慎默谦和，重武崇文，著作等身，实百年武林一英杰。先师德艺，四海皆闻，求学者众，佼佼者多，后继者潮涌，其技艺永存。

纪念吴斌楼诞辰 120 周年纪念册

纪念吴斌楼老师

武艺精湛、功夫
高深、授课严格、
人材辈出、难忘恩
师。

一九六五年北京市武术比赛翻子拳
第一名获得者 吴彬 题

吴彬九段的题词

肆·继承与弘扬

到底中华武术还有多少家底？流传广泛的拳种还有没有完整系统的内容存在？流传不广的小拳种还有没有传人？还有多少有价值的东西不为人知？……

"拨乱反正"时的几件事

十年"文化大革命"对武术运动的摧残不必讳言。1976年粉碎"四人帮"后，国家进入一个拨乱反正、求安定求团结求发展的时期，各行各业，百废待兴，武术也不例外。结束了十年的禁锢，武术犹如蛰伏一冬的昆虫破土而出，在阳光雨露的滋润下迅猛成长，在拨乱反正的大潮中冲在最前面。各公园相继办起"太极拳辅导站"，如雨后春笋，蓬勃发展，一时间，习练者络绎不绝，形成一道风景。

一、太极拳辅导站掀起习武热

当时，在景山公园寿皇殿（即北京市少年宫）门前、镇山阁外的小广场、南门绮望楼前，北海公园南门外广场、五龙亭北侧，中山公园，天坛公园，地坛公园，月坛公园，东华门紫禁城墙根，西华门紫禁城墙根都有挂着小旗的太极拳辅导站。

这些辅导站的主持者多是"文化大革命"前就练武术的拳师，传授的内容则多是体委颁布的24式太极拳，88式太极拳，32式太极剑。学员多是老弱病残。学员的成分逐渐扩大，不少年轻人也前来问艺。一些学习太极拳多年的学员也开始不满足于只练国家规定套路，寻求学习传统的东西。太极拳辅导站适应学员要求，开始教授各式传统太极拳和除太极拳以外的其他类武术。

北海公园南门的太极拳辅导站负责人是栾光甫，当时他有 50 多岁。栾光甫本身是个重病号，在接受治疗的同时练习太极拳，经过十几年的锻炼，身体居然恢复得不错。他对太极拳情有独钟，对传统武术极为热心，故此担任了站长一职。

在老栾的号召下，一些其他门派的拳师汇集到他这里，如练形意拳的李克仁，练六合螳螂拳的许世田，练梅花桩的隋云江，练陈氏太极的杨文笏，练戳脚翻子的洪志田，练通背拳的祁志平，练意拳和吴式太极拳的张鸿诚等。

当时每天光来辅导站学习太极拳的就有 30 多人，还经常有人来询问教不教别的拳。在这种形势下，大家一商量，不如写个招生广告，看报名者的意愿，哪个拳种报名人数达到 3—5 人，就可以开班。

老栾热心，自制了不少小广告，夜深人静，他骑个自行车，拿着糨糊筒，在北海、景山周围的街道张贴。30 年前那个时候，贴小广告的不多，也不违反法规。

小广告的威力可不小。仅一周左右，前来报名的就有五六十人，几乎每个拳种都有人报名。北海前门广场因来往车辆较多，这么多人聚集，既不宜锻炼，也有碍交通，于是便决定除太极拳外，其他拳种教学一律迁到故宫神武门外广场进行，每周 3 个晚上活动。北海太极拳辅导站的名称已不合适，大家商量不如叫"北海武术社"吧，待上报区体委批准后挂牌。

在 20 世纪 70 年代末，国家对于营业性武术馆社尚无规定，各太极拳辅导站一般是不收费的。现在面对多个拳种的教学，人数众多的学员，如何管理？如何教学？收不收费？收多少费？都无章可循。如果任其自由发展，不外乎两个结果，一个是恢复民间拜师学艺的传统，另一个就是办不下去，散摊子。果不其然，在一年多以后，各种问题接踵而来，各种矛盾也显现出来，一个松散的、实验性的民间武术社举步维艰。

东城武术馆是 1980 年 9 月成立的。这是"文化大革命"后开办的第一家公办武术馆，由区体委领导。武术馆开展各拳种教学，聘用的教练多达 40 余人，包括了许多名家，如练三皇炮捶的袁敬泉，练通臂拳的王侠林，练八卦掌的孙志君，练六合拳的马玉清，练螳螂拳的马汉清，练陈式太极拳的冯志强，练杨式太极拳的崔秀辰，练吴式太极拳的李秉慈等。可谓人才济济。

东城武术馆的性质是学校、训练班，是培训机构，比较正规。教练有报酬，学员交学费，开课定时，教学内容有人管。所以它的成就很大。它的太极拳辅导部培养出 200 多名太极拳辅导员，他们持证上岗，定期培训，年终评比。他们主持着各个太极拳辅导站，据当时统计，学员总数有 20 多万人。东城武术馆还向市体育运动学校，体育师范学校（院）输送了 20 多名学生，向大学输送武术特长生 10 多人，并先后接待 40 多个国家和地区 600 余人前来习武。这可以说是武术界的榜样，是民间武术馆社经营的榜样。

二、单拳种研究会顺势而生

各拳种纷纷成立研究会，是"文化大革命"后武术界的一大创举。研究会，顾名思义，就是研究。研究会是非盈利性的，它的主旨是对某个拳种进行挖掘、整理、继承、发展。这是武术被"文化大革命"禁锢 10 年之后的重要举措。

北京第一个成立的单拳种研究会是八卦掌研究会。依据八卦掌研究会的资料，当时的首倡者是李子鸣先生。李子鸣是河北冀县（今冀州市）人，早年参加革命，在抗日战争和解放战争时期均作出过贡献。他自幼习武，是八卦掌第二代梁振甫的入室弟子，八卦掌第三代传人，并得到张占魁、尚云祥、居庆元等武术名家的传授。

全国第一家单拳种研究会——1982 年 4 月成立的八
卦掌研究会会址

　　李子鸣先生倡导成立研究会的基础，是他有参加革命工作的经历，所以站得高看得远。他看清楚了在"拨乱反正"的时期，不能任武术自生自灭，必须组织起来，加强管理、研究和传习，才能促进中国武术的发展。

　　他率先联络八卦掌众多拳师，迎着多方阻力，克服重重困难，从1980 年到 1982 年，历时两年，主持操办八卦掌祖师董海川墓茔的迁建活动。此举在"文化大革命"刚刚结束的年代，在社会上、在海内外，引起极大轰动，产生了巨大的凝聚力，国内多家报纸、海外华人报纸竞相报道。日本、韩国及中国台湾的认祖归宗碑相继建立。中国的武术宗主地位得到进一步确认。

接着八卦掌众同仁在李子鸣、高子英等诸位领导下共同努力，克服重重阻力，终于获得武术管理部门和民政部门的批准，于 1982 年 5 月 23 日在新街口工人俱乐部举行成立大会，成为全国第一个地方单拳种研究会。当时的北京武协秘书长范宝云说："它的影响是深远的，将对武术的发展起到巨大的震动作用。"

果不其然，各拳种纷纷效法，当年 7 月 4 日，三皇炮捶研究会成立。1983 年 4 月 17 日，形意拳研究会成立。6 月 26 日，陈式太极拳研究会成立。10 月 6 日，孙式太极拳研究会成立。1984 年 6 月 10 日，通臂拳研究会成立。6 月 21 日，意拳研究会成立。11 月 25 日，戳脚翻子研究会成立……陆陆续续光北京成立的单拳种研究会和带有研究会性质的武术馆社已有 50 余个。北京武术运动协会下属的各拳种研究会、单位会员、区县武协等二级组织加在一起已达百个，成为北京规模最大的协会。武协组织的天安门万人太极拳表演、奥体中心近 4 万人太极拳表演创了吉尼斯世界纪录。

李子鸣先生与孙剑云、王侠林等老武术家获邀参加新中国成立后第一次全国武术工作会议，并受到时任总书记赵紫阳同志的接见。李子鸣先生曾任中国武协顾问、北京武协副主席、全日本中国拳法联盟名誉主席。

此后，李老率领研究会成员积极传徒授艺，开设八卦掌辅导站，与海外同仁交流，还无私地向北京武术队、体育院校，以及北大、人大、国防科大、北工大、北航等高等院校传授武术。为抢救八卦掌这一武术瑰宝，不顾高龄，广传弟子，著书立说，重视武术文史的搜集与整理，组织会员参与武术界的各种交流、学习、研讨、表演、观摩、比赛等活动，为单拳种研究会如何运作提供了切实可行的范例。

李老的德与艺，在全国武术界有口皆碑，他获得过中国武术协会颁发的"武术贡献奖"，留下《八卦掌汇宗》《董海川转掌》《梁振蒲八卦掌》《八卦掌怎样使人健康》《八卦掌珍秘录》《李子鸣书画集》等传世之作。1993年李老仙逝后，李老夫人依然不遗余力地支持北京武协的工作。李老亲传弟子有名者甚多，其中武术八段就有好多位，如：马传旭、赵大元、王桐、张全亮、李功成、隋云江、邸国勇等。其女李秀人承接了"德与艺"的薪火，女承父业，扛起传承八卦掌的大旗。李秀人老师文武双全，著作颇丰，主编过《北京八卦掌》，拍摄过《八卦掌健身功法》，尤其是她编写出版的《中华武术三字经》和《李秀人细读〈中华武术三字经〉》是中国武术史上首先以三字经形式介绍武术基础知识的通俗启蒙读物，是弘扬中华优秀传统文化的力作，具有不可估量的影响。

北京市武术运动协会第七届委员会改选后，经过集体研究，决定根据当前的武术运动发展状况，将各单拳种研究会改为单拳种专业委员会，存在近40年的单拳种研究会完成了历史使命。

三、挖掘整理工作史无前例

"文化大革命"后，武术运动的一大成果是在全国开展了一场历时4年的挖掘整理工作，这是史无前例的。武术运动在"文化大革命"中遭到10年的禁锢，有些拳种消失了，有些拳种的内容散佚了，不少老拳师辞世了……到底中华武术还有多少家底？流传广泛的拳种还有没有完整的系统的内容存在？流传不广的小拳种还有没有传人？还有多少有价值的东西不为人知？对武术现状进行一次清查已迫在眉睫。在清查的基础上，对各个拳种门派进行一次梳理，并进行挖掘整理，则成为当时武术运动的领导者、管理者、从业者以及广大民间武师、武术爱好者人人关心的大事。

1982 年，北京市体委、北京市体育总会、北京市武协成立了"传统武术挖掘整理领导小组"，开始轰轰烈烈的挖掘整理工作。1983 年 5 月，国家体委武术挖掘整理领导小组召开有 29 个省、市、自治区、直辖市、火车头体协及 6 所体育院校有关人员参加的全国武术挖掘整理工作会议。全国武术挖掘整理工作全面铺开；工作人员深入民间，调查采访，说服老拳师献技献艺、拍照录像、撰写文章，逐步摸清北京地区流传的拳种流派，挖掘出不少珍贵的古拳经、老拳谱，还有各种各样的长短兵器，奇形怪状的软硬暗器，各地最后汇总出《武术拳械录》，如《北京武术拳械录》。并召开武术挖整成果汇报会。

1986 年 3 月 20 日至 4 月 9 日，国家体委在北京召开第二次全国武术遗产挖掘、整理成果汇报会，并举办挖整成果展览。

3 月 24 日，"全国武术挖整工作成果汇报展览大会"在故宫午门东朝房开幕。北京馆为第十一展厅。3 月 27 日，国家体委、中国武协在小西天中国电影发行公司礼堂举行发奖大会，对在全国武术挖整工作中作出贡献的单位和个人给予表彰。

当时，我们师兄弟尚在青壮年，自然积极参与挖整工作，整理出《二趟戳脚》《头趟燕青翻子》《二趟寸手翻子》《岳氏散手十八式》《五手配五脚》等拳术套路和技击手法，陆续刊登于《中华武术》《武术健身》《武林》《武魂》《搏击》等刊物上。

在挖掘整理工作的带动下，20 世纪 80 年代几乎年年举办全国武术观摩大会，将挖掘整理出来的武术精华展现在全国人民面前，促进了武术的交流。正是在这种场合，我们结识了获得金牌的河北蠡县刘氏一系的戳脚名家崔林生。经过交流，寻找出刘氏戳脚与魏氏戳脚的异同，开阔了眼界，增长了见识，避免了孤陋寡闻和夜郎自大。

在挖掘整理活动中，不能不提的一位老武术家就是曾任辽宁省武协副主席的史春霖同志。德艺双馨的史春霖，生于 1929 年 3 月 31 日，是沈阳郊区葛家屯高楼子村人。他从 10 岁起开始学习武术，经过吉林闫老，沈阳白岐山，河北刘万春等名师指导，学习了少林拳、查拳、花拳、洪拳、炮拳和猕祖拳。从 1956 年起，专攻戳脚、翻子拳，是沈阳戳脚、翻子拳大家于伯谦、胡静环的顶门弟子。

史春霖还有另一个身份：辽宁省政府的副秘书长，是个不大不小的官儿。然而，如果没人介绍，你大概只认为他是个练武术的，因为他太朴实了，不仅外表朴实，为人也极其朴实，以致和他交谈几句话后，就会被他的朴实、实在所感染，大有与之推心置腹的愿望。他的学识、功夫、见解都非常突出。那时已知他是辽宁省政府副秘书长，然而他沉稳温和的作风、朴实无华的品格、逻辑缜密的思维、深厚的文史功底都令我折服。那时我正在研究戳脚、翻子拳的关系、源流，以及各地所传的异同，期望能追本溯源，将这一号称北腿之杰的拳种的发展脉络搞清楚。史春霖对我的计划大为赞赏，并表示大力支持。从此，我与他建立了密切的关系，这是在 1985 年。

那一时期，史春霖经常利用假期自费调研——为了寻求真相，不顾年近花甲，奔波劳碌，四处采访。他说："我为溯本求源，曾于近两年三次去河北饶阳、肃宁、蠡县和高阳县调查了解，走访老拳师二十余人。现在仍感不足。所幸者脉络轮廓已清。""沈阳地区武术名人还算不少，我调查了解多次，但材料尚欠缺，且零散，看不出全貌，核实工作非常吃力。"1987 年，他连续三次给我写信，把他调研的结果寄给我，计有 1 万多字。并画出脉络较清晰的传承世系表。

在他的调研里，我看到的是他的严谨、科学的态度——严肃认真，一丝不苟，实事求是。他在给我的信中说："戳脚、翻子拳的源流、人物，有必要列入。现在出版物中对此人云亦云、以讹传讹者，应予澄清。""省市体育分会出了专辑，张冠李戴，道听途说处不少。"我了解到，史春霖反对在史料的搜集中道听途说，人云亦云，草率下结论。他认为要落实书证、人证、物证。在缺少书证的情况下，对人证就要多方了解，向多人求证，绝不能仅听一人之言，避免出现无事实依据或夸大事实或张冠李戴的现象。

史春霖的努力给了我很大启发：要想弄清一门拳术的来龙去脉，光听几个老农讲故事是不行的，必须要搜集重要的证据，加以去粗取精、去伪存真的工作，筛选出有价值的东西，再加以科学的推理论证，才有下结论的可能性。史春霖绝对是个严肃的拳史研究者。

令人遗憾的是，这个研究还没有结果的时候，噩耗传来，他竟突发疾病，撒手人寰了。而我此时正依据他的提示与启发着手撰写《戳脚翻子源流初探》。由于少了史春霖的帮助，研究遇到了很大的困难，但他生前的提示为我的调研指出明路，打开思路。

史春霖将这些思考都与我进行了交流，等于给我指明一个研究方向。在他故去以后，我试着写完这篇《戳脚翻子源流初探》，印刷数百册征求意见，虽然未听到多少否定意见，但自感据理不足，不敢发表。至今20年过去了，我在学习调研中也有了更为深刻的认识，正着手修改原稿，以期结论更有说服力，好以此慰藉史春霖老哥哥的在天之灵。

在挖整活动中还有一位老武术家贡献不小，他就是北京武协的张凯老师。

张凯是练三皇炮捶拳的，1928年生于北京，1952年开始习武，初从师刘化州习练白猿拳，后从师祖仲惠、崔廷瑞习练三皇炮捶拳和技击散手。张凯的师傅祖仲惠（生于1915年）是三皇炮捶拳的主要传人，造诣很高，擅长水平磨盘气、莲花掌、炮捶拳等。张凯是他的得意弟子，曾在1979年北京市武术比赛中获得长兵、短兵及全能三项冠军。1983年后，张凯多次被评为北京市及全国优秀武术辅导员，武术挖整工作先进个人。他在武术文史的搜集整理方面有着极大的贡献，他发表过 100 多篇武术论文，整理了 100 多万字的武术文史资料，撰写了《炮捶短拳》《三皇炮捶镖局功夫》《北京武术史概况》等专著。1991 年，他在首届国际传统武术交流大会上获优胜奖。1998 年，由人民体育出版社拍摄、出版他的拳术、器械、对练、散打的教学片。

2015 年，为了了解现存的武术文史资料的状况，我们四处搜集、了解，此时，张凯提供了 8 箱资料，这还只是他保存的一少部分，令我目瞪口呆。以个人力量收集到如此丰富的资料并加以整理归类、撰写保存，恐怕全国找不出第二人。正因为他对传统武术的贡献，他被选为北京市武术运动协会三皇炮捶研究会第三、第四、第五、第六届会长。

2021 年 6 月，张凯先生仙逝，享年 93 岁。他的弟子——1960 年出生的李孟然与我成了忘年交。李孟然是河南人，幼时在老家习练大、小红拳和心意六合拳。1980 年，随张凯习练三皇炮捶拳，1982 年正式入门。回河南后，他积极参加河南省市级、省级的武术比赛、散打比赛以及武术表演等社会活动，取得过较好的名次。在河南的这段时间，他又从当地的武术名家那里学习了八卦掌、苌氏武技、摔跤等，进一步提高了武技。后来他调回北京工作，担任某报社领导，还加入北京武协三皇炮捶研究会，并被推选为第七、第八届会长。

三皇炮捶门的朋友庞连福，是三皇炮捶名师张本立的徒弟，得师父真传，较系统地掌握了三皇炮捶门的功法和技法，是该拳种的重要传人之一。他曾获 1984 年北京市职工武术比赛拳术第一名、剑术第四名，北京市武术选拔赛冠军，全国武术观摩交流大会体育竞技优胜奖。2005 年，获北京市传统武术技能大赛拳术第一名。2007 年，又获香港回归 10 周年中华武术功夫大奖赛拳术冠军。他热衷于传统武术的传承与弘扬，为北京武术运动的开展不遗余力，深受同仁爱戴。现任北京武协传统武术委员会主任。

还有张成仁老师，今已80岁了，身体强壮，虎虎有威。他在20世纪50年代练过五花炮拳、弹腿拳，后拜会友镖局名镖师王兰亭的弟子马恩瑞为师，习练宋氏三皇炮捶拳。他擅长炮捶拳、五路英雄刀、春秋大刀、空手夺刀、子母连环拳的短拳和对练……还撰写了数十篇文章，在武术杂志上介绍宋氏三皇炮捶，填补了宋氏三皇炮捶缺少系统文字资料的空白。他历任北京武协三皇炮捶研究会副秘书长、副会长、顾问。为中国武术七段。

加上在《传统武术技击精华》一节提到过的尹树曾老师，我们戳脚翻子门与三皇炮捶门之间的友谊从20世纪20年代算起，至今也100年了。

范先生从美国来

近年，外国人痴迷中华武术已是一道风景，波及各门各派。而在
"文化大革命"结束后的那几年还是稀罕事。如遇到老外练拳，看稀
罕的人会围得里三层外三层。不过武术人那种惺惺惜惺惺、好汉惜好
汉的豪情使中外武术人的交流密切起来，在民间更是形成一种潮流，
来势汹汹。

一、金秋结新朋

1984 年 10 月的一天晚上，月朗星稀，金风阵阵。一位金发碧眼
的外国人来到北海公园前门北京北海武术社的训练场地。这个人身高
足有 1.9 米，体重不会少于 100 公斤。他身体素质极好，尽管气温已
下降，但他那宽阔厚实的胸背上仅罩着一件薄薄的棉毛衫。

他长久地站在那里观看，像个行家似的端详着练习脆八番、梅花
桩、八极拳、大成拳、六合螳螂拳、戳脚翻子的学员们。渐渐地他的
目光停留在一群练习形意拳的人身上，他将步子移了过去，目不转睛
地盯着。

教形意拳的教练叫李克仁，是著名拳师骆兴武、沈福祥的亲传弟子。

1983 年被北海武术社聘来任教，成绩斐然。他指导完学生，刚走出场外，那位外国先生便微笑着迎上前来，说："你练的是传统形意拳，练得非常好。"在场者闻言都大吃一惊：没想到这位外国人居然说得一口漂亮的中国话，而且是地道的京腔，更没想到他居然懂得中国武术，还能说出些门道。就在李克仁尚在惊诧之际，他坦率地做了自我介绍："我叫范积善，是美国人，从美国科罗拉多州丹佛市来。我非常喜欢中国武术，特别是喜欢内家拳。可不可以和你交流一下？"李克仁明白了他的来意，也体会到他的真诚，忙伸过手去，说道："欢迎欢迎，我们互相学习。"中美两国武术爱好者的手紧紧握在了一起。

范积善（英文名字叫弗兰特·布赖斯），36 岁，是心理学专业的大学毕业生，从事推拿按摩职业。他喜欢中国的古老哲学，喜欢传统中国医学，喜欢中国武术。他在行医之余，开办了一家中国武术馆，传授太极拳。

拳师间的话题自然离不开拳术。范积善告诉李克仁，他从小喜欢运动，曾学过空手道和拳击，还学过咏春拳和白鹤拳，对中国武术有着浓厚兴趣。为了学习中国武术，他苦学了中国话，多次来中国，也曾到香港、台湾寻访名师。他学过少林拳、八卦掌、形意拳和太极拳。算起来，他光练内家拳就已有 18 个年头。1981 年，他还曾专程到北京体育大学进修了三个月。从那次算起，他已三次来北京学习。

范积善自练了太极拳之后，便入了迷。他先后学会了杨式和吴式两派太极拳，并且精于推手。他的老师是武术界名流。教他杨式太极拳的香港老师杨孝忠（音译），是杨式太极定型人杨澄甫的儿子；教他吴式太极拳的老师林杜英（音译）是厦门名拳师。

酒逢知己千杯少，拳遇行家盘桓多。范积善与李克仁越谈越投机，二人即兴便推起手来，进行切磋探讨。这位美国拳师着实不可小觑，体力功力都超过常人。李克仁一米八几的大个子，180 余斤的体重，

20多年的功码，想将范积善推出去也需费些周折。范积善也真算得上行家里手，问劲听劲，便直言道出："你这不是太极劲。"

友好的较量更增进了友谊。一连几个星期，每逢北海武术社活动之际，范积善必到场观看，并与李克仁谈论拳法，从太极劲论到八卦、形意的劲力。他又将咏春拳、白鹤拳的发劲方法向李克仁做了介绍。二人都感到大有裨益。

天气渐寒了。范先生前来辞行。他对李克仁说："你是我这次来中国交的新朋友，给我很大帮助。我不虚此行。天气冷了，我要回美国去了。明年春天我将再来。明春再见。"

二、仲春访故知

北京的春天，固不同于江南景色，然阳光和煦，春风暖人，杨柳吐绿，玉兰绽蕊，却也充满勃勃生机。

经过一个严寒的冬天，北海武术社又迎来一个新的锻炼高潮。4月2日晚上8时许，北海公园前门广场上，学员们举枪、抢刀、踢腿、下腰练得正欢，社长栾光甫同各位教练聚在一旁，与前来拜访的沈阳市武协主席史春霖攀谈。忽然从马路对面跑过一个人来，他边跑边扬着手召唤。路灯金黄的光映出了他的身躯、脸庞，有人认出来了："范积善！说春天来，他真来了。"他正是言而有信、准时赴约的范积善。他仍是去年辞行时的装束，仍背着那个绿色双肩包。他伸出那双大手，热情地握着每个人的手。旧友新朋都连连问候他："你好！你好！"他兴奋得竟有些语无伦次，频频回答："我好！我好！"逗得众人忍俊不禁。

他又回来了。他没有别的任务，仍是学习。他要学武术，还要学中医，他表示还要会会气功师。他说："气功究竟怎样治病，能治什么病，我想亲眼看一看。我是练内家拳的，我想研究研究内家拳与气功的关系。"他真称得上武术迷了。

看到重返京华的范积善,各位教练也十分高兴。为了让他开阔眼界,纷纷派弟子演练了本门技艺。大家也想看看范积善的功夫,希望他能练趟拳,亮亮相。范积善不负众望,站到场中,认认真真地练了10分钟吴式太极拳,然后便虚心地请大家提意见。他的演练是无懈可击的,一举手一投足都恰到好处,真是松也松得下,静也静得来。不像有些外国人练中国拳,把中国拳都练出了洋味。范积善是悟到了中国武术的玄机。

范积善热爱中国,凡有损于中国人民感情的事情他绝不干。他曾在台湾学过拳,这段经历他却很不愿意讲。当人问起这些的时候,他诚恳地说:"台湾问题是中国的内政,我不愿意由于我讲话不慎伤了中国朋友的心。我衷心希望中国能尽早解决这一问题。"他还说:"武术没有国界,它好像一座桥梁,能沟通中美两国文化,能够增进我们两国人民的友谊。"

范先生说得好,也做得好。他4年之中三访中国就是实证。他到过中国许多地方,目标只有一个,拜访拳师。他喜欢逛公园,尤其是在清晨,因为那里有许多练拳的人,可以看到许多他从未见过的流派,未曾领略过的练法,甚至闻所未闻的奇功。他向朋友提出,希望拜访一些太极拳家,特别是擅长推手的拳师,好向他们请教。他还打算多待几个月,观摩完几次全国性武术比赛再走。

他真是一个谦虚好学的人。当我表示将写篇文章介绍他时,他连连摇头,一再谢绝。他说:"我是小小的。我只是热爱中国武术,愿意把中国武术介绍到美国去。这不值得宣扬。"当我表示宣传会有益于中美两国人民的友好交往时,他才勉强同意,并一再强调:"我是个学生,是来学习的。如果说我能较好地演练中国武术,能够较准确地把中国武术传授给美国人民,那要归功于教我的中国师傅和帮助我的中国朋友。"

三、夜语惊四座

街灯犹如天上的繁星，明月又似一盏柔和的吊灯，广场雪亮如银。几位教练和范先生在饶有兴趣地探讨中华武术能不能在欧美很快普及。

"在欧美人中间普及中国武术将是一件很难的事。"范积善说，"因为中国武术很复杂。掌握中国武术，往往要用三五年甚至更长的时间，这对大多数欧美人来说是不能接受的。他们学习三个月就会认为很长了。"

中国武术复杂繁多，不利于向世界普及。大家对此也有同感。但是，对欧美人不肯花费较长时间学武术的观点却不能苟同。

范积善解释道："东方文化历史悠久，东方民族在前进中常常会回顾历史，从中找出经验教训，这就使人们富有耐心地去研究传统文化，继承传统文化。而美国历史很短，美国人着眼于未来，生活节奏比东方人要快，所以让他们花费漫长的岁月去继承古老的东方文化传统，是不可能的。"

这可是一番极其独特的见解。姑且不管对与不对，仅只提出东西方文化传统不同是中国武术在西方普及困难的原因这一点，就切实引起了教练们的深思。

范积善望着大家思考的神情，便又补充道："生活习惯不同也是个原因。中国饮食能增加身体的灵活性，但身体力量性较差。欧美饮食注重让身体强壮，但身体缺少灵活性。美国人从小就很少做弯腰、下蹲的动作，就如上厕所吧……"大家会意地笑了，心里却说："这难道是学武术的优越性？"范积善继续说下去："美国人学中国武术最容易受伤，特别是在膝、腰等部位。中国运动员受伤有推拿、按摩、针灸、气功、草药等许多治疗方法，西方则只能靠镇痛、手术解除痛苦。在中国，学习少林拳的多是 10 岁到 18 岁的青少年，身体的柔韧性正好。学习太极拳的则多是40岁以上的中老年。而在美国，很少有青少年和中老年人学习中国武术。学中国武术的人多是20岁至40岁的人，他们学习少林拳已过晚，学太极，他们又往往静不下心来。"

范先生一番宏论，使在场者耳目一新。大家询问他的武馆教了多少学生。他说："日本的空手道、韩国的跆拳道动作简单，学习时间短，收效快，学的人多。向我学过空手道的有4000多人。"这真是个天文数字！我国拳师教一辈子拳恐怕也传不了500个弟子。这不能不使武术工作者探究空手道能取得普及优势的原因。大家迫不及待地问起向他学习太极拳的学生有多少。他说："如果把前来学上几天和学上几个动作的人都算上，也有1000多人。但是坚持下来的人太少，学过三个月的也就100多人。""你没有教八卦和形意吗？"人们问。他摇摇头："形意、八卦表面形式过于枯燥，很难引起富有好奇心的美国人的学习兴趣。"

大家想听听范积善有什么高见。范积善说："中国武术要想在世界普及，首先是选出精华，突出简便、易学、有趣、有实效的特点。其次是拍摄高质量的武术影视片进行宣传。最后是选派善于结合西方文化传统、风俗习惯，因人施教的好老师。"

这是一个热爱中国武术的美国人的观点和建议，他使在场的拳师们深深感到：要使中华武术走向世界，还有许多实际工作要做。

夜阑人静，大家握着范积善的手，感谢他坦率的发言。他屡次访华寻师觅友，而他自己也是一位当之无愧的老师和朋友。

与范积善先生有30多年未见面了，不知其近况如何，算来也是近70岁的人了。这30多年间，中国武术在世界蓬勃发展，早已非当年拨乱反正时可比了。外国人学武术也不是什么新鲜事了。到少林寺求学的外国人趋之若鹜，到民间寻觅高人问艺的事遍地开花。就我所知，光北京，绵掌翻子名家乔秀川，形意名家邸国勇，八卦名家高继武、王桐，八极拳名家王世泉，少林五行八法名家秦庆丰，六合拳名家曹凤岐，太极拳名家高壮飞、张勇涛，大成拳名家李全友、刘涛、崔瑞彬、姚承光、姚承荣、和振威、张铁良、张礼义，戳脚翻子名家孙长立、门惠丰、王鹤龄等都教了不少外国学生。

波兰企业家马雷克，波兰武术家、欧洲武术联合会负责人之一皮特·奥苏赫，保加利亚学者西蒙，俄罗斯商人鲍里斯等拜在我的师弟洪志田门下。马雷克和皮特在波兰教了不少学生，在华沙和克拉科夫两个城市还多次举办培训班，定期请洪志田前往指导。西蒙定居日本，在那里传授戳脚。鲍里斯进步很快，来往中俄，促进戳脚翻子的传播。戳脚翻子拳技在欧洲已经有了分支。

民间交往频繁不断。李小龙的早期弟子、美籍华人李凯先生，英国截拳道联合会负责人汤米先生，美国阿里拳王职业拳击队体能教练陆天龙先生等造访北京时，我都应邀参与会见。正如范积善先生所说，武术没有国界，武术源于中国，属于世界，它像一座桥梁，沟通起东西方的文化，增进了各国人民之间的友谊。

本世纪初，英国截拳道联合会负责人汤米来华访问交流，与会者合影（左起：1钟海明，3《武魂》杂志常务副主编常学刚，4张大为，6洪志田，7汤米，9中国武协秘书长、国家武术研究院研究员、秘书长康戈武，10截拳道教练史旭光）。

太极音乐二三事

在晨练的人群中，凡是集体学练太极拳的，几乎都有音乐伴奏。尤其是 24 式简化太极拳，它的伴奏音乐极为普及，不仅几十年流行不衰，而且在各种大型运动会的太极拳团体表演中使用，影响巨大。可是，有谁知道作者是谁？这些伴奏音乐又是怎么诞生的呢？

一、武术、音乐相结合

武术与音乐，似是风马牛不相及，然而武术的健身之功与音乐的疗疾之能又似乎道理同源。音乐与人的心理状态、生理现象有着密切的关系。2000 多年前的中医经典《黄帝内经》就提出过"五音疗疾"的理论。《黄帝内经》记载道：

> 肝属木，在音为角，在志为怒；
> 心属火，在音为徵，在志为喜；
> 脾属土，在音为宫，在志为思；
> 肺属金，在音为商，在志为忧；
> 肾属水，在音为羽，在志为恐。

《灵枢·邪客》则更明确地写道：

　　脾应宫，其声漫而缓，

　　肺应商，其声促以清，

　　肝应角，其声呼以长，

　　心应徵，其声雄以明，

　　肾应羽，其声沉以细。

　　宫商角徵羽五音相当于现代音乐中的 1（哆）2（来）3（米）5（索）6（拉），是中国古代音律中的五个音级，缺少 4（发）和 7（西）。

　　按照古代中医的理论，音乐可以感染、调理人的情绪，进而影响人的身体。人在聆听音乐时，曲调、情志、脏气共鸣互动，从而起到动荡血脉的作用，使人神足气旺、积极活跃、充满生机。中国音乐追求清、净、淡、远的意境，与中医提倡顺其自然、恬淡虚无的原则如出一辙。因此，古代人有"百病生于气，止于音"的说法，认为五音可以调节五脏，运用五音配五脏的五行原理，使其相生相克相制约，五音搭配组合，适当突出某一种音调，即可调和身体，有益健康。

　　虽然音乐有益健康的理论已有 2000 多年，但将音乐与武术结合在一起，却是始于简化太极拳的创编与普及。

　　1956 年，国家体委运动司武术科为了落实毛主席"发展体育运动，增强人民体质"的指示，为了更好地普及太极拳运动，组织了一些太极拳家整理创编了一套简化太极拳。其架势以民间流传最广的杨（澄甫）式大架为基础，从原来 34 个不同的姿势中采用 20 个姿势，删去繁难和重复的动作，简化成只有 24 个动作的太极拳套路，接着又编了一套 32 个动作的简化太极剑，为太极拳、太极剑的普及创造了条件。

　　由于这两套普及套路易学、易练、易记，很快就得到广大人民群众的认可，习练者不断增多。然而很多习练者在团体练习中会出现有快有慢、动作不齐的现象。如何解决这一问题呢？有人提出给它配上音乐，哪个动作在哪段旋律节拍中出现就有了规范，团体动作也便整齐划一了。果然，当简化太极拳音乐和 32 式太极剑音乐问世后，不仅解决了团体演练整齐划一的问题，还由于音乐的意境紧密配合了太极拳的内涵，使习练者身心俱得到锻炼。练拳的人发现在旋律优雅的音乐伴奏下练太极拳，动作与音乐交融，修身养性，有绝佳的效果。

于是，团体演练简化太极拳成了全国各类大型运动会开幕式上的表演项目，乃至发展到打破吉尼斯世界纪录的超大规模的 34000 人齐练简化太极拳的盛况。这其中简化太极拳音乐功不可没。

二、李伟才、叶伟首开先河

尽管 24 式太极拳音乐问世已 40 多年，可是它的作曲者却很少有人提及。在那个不重视著作权保护的年代，很多人以为它属于"集体创作"。

1990 年，我在开明文教音像出版社任编辑部主任，策划一个太极拳伴奏音乐的选题，设计了为 24 式太极拳、32 式太极剑、42 式太极拳、48 式太极拳以及杨、陈、吴、孙各式太极拳竞赛套路配乐的方案。由于 24 式简化太极拳和 32 式太极剑的伴奏音乐当时已经流传了十多年，已经为广大太极拳习练者所认可，不宜更改，于是我决定寻找作曲者和曲谱，组织乐队进行录制。遗憾的是，问遍当时武术界的相关人士以及音乐界相关人士，竟无人能提供准确线索。万般无奈之下，只好请新影制片厂作曲家张福全先生扒带子，就是听着录音把曲谱和配器记录下来。同时在业界继续寻找曲作者。难为了张福全先生，把这两首民族管弦乐演奏的曲子完完整整地扒了下来，与原配器丝毫不差。

就在一边准备录制，一边进行宣传的时候，一位四十来岁、方头大脸、体形魁梧的先生找上门来，自称是 24 式简化太极拳音乐的作曲者，这让作为责任编辑的我又惊又喜。惊的是作者亲自登门必有所为，喜的是见到作者"得来全不费工夫"。

这位先生就是叶伟。为了证明自己的身份，他拿出一盘当年录制的开盘录音带。从叶伟先生的嘴里我才知道，作曲者还有一位，是李伟才。

提起李伟才，或许很多人不知道他，但如果提起《永不消失的电波》《冲破黎明前的黑暗》《战上海》《秘密图纸》《回民支队》《奇袭》，以及"文化大革命"后的《猎字 99 号》《归心似箭》等经典电影，大概就无人不知无人不晓了。须知，这些电影的作曲者就是李伟才。尤其是那首格调清新、旋律流畅、情感真挚的插曲《雁南飞》更是广为大众传唱，是 KTV 的热门歌曲。李伟才是从 1952 年起一直在八一电影制片厂担任音乐创作的著名作曲家。

叶伟先生介绍，他和李伟才先生是受北京市体委的委托、为了准备在 1979 年第四届全运会上表演简化太极拳而创作乐曲的，当时称作太极拳操音乐和太极剑操音乐。创作中二人有所侧重，李伟才重在简化太极拳的音乐创作，叶伟重在简化太极剑的音乐创作。至于二位是如何搭配到一起的，叶伟先生没有细谈。至此，总算找到了源头。

叶伟先生颇具版权意识，他明确提出了著作权使用和署名问题，这也是出版社急于解决的问题，双方的协商极为友好融洽。为了表示对李伟才、叶伟二位的尊敬，我们支付了 5 倍于音乐著作权保护协会制定的付费标准的版权使用费，由叶伟先生代为领取。叶先生则把他拿来的那个开盘带留了下来。

这盘带子是当初他们的录音母带的复制品，外盒上注明"复制品"，"第一面太极拳操，5 分 31 秒"，"第二面太极剑操（两遍）6 分 18 秒"，

"78.2 出版"等字样。这说明这套音乐是在 1978 年 2 月之前创作并录制完成的。

依据叶伟先生的建议，在正式出版物上，《24 式简化太极拳音乐》，署名为：李伟才、叶伟；《32 式简化太极剑音乐》署名为：叶伟、李伟才。

至此，这两段音乐的作曲者才算真相大白。

三、张福全呕心沥血

在我负责的"太极音乐"选题中，24 式太极拳和 32 式太极剑的音乐决定使用李伟才、叶伟二位的作品，其他套路的伴奏音乐就全部由张福全先生创作了。

选中张福全先生是因为他有着高深的艺术修养和音乐造诣。他1960 年考上中央音乐学院民族音乐作曲系，1964 年转入中国音乐学院深造，毕业后分配在中央新闻电影制片厂任作曲。他对民族管弦乐、佛教音乐、原始宗教音乐都有着极深的研究。他的作品有《故宫音乐》《胡笳十八拍》《二胡与乐队·霸王别姬》等民族作品，有《风潮—听茶系列》音乐专辑，有原始神秘色彩的音乐精品《萨满》，有佛教音乐专辑《禅说》，还有《第 32 届世界乒乓球锦标赛》《再次征服珠穆朗玛峰》《古城扬州》《结婚现场会》等纪录片的音乐。

张福全先生接到任务后，很快就进入了创作状态。他要先熟悉要配乐的太极拳套路的节奏、长度、风格特点，然后依据不同特点进行创作。特别是 42 式太极拳，这套拳由于明显增加了陈、杨、吴、孙各式拳路的风格，因此对音乐的要求也增加了难度。

经过几个月的努力，张福全先生创作出了 9 段太极拳音乐，包括太极玄音、42 式太极拳、42 式太极剑、48 式太极拳、杨式太极拳竞赛套路、陈式太极拳竞赛套路、吴式太极拳竞赛套路、孙式太极拳竞赛套路的音乐，并重新创作了一首 32 式太极剑音乐。

《太极玄音》这段音乐是依据"易有太极，是生两仪，两仪生四象，四象生八卦"这一"太极是派生万物的本源"的哲理，创作出空幻、幽远、宁静、玄妙的旋律。聆听此乐，会被导入大自然的境界中。这段音乐是为练太极拳的人做准备活动、站桩、入静时使用的，有很好的效果。

《42 式太极拳音乐》，配合上该套路的有舒展有紧凑、有慢有快、有柔有刚、生动活泼的技术特征，很好地体现了它的独特风格。

《杨式太极拳竞赛套路音乐》，舒缓典雅，表现出舒展大方、速度均匀的特点。

《陈式太极拳竞赛套路音乐》，节奏鲜明、极具动感，很好地配合了刚柔相济、快慢相间、抖发蹿跳、蓄发变换的风格。

《吴式太极拳竞赛套路音乐》，节奏紧凑、旋律优美，正好迎合了吴式太极拳以细腻、柔化见长的特征。

《孙式太极拳竞赛套路音乐》，收放有致、轻盈雅致，表现出其架高步活、轻灵活跃的风格。

还有《48 式太极拳音乐》和《42 式太极剑音乐》，它们都将音乐与太极动作有机地结合在一起，创造出一种拳乐合一的境界。张福全先生创作的《32 式太极剑音乐》与叶、李二位先生创作的《32 式太极剑音乐》具有异曲同工之妙。

如果说李伟才、叶伟二位先生为太极拳音乐开了先河，奠定了基础，那么张福全先生就可以说是为太极拳音乐筑起了高楼大厦。

四、门惠丰、阚桂香策划始终

前边提到的都是作曲家，在整套音乐的创作过程中，还有武术家的介入呢！

北京体育大学武术系教授门惠丰、阚桂香夫妇自始至终参与了这套音乐的创作。这二位都是从事一辈子武术教学的武术家。门惠丰和我同向吴斌楼老师学过艺，后来他又博采众长，尤其对太极拳有了更深的造诣。阚桂香是陈式太极拳专家，是陈式名家田秀臣的弟子，后又对其他流派的太极拳进行过深入的研究。他们二人参与过 42 式太极拳的编创。尤其是 21 世纪初，他们将毕生的太极绝学与东岳泰山的挺拔山势融为一体，创造出表现中国人的浩然正气、体现"天人合一"哲理的东岳太极拳，并迅速向全世界太极拳爱好者推广。

我找到门、阚二位，提及太极音乐创意，他们高兴地应允参与到这套音乐的创作中。

他们提供了各式太极拳演练的录像带，为作曲家提供长度、结构、节奏、风格的依据。还多次带着学生宗维洁与作曲家见面，实地演练，检验曲子是否与动作相合。他们从太极拳家的角度对音乐创作提出了不少宝贵的意见。

太极音乐之所以创作成功，得益于他们二位从太极拳的内涵、外形、意、气、理各方面给予了极大的帮助。

五、录制精益求精

为了使这套音乐达到精品要求，决定除了录制张福全先生创作的 9 首曲子外，还要重新录制李伟才、叶伟创作的"24 式太极拳""32 式太极剑"音乐，以求演奏风格统一。

录音棚选定东直门外的中国艺术研究院音乐研究所录音棚，录音师是郝建明。这录音师，可是有讲究的。录音师多有侧重，有的擅长录民乐，有的擅长录交响乐，有的擅长录流行歌曲，有的擅长录戏曲……

这郝建明是一位全才，我刚请他录制完中央乐团演奏的世界著名进行曲，这次他又毫不犹豫地接下录制民族音乐的活儿。

乐队规模庞大，是个规整的民族管弦乐队建制，成员多为电影乐团、中央民族管弦乐团的高手。二胡名家孙奉中、三弦大王演道远、琵琶高手吴玉霞等都参与了进来。

录制工作非常辛苦，第一天9点进棚，22点收工；第二天10点进棚，23点收工；第三天缩混，缩完已是第四天凌晨3点。

小样做出来，又马上送给门惠丰、阚桂香率学生检验。等到他们的意见反馈回来以后，又对48式太极拳音乐的长度、杨式太极拳竞赛套路音乐的前奏以及张福全先生的32式太极剑音乐的部分节奏进行了修改。

这套音乐的诞生不亚于一场战斗。

六、各界的重视出乎意料

《太极音乐》的策划录制，不过是一家出版社的日常出版业务，没什么特殊的地方。然而，这个选题一经确定，首先得到了开明文教音像出版社的主管上级民进中央的重视。民进中央副主席、全国政协常委葛志成同志多次过问，并亲自邀请体委副主任徐才同志到民进中央机关参加《太极音乐》创作工作的筹备会议。在音乐创作和音乐录制过程中，多次听取出版社的工作汇报。

太极音乐的录制工作全部结束后，葛老又建议召开审定会议，请音乐家、武术家共同对《太极音乐》进行审定。

于是，我向当时在中国武术院任职的吴彬求援，吴彬老师向领导请示后，决定以中国武术协会、中国武术院和开明文教音像出版社三家名义召开《太极音乐》审定会。时间是1991年9月25日，地点在奥体中心中国武术院大会议厅。

1991年9月25日在奥体中心中国武术院会议厅召开太极音乐审定会，部分与会者合影（前排左起：1 张山、2 赵沨、3 葛志成、4 徐才、5 张文广、7 冯志强、8 阚桂香，2 排左起：1 刘英林、3 张大为、4 夏柏华、5 吴彬、6 张福全、7 姜福林）。

与会者有武术界的老领导徐才同志，民进中央副主席葛志成同志，北京体育大学教授、著名武术家张文广同志，著名太极拳家冯志强同志，中国武术院的张山、吴彬、夏柏华、于鲁人同志，参与创作的门惠丰、阚桂香同志。

与会者还有音乐界著名的音乐理论家、音乐教育家、中央音乐学院院长、中国音乐家协会副主席赵沨同志，作曲家张福全、卢世林同志，中国音乐学院教授安如励同志，开明文教音像出版社社长姜福麟同志、发行部主任刘英林同志，北京卓越音像出版社社长钟海明同志以及媒体的记者们。《太极音乐》创作团队的全体成员也参加了会议。

审定者观看了各类太极拳的配乐演练，体会了太极音乐创造的空灵意境，听取了张福全先生的创作思路，最后给予一致肯定，认为"这是武术与音乐的有机结合，是武术的发展，也是音乐的突破"，

"在没有新的太极拳音乐诞生之前，这套音乐是正式场合可以使用的音乐"。

七、作品衍生发展

太极音乐诞生后，一时占领了全国音像市场，凡是有练太极拳的地方，就有太极音乐的旋律飘扬。

然而，反馈回来的信息表明，一些初学乍练的人们需要带口令的音乐，因为它更能帮助习练者记忆。在中国武术院罗卫民先生的帮助下，重新请运动员边配乐演练边报出动作名称，反反复复地演练、记录、录音，终于达到可以准确地在恰当的旋律处报出口令的程度。

于是，我们又到北京市电教馆录音棚，请该馆女播音员李红军先行录下口令，又请录音师陈坚一点一点合成，这一版按照顾客需求制作的音乐成了新版本——"带口令的太极音乐"。自此两版《太极音乐》同时发行于世。

后来的事情就不必再说，盗版带出现了；打着《太极音乐》名义，用"春江花月夜""渔舟唱晚"等民族乐曲代替的出现了；自然，带口令的版本也出现不少。侵犯李、叶、张三位著作权的带子、光盘也出现了。本人已离开开明音像出版社多年，对此侵权行为尽管感到十分愤怒，但已无能为力了。如今，新创作的太极拳伴奏音乐频频出现，或许会有个新局面。

《太极大观》教学片拍摄启示

为武术家拍摄武术专题片和教学片，是一件一举两得的事。既可以为宣传普及武术做些实际有效的工作，又使自己交了朋友，增长了见识。当年我组织拍摄《太极拳大观》就收到了这样的效果。

太极拳是中国武术里普及最广的拳种，全国的习练者怕不得有上千万人？当然其中的大多数是老弱病号，练拳是为了强身健体，而不是想去做个武术家，他们也多只满足于24式、42式、48式、88式等经过体委组织专家编创推广的套路。然而，很多习练者在入门之后，渐渐入迷，便不再满足现状，而是追求太极拳深奥的内容了。他们开始寻找真正的太极拳家，奔着陈、杨、吴、武、孙、李等所练的传统拳法而去。

我对太极拳是个门外汉。虽然也向雷慕尼老师学过陈式一二路炮捶，向栾光甫请教过杨氏太极十三势，并跟随先师吴斌楼学习过吴式小架太极，但均未潜心用功，而是浅尝辄止。如今除杨式拳外，别的只记得几个单式子了。

21世纪初的那几年，广东一家音像公司找到我，请我帮助他们拍摄太极拳陈、杨、吴、武、孙五大流派的片子。而我也正想借此结交各派太极拳家，了解各派太极拳的知识，便欣然同意了。

由于经费有限，对于主讲老师人选决定限制在北京，因为北京是全国文化中心，武术人才荟萃，方便得很，同时也免去了旅行住宿的费用。

　　2003年，部分参与《太极大观》拍摄的武术家（上左杨澄甫式太极拳名家张勇涛，上右八卦掌名家高继武；中左吴式太极拳、梁式八卦掌名家张全亮，中右武派太极拳名家吴文瀚；下左杨健侯式太极拳名家王殿祯，下右吴式太极拳名家高壮飞）

为了使主讲人的资质具有权威性，具体邀请哪一位来拍摄，我专门请教了北京武协，并请武协作为监制单位，以求保证节目质量。

经过反复讨论，并结合市场太极拳光盘的情况，对于已经出版过光盘的拳家就不考虑了。这样，我们选定了杨健侯式太极拳家王殿祯，杨澄甫式太极拳家张勇涛，吴式太极拳家高壮飞、张全亮、陈玮，孙式太极拳家孙永田。唯独陈式太极拳的人选定不下来。当时陈小旺、陈正雷、冯志强的光盘早已问世，影响很大，并取得不错的销售业绩。再拍他们恐难以超过他们现有的作品，并且有恶意竞争的嫌疑。经与市武协商量，告诉音像公司，北京的李式（李瑞东）太极也是一大流派，何不由李式代替陈式，也算五大流派，同时弥补市场缺少李氏太极拳教学光盘的不足。音像公司同意了。在武协的推荐下，确定由李式太极拳第三代传人、高瑞周亲传弟子、时任北京武协学术委员会副主任的周世勤先生主讲李式太极拳。

一、两种"杨式"各显千秋

王殿祯教授的杨健侯式太极十三势，可以说是接近原始形态的太极拳。杨健侯（1839—1917）是杨式太极拳创始人杨露禅（1799—1872）之子，他与其兄杨班侯（1837—1892）继承家学，又加以发展。杨班侯所练架子偏小，故称"杨式小架子"。杨健侯所练架子适中，时称"杨式中架子"。杨健侯传人颇多，其中有一人名赫寿岩。赫寿岩（1877—1975），满族人。其父赫德宝曾在皇宫当差，是制造弓箭的工匠。赫寿岩自幼随父习练弓刀石马步箭，中光绪年末科武举人。如今我们请到的王殿祯即是赫寿岩的亲传弟子，并且是他的义子。

王殿祯生于 1937 年，向赫寿岩学艺是在 1950—1975 年。此前

1945—1948年，他在北平国术馆启蒙学习少林拳械。他追随赫寿岩20多年，得其真传衣钵。

杨健侯所传"杨式中架子"在套路结构和演练方法上有独特之处。

这套太极拳的基础称作"太极十三丹"，乃是用十三种动物的形态演练十三个动作，并配合挪、将、挤、按、采、挒、肘、靠、（前）进、（后）退、（左）顾、（右）盼、中定十三种招法练习。如狮形"花圈手"、猴形"单鞭式"、蟾形"揽雀尾"、鹤形"白鹤亮翅"、熊形"倒撵猴"、凤形"斜飞式"、蛇形"上上势"、猫形"撤身捶"、鹊形"穿手下势"、虎形"打虎势"、马形"野马分鬃"、鸡形"金鸡独立"、龙形"整云手"。

这套拳外练其形，内练其意，运劲如抽丝，迈步似猫行，在灵活圆润的架子中包含着精妙的擒拿和技击方法，保留了杨式太极拳古老的风格和传统。而在演练之中，也不似时下流行练法的连绵不断，而是每个动作都要做到完整到位，才衔接下一个动作。

王殿祯传授了"太极十三丹""太极十三势""太极十三枪""太极十三剑"。这一套的价值就在于让我们领略到接近原始杨式太极拳的风格形态，极为难得。

然而，武术界盛传的杨式太极拳，既不是杨露禅的杨式老架，也不是杨班侯传下的杨式小架子，还不是杨健侯传下的杨式中架子，而是杨健侯之子杨澄甫定型后传出的杨式大架。

杨澄甫（1883—1936），又名杨兆清。他幼承家学，又不断地研究改进，最后定型为杨式大架。杨式大架中正圆满，姿势舒展大方，气势恢宏大度，浑厚凝重，简洁连贯，动作柔中寓刚，刚柔相济，速度均匀缓慢，连绵不断，在练法上由"松"入手。

杨澄甫早期教拳于北平体育研习社。1928年，他携门人武汇川、董云培南下，巡回授拳于南京、上海、杭州、广州、汉口等地。曾任旧中国国术国考的评判委员、浙江国术馆教务长等职。所传名徒极多，如武汇川、董云培、李雅轩、崔毅士、傅钟文等。其子杨振基、杨振铭、杨振铎等也颇得家学。

我们请的张勇涛先生是崔毅士的外孙，家传的杨式太极。

崔毅士（1890—1970），河北任县人。1928—1936年追随杨澄甫学拳于北京、南京、广州等地。1936—1949年，又先后在南京、武汉、西安、兰州、安徽等地教拳。1950年后定居北京，先在中山公园设场，1958年成立"北京永年太极拳社"，任社长。其女崔秀辰（1918—1992），也是太极名家，曾获1957年北京武术选拔赛太极拳第一名，1979—1981年度北京老年人长征运动会太极拳第一名。曾任北京杨式太极拳研究会首任会长。张勇涛在其外祖父和母亲的培育下，太极功力过人；其表兄弟、崔毅士嫡孙崔仲三也是太极名家。

张勇涛详细介绍了杨式大架太极拳和太极剑。与王殿祯所教两相比较，杨式太极的发展脉络可以说鲜明地摆在了读者的面前。

二、吴式太极巧妙非凡

吴式太极是从杨式太极化生出来的，是在杨式小架的基础上修订的。创始人为全佑（1834—1902），满族，老姓吴福氏。

全佑是杨露禅的弟子，后又随从杨露禅之子杨班侯深造，兼得杨氏父子之长。全佑将两种拳势融合拓展，创出柔化为主、紧凑适中的新架，被后人称为吴式太极拳。全佑的传人主要有其子吴鉴泉（1870—1942）和高徒土茂斋（1862—1940）。后来吴鉴泉南下，成为将吴式太极拳传播到南方和海外的第一人。他的主要弟子有徐致一、金寿峰、金云峰及其子女吴公仪、吴公藻、吴英华，婿马岳梁等。王茂斋则坚守北京教拳，成为北京吴式拳的鼻祖。其传人有彭仁轩、赵铁庵、杨禹廷、刘光斗、修丕勋、王历生等。吴式太极发展为吴鉴泉、王茂斋两大支，时称"南吴北王"。

这次参加吴式太极拳拍摄的是高壮飞、张全亮、陈玮三位。他们是吴式太极拳名家王培生的弟子。王培生是杨禹廷的高徒。

《传统吴式太极拳》《37式吴式太极拳》《吴式太极推手》由高壮飞讲解。其中37式吴氏太极拳是王培生对吴式太极拳的发展，是在20世纪50年代，王培生从教学需要出发，以传统83式吴式太极拳为本，突出技击功能，编创而成的。全套37个动作，分3个部分，第一部分以连续动作为主，第二部分重在平衡练习，第三部分为小式子，突出技击，重在招数，含着接招、等招、喂招、发招等方法。

高壮飞对推手颇有研究。他本人是个中医师，又进修过西医，对人体骨骼肌肉、经络穴位、气血流注、神形表里均了然于胸。他讲推手总离不开医理解剖学的分析。他介绍了推手中的实手和虚手，定步推手和活步推手，以及推手的巧妙——搭手见功夫。他说，太极拳盘架为体，推手为用。拳架是锻炼形体和心意的功夫，推手是运用阴阳哲理锻炼"知己知彼"的功夫。推手劲路的"粘黏连随"以"掤、捋、挤、按、采、挒、肘、靠"八法为根，达到"薄、顺、短、脆、远"的地步，才能发挥"化、拿、发、打"的作用。他的讲解可谓画龙点睛。

介绍吴式太极刀的是张全亮。张全亮在武术界名头很响。他早年随八卦掌名家李子鸣习练梁式八卦掌，后又随王培生习练吴式太极拳，是梁式八卦掌和吴式太极拳的主要传人之一，曾在多届各级别武术比赛中获奖。张全亮曾任北京大兴建筑工程总公司党委书记，大兴区人大常委，青年时就因工作业绩突出受到过毛主席的接见。这样一位颇有建树的人物一辈子痴迷武术。他退休后，全身心扑在了武术推广上。他成立了北京鸣生亮武学研究会，树起传承梁氏八卦掌和吴式太极拳的旗帜。他当选为北京吴式太极拳研究会常务副会长，北京八卦掌研究会顾问，北京大兴区武术气功协会主席。他是中央电视台《武林大会》栏目的策划人之一，并担任《武林大会》传统武术擂台赛专家评委、裁判长。他还连续两届担任央视《武林盛典》训练营主教练……

他传授的《吴式太极十三刀》是王培生门内嫡传密授，与世间流传的刀法有所不同。其中有"走败式暗发金钱镖"的四招，还有旋拦、四切、上轰、下扫、左右连劈的游龙戏水式，及"卞和携石"回头走行者步的招法。刀法新颖别致，凶猛剽悍，暗藏杀机。

吴式太极剑是由王培生女弟子陈玮女士讲授的。陈玮是国家京剧院的武旦演员，腰腿功夫极佳。她在传授中强调"身随剑走，剑掩身形，身剑合一"的身法，"击、刺、格、洗、抽、带、提、崩、劈、点、搅、压、截"的手法，"方可成圆，圆可成方"的要领。她的演练示范，人如游龙，剑似闪电，动急则急应，动缓则缓随，凸显剑法内景与外象的巧妙配合。

三、武式太极：文人太极

武式太极拳，以前在北京是比较少见的。"文化大革命"后方知北京也有练武式太极拳的，且是正宗，这要寻源到吴文翰先生。

吴文翰（1928—2019），生于河北省南和县，长期从事政法工作，1989年离职休养。他幼年拜武术家邢台国术研究社社长李圣端为师学习武式太极拳，多年练功不辍。离休后，热衷于武式太极拳的推广。2001年，他以武式太极拳专家的身份参加香港特区政府举办的"太极大汇演"，2002年，率弟子参加中日韩太极拳交流大会。曾被聘为第二届第三届世界太极拳修炼大会武派太极拳导师。他还是个太极拳理论家，整理过大量历代名家有关太极拳的著作，撰写过大量有关太极拳的文章，出版过《武派太极拳体用全书》《吴文翰武术文存》《太极拳书目考》等书。

武式太极拳是武禹襄（1812—1880）创始的，是最早形成的文人化太极拳，是太极拳从技艺型向学术和技艺型演变的开始，是太极文化形成的开始。

武禹襄早年与同乡杨露禅探讨太极拳，又赴河南温县赵堡镇向陈清平学习太极拳。武禹襄在创编武式太极拳的同时，撰写了《打手要言》《四字不传秘诀》《十三势行功心解》《身法十要》等著作，大大丰富了太极拳的理论。

武禹襄的门徒中以其外甥李亦畬（1832—1892）技艺最精。武禹襄与其兄武澄清、武汝清及传人李亦畬、李启轩等，均系望族儒生，鲜见传武。直至第三代传人郝为真（1849—1920）才使武式太极广传于世。所以，旧时也称其拳为郝氏太极拳。

吴文翰从历史沿革讲起，介绍了中正、安舒、柔顺、圆活的走架准则，讲述了提顶、吊裆、涵胸、拔背、松肩、沉肘、裹裆、护肫、腾挪、闪战等身法要领，并重点介绍了武式太极推手的特点，特别强调了缠手和大捋。他还教授了太极 24 枪、太极 36 枪、太极刀、太极棍、双人粘杆等的练习方法，的确不同凡响。

四、孙氏太极三门一炉

孙氏太极与武式太极有着深厚的渊源。孙式太极的创始人孙禄堂（1860—1933）早年精研形意拳，师从李奎元，复从郭云深，其间又得宋世荣、车毅斋、白西园等前辈指教，功臻化境。此后，他为了研习拳学与《易经》的关系，又从"眼镜程"程廷华研习八卦掌，受到程廷华青睐，"故将余技尽传之"。1912 年，孙禄堂在北京偶遇李亦畲弟子郝为真。当时郝为真已年过花甲，病困交加。孙禄堂知晓后，将郝为真接至家中，请医喂药月余，郝痊愈。感其恩德，遂将自己所习太极拳心得尽传于孙禄堂。

孙禄堂集数十年武术修为，将形意拳、八卦掌、太极拳三门拳术从理论到内容融合为一，创出孙氏拳学。后世也称之为孙氏太极拳。孙禄堂先后写出《形意拳学》《八卦掌学》《太极拳学》《拳意述真》《论拳术内外家之别》《详述形意、八卦、太极之原理》等专著和文章。

孙禄堂弟子众多，有名者如齐公博、孙振川、孙振岱、任彦芝、陈守礼、裴德元、陈微明、支燮堂、刘如同等。其子孙存周、女孙剑云、孙女孙婉容等皆为名师。

我们请的孙永田先生是孙剑云的得意弟子，时任北京武协副主席，北京孙式太极拳研究会会长。

孙永田老师的讲解切中要点："进步必跟，退步必随。左右转身，开合相接。"他强调走架时重心不能上下起伏，左右晃动，要通过活步使重心不断地在转换中保持中正。形意拳的内外合一，八卦掌的动静合一，均融汇在太极拳的中和状态之中。

孙永田还传授了孙式太极剑，详细讲解了孙式太极剑的"活剑把""阴阳把"及"中阴中阳""少阳、太阳、老阳、少阴、太阴、老阴"等运剑方法，展现出孙式太极剑法的灵活多变。

孙永田教了不少弟子，在他的公司中还有不少人跟他学拳，工间操时，这部分人就都去练孙式太极拳。拍片子时，我们把孙老师和他的弟子拉到百亭公园，几十人散在树木丛中一起演练，好不壮观。

五、李式太极有刚有柔

李式太极拳是鼻子李李瑞东（1851—1917）创始定型的。它的基础是杨露禅所传的内容。李瑞东以老架太极拳的肘底捶、撇身捶、指裆捶、搬拦捶、双撞捶为基础，揉入太极十三式和八卦掌、形意拳的一些手法，创编出李式太极拳。由于它强调体松舒展，刚柔相济，又被人称为刚柔太极。它的套路分作春、夏、秋、冬四路，每路都有爆发力很强的动作，如虎扑式、怪蟒翻身式、金鸡抖翎式、野马撒毛式、虎靠山式等。

李式太极拳还有《精练套路37式》，是李瑞东弟子高瑞周从传统套路中精选典型动作编组而成的，精简易学，易于推广、表演和比赛。

主讲周世勤先生（1941—2018）是毕业于清华大学的高级知识分子，为航天三院的教授。1948年他7岁时拜高瑞周为师，习练武术，学了五禽拳、五龙通花炮、李氏太极拳，又从张立堂学八极拳、从王培生练吴式太极、从孙剑云习孙式太极。周世勤是北京武术界的活跃人物，经常担任各级武术观摩表演大会的主持解说。周世勤讲授了李氏太极拳的传统套路、精练套路和李式太极十三剑。他的弟子佟智广和女儿周志华做了示范。周志华的演练极见功夫，是李式太极拳的后起之秀。

北京的太极拳除了上述的几种外，还有陈式太极拳也是一大支，自陈发科以后，还有田秀臣、陈照奎、孙枫秋、雷慕尼、李经梧、冯志强等多位享誉国内外的名家。此外还有张三丰太极拳、杨式小架太极拳、子路太极拳、赵堡太极拳、八卦太极拳等。

我拍这部片子，既交了这么多朋友，又丰富了知识，实是增加了干下去的动力。我制定了下一步的拍摄计划，将王桐、董世明、崔瑞斌、经本愚、董文玉、孙长立、唐振荣、张凯、张国森等多位名武师列为拍摄对象，并设想这一庞大工程将以《中华武术大观》的面目问世。只是人算不如天算，市场风云变幻，骤然跌入低谷，音像产业由20世纪八九十年代的朝阳产业顿时变成夕阳产业，民间发行商纷纷改行，出版社经营惨淡。于是一切不能实行，只好暂时偃旗息鼓，等待下一个高潮吧。

　　2003年6月，《太极大观》拍摄中部分武术家和工作人员合影留念（左起：3张全亮、4张大为、5高壮飞、6尹树增、7洪志田、8陈玮）。

六、太极拳界的文化人刘俊骧

　　太极拳界的文化人很多，早年的武禹襄、李亦畬，近年的吴图南、徐致一，都是代表人物。上节提到，李式太极的周世勤老师为航天三院教授，是个高级知识分子。殊不知，吴式太极拳名家刘俊骧先生也是个不可小觑的大知识分子。

　　1961年7月20日星期四的《北京日报》上，登载了一篇题为《武术与艺术》的文章，署名为刘俊骧。文章开篇即说："武术是我国宝贵的文化遗产。它的健身和医疗价值早已引起体育和医学界广泛重视。

现在想就武术与艺术的关系谈点粗浅的看法。"然后，文章从"盖叫天先生把武术功底称作武行的舞台艺术基础"谈起，论述了武术与舞蹈、武术与戏曲乃至武术与戏剧、电影、曲艺等艺术形式的关系，还配上盖叫天教授俞大陆练"云手"的照片，以及舞剧《秦岭游击队》，张云溪、张春华主演的京剧《三岔口》剧照。

当时我正在高一年级的暑假。看到这篇文章，对于已经练了四年武术又是个不折不扣的京戏迷的我来说，就如打开了一扇窗户，我惊奇地发现本来认为是风马牛不相及的戏曲与武术居然存在内在关系。与此同时，《北京日报》《光明日报》还登载了刘俊骧的《武术与表演》《文人与剑术》等文章，继续对这一观点做了详细的阐述。在党报上用很大的篇幅讲武术，这在 20 世纪 60 年代初是件很稀罕的事。这说明刘俊骧的文章脱开了就武术论武术的窠臼，抓住了武术的核心内涵以及它与相关艺术门类的共性，开拓了一个"东方人体文化"研究的新天地。

当时真不知道刘俊骧是个 20 多岁的年轻人（他生于 1937 年），还以为他是个满腹经纶的老夫子。这是我与刘俊骧先生第一次"会晤"，一次并没有见面的会晤。

20 多年后的 1987 年 6 月，国家体委武术研究院、中国武术协会、人民体育出版社、《中华武术》杂志社在北京八大处主办首届"全国武术学术研讨会"，会上，刘俊骧的论文《中华民族独特的人体文化》获奖。我远远见到了他。而他并不知道台下有这样一位 20 多年前被他的文章吸引住的与会者。这是第二次"会晤"，一次没有直接接触的会晤。

我怀着崇拜的心情拜读了他这篇获奖论文。文章从艺术史册中撷取证据，说明武术与舞蹈、杂技、戏曲等表演艺术亲如手足，情同连理，互为辉映，说明武术对民族传统文学的深远影响，以及对中国几种独特艺术门类兴起的促成。文章鲜明的主旨，给中华武术下了一个明确的定义。

作者指出，武术从来就不是单纯的体育运动，而是一种独特的包含道义和哲理的人体文化。他说："在冷兵器时代，它是重要的军事格斗技术，并且在其技击艺术中体现了古代兵家的许多战术思想和智慧结晶；同时它又是历代智者贤士重要的人生修为，从孔子、西汉两司马（司马相如、司马迁）、三班（班彪、班固、班昭）直至清初学者黄宗羲、顾炎武、颜习斋等，都把习文备武作为修身治国安天下的人生课业的两大方面而并重同修。"

他还指出："武术作为一种独特的、内外兼修的、蕴含深刻哲理与科学的人体文化，源远流长，至今蓬勃发展，对我们民族的气质心理和各种文化的影响更为深刻。""人欲横流，一切物化、颓废慵惰、唯利是图的现代心态，极需要武术这种包蕴道义哲理的人体文化的陶冶和锤炼。"

果然不同凡响，颇有见地。将武术定位到人体文化的高度，这在30多年前无疑是一个重磅炸弹，引起武坛、文坛、艺坛乃至政坛四方面的关注。

又过了大约10年，刘俊骧的巨著、洋洋62万字的《东方人体文化》出版。这本书将武术、舞蹈、杂技、戏曲、气功、瑜伽以及文学、书画、雕塑、服饰、建筑、园林等多种文化艺术门类统一于东方人体文化的框架内加以比较研究，开创了一门新学科。时任中国艺术研究院院长的李希凡肯定它是"一个富有东方特色的文化体系的发现"。

这无疑把对武术的专门研究提高了一个层次。

2007年9月，我终于面对面地与心仪已久的刘俊骧先生会晤了。从1961年算起已过了46年。刘先生已经70岁高龄了，而我也64岁了。这次会晤是在一次武林聚会上。此时我才知道刘先生不仅是个文化学者，而且是一个武林高手。他幼年在老家山东安丘求学时就拜孙膑拳二代传人孙文宾为师；考入北京师范大学后，在北京拜在八卦掌三代名家郭古民门下；后又成为吴氏太极拳名师王培生的传人。他这个习武经历、从师经历，是十分显赫的，加上他在文化领域的学识，可以说成就了他开创的"东方人体文化"研究新学科的基础。

刘俊骧先生是中国艺术研究院研究员、博士生导师，曾任舞蹈研究所所长、中国俗文学学会副会长、北京武协吴氏太极拳研究会会长、国家体育总局健身气功管理中心评审专家、美国普林斯顿大学艺术学客座教授、中国作家协会会员。这些头衔标志着他在学术研究领域的成就。

在这次真正的会晤中，我们相谈甚欢，我有集藏数十年的话语一吐为快的感觉。刘先生赠我一本他的新作《九脉修身》。这是他博采太极拳、八卦掌，以及佛、道、医众家功法，熔铸为一体的"九脉连环修身法"。所述六部功法，是三教诸家功法的精粹。刘先生还提取《黄帝内经》《周易》《老子》《论语》《孟子》《坛经》以及宋明理学等原典中的精华，编成四言口诀，深浅适中，雅俗皆宜，易于学习领会。这部凝聚着刘先生"体用兼修"的智慧和汗水的奇书，被中国武术学会委员、著名的体育教学与科研专家、有着南京中央国术馆和四川大学教育学系双学位的杨绍虞老教授称为"救世金丹"。

武术圈内有学问的跨界大家不少，其中有成果的大家数不胜数，但，如刘俊骧先生这般对武术研究如此深入的大家，大概是凤毛麟角。

刘先生近年远离喧嚣，住到了郊区，不知何时再能见面请教。

传统武术技击精华

　　"文化大革命"以后二三十年来，中华武术的发展已非昔日可比。竞技武术风靡世界，散打运动遍地开花，传统武术反倒日渐式微。有人说传统武术不能打。说白了就是传统武术花活多，好看不中用。有人说传统武术纷繁复杂，掌握困难，收效缓慢，不利于普及。说白了就是不经练，不统一，欠科学。甚至有人以能不能打为标准掀起所谓"打假"风……

　　到底传统武术行不行？难道真如他们所说的那样吗？我想，这个问题有点儿小儿科，静下心来想一想，如果传统武术不能打，冷兵器时代的战争是怎么打的？传统武术又怎么能经过千百年流传至今？有人拿戚继光"反对花法武艺"说事儿，认定传统武术在明朝就不能打，可是他想没想过，戚继光提倡的实战武艺难道就不属于传统武术了吗？当然，现在你用专业打业余，用年轻人打中老年，用传统武术选手不熟悉的规则限制……以此证明传统武术不能打，又有多大说服力呢？传统武术的技击法，在各门各派都是属于高级内容，只有对信得过的弟子才会传授，这是老一辈传下来的规矩。

　　笔者对传统武术的实战能力总想找个机会见识一下，证明一下，思来想去，觉得不如借着在音像出版单位工作的便利，组织拍摄一套

255

关于传统武术技击方面的片子，既能了解传统武术技击的内容和现状，又可以以直观的影像向读者介绍，可谓一举两得。谁知计划一提出便遭到普遍反对，业内人士几乎都不看好，认为武术类节目只有太极拳内容好卖，截拳道、跆拳道、防身术类的节目还凑合，传统武术的节目销量有限，占压资金的时间过长。我询遍一圈也没找到一位投资者。

但我还是不死心，总想试一试，于是联络了几位志同道合的武术家，大家的心果然想到了一处，都愿意为传统武术技击争口气，决定自筹资金，在有限的资金预算内完成拍摄。参与者有：北京武协委员、绵掌武术社社长乔秀川，北京武协委员、四民武术社社长牛宝贵，北京武协委员、八卦掌研究会会长高继武，北京武协委员、九翻武道研究会常务副会长洪志田，北京武协副秘书长、龙潭武术社社长隋世国，北京宣武区武协副主席、金城武术社社长尹树增，北京武协武术文史理论研究会秘书长、国家一级武术裁判、摔跤裁判张鸿诚，北京武协通达武馆意拳总教练、王芗斋意拳培训中心总教练李全有，北京市丰台区武协委员、丰台区镇国寺武馆馆长董书新，河北辛集市戳脚翻子心意六合拳研究会会长曹兆田，一共 10 位。

大家商定，不拍套路，不拍练功方法，不介绍拳种历史沿革、内容和特点，只讲本拳种技击法则，只讲本拳种最富特点、最行之有效的技击法，也就是招数和功法。鉴于各拳种门派的规定，个别绝招可以不展示，但主要精华一定要表现。每个拳种的内容展现不得少于 50 分钟，长了不限。大家知道这是要掏干货，是习武者孜孜以求的东西。

我们租借了东城电教馆的摄像棚，由于经费的原因没有制作布景，只在天幕上悬挂了一个大大的"武"字。但机器设备不敢马虎，机位安排不敢草率。三个机位三位摄像师各守一台。导播在机房现场切换。各位老师做了充分的准备，写出了讲稿，事先与学生进行了演练。导演写出了分镜头台本，推拉摇移早有预案。于是万事俱备，择日开机。

一、掏干货武术家们不保守

我们选的 10 个拳种可以说都是历史悠久、源远流长的古老拳种。这些拳种当年都曾名重武林。

绵掌，即是绵张短打，源于明朝。创始人号称"绵张"，浙江金华人。明代戚继光写的《纪效新书·拳经捷要篇》记载有"吕红八下虽刚，未及绵张短打"一句，足见在当时的影响。到了清朝末年，绵掌流传于河北高阳一带。高阳西柳村胡建堂等人精通此术，并创建了把式场进行传授。

乔秀川老师，河北高阳人，生于 1929 年。乔老师自幼在家乡习武多年，是绵掌拳、翻子拳名家王立增、张德良（二位是胡建堂亲传弟子）的高徒。在系统掌握绵掌拳、翻子拳之后，形成绵掌翻子拳。后在北京又师从赵砚波、李道仲习练形意拳、大悲拳、太极拳等，是位知名的武术家。

初听"绵掌"，会误以为是绵柔的风格，其实是刚猛快速的拳种。"绵"字是延续不断的意思。乔秀川老师介绍了27个绵掌短打技击法，包括了进退攻防踢打刁拿几方面，具体到"单风贯耳""截腕""双挤掌""叼手""乱捶""捋踢""劈挂连环"等招数的使用。乔老师讲解详细，其弟子配合默契，可以说唯恐读者看不懂学不会。有道是"真传一句话，假传万卷书"，乔老师的讲解可以说是简洁明了，通俗易懂。如此实诚热心的老师实是难得。

三皇炮捶是刚猛的拳种，打出的拳如炮轰，似锤砸。此拳名冠三皇，乃是自重其源流远，仅据能查到的资料就可追溯到清嘉庆、道光年间的乔三秀、乔鹤龄、宋迈伦、于连登等。它的基本拳法号称"十二炮"，乃是开门炮、劈山炮、连环炮、转角炮、十字炮、脑后炮、泻肚炮、冲天炮、撩阴炮、扎地炮、窝心炮、七星炮。主讲人尹树增（1941年生）是大名鼎鼎的末代镖师李尧臣的亲传弟子。他做过教师，表达能力很强。他从三皇炮捶的技击预备式讲起，讲了拱手抱拳式、圈裆卧虎式、引手式、接手式。在技法招数上，他讲了三皇炮捶的打法，像拨手抓面戏珠、劈脖击面、顶胸抓裆、平捋切脖、捋臂劈腮等；讲了踢法，像捋臂踢裆、捋臂寸腿、偏端等；讲了摔法，如劈掌挑摔、捋脖摔、扫眉勾踝摔等；讲了拿法，如错肘、抓胸、搬肘、撅腕、大小金丝等。尹树增介绍得可谓齐全深入。尤其是炮捶门的至宝"夫子三拱手"，尹树增也予以详细讲解。您说是不是干货？！尹树增拍片的兴趣很高，带来的几个徒弟也都功夫了得，于是我趁热打铁，将天皇、地皇、人皇三路炮捶，以及八仙庆寿剑、软兵器十三连一起拍了下来，真是弥足珍贵。

隋世国（1947年生）介绍临清潭腿技击法也毫不逊色。他将临清潭腿的技击法分作打法、拿法、踢法三类进行介绍。在打法中除了综合技击法之外，又细分为手打、胯打、膝打、足打……他在综合技击法中讲了迎风靠、又膀靠、圈掌别挂、伏龙翻打等。在手打中，他讲了掌打、挑打、压打、抓打、勾打等。在胯打中，他讲了外胯打、坐胯打、里胯摔打。在膝打中，则讲了勾拉撞打、引腿摆打等。在足打中，讲了卷地风踢法、踩打法、蹬打法、叩打法、摆打法、后摆打等。此外还有踢法、拿法和象形打法，比如龙吊膀、金鸡上架、虎抱头、熊抱球等。

隋世国是临清潭腿第97代传人，是有"潭腿金"之誉的金启亮先生的入室弟子。从临清潭腿的传承谱系看，该拳创始于唐末，发源于山东临清龙潭寺，明初传入北京地区。在上千年的流传发展中，自然有着极为丰富的技击内容。

戳脚翻子的创始要追溯到宋朝，是一门重腿法的拳术，被称作"北腿"的代表，在明清时盛行于世，有"四乡均以戳脚为最"的赞誉。北京的戳脚翻子是从河北蠡县传过来的。清晚期有刘攀贵、魏昌义、魏赞魁等戳脚名师在京活动，但均未正式开场传授。北京戳脚翻子的开山鼻祖是清末民初进京的花鞭吴斌楼。是他定居北京后大量传授弟子，才使戳脚翻子在北京武术界占了一席之地。洪志田是吴斌楼的得意弟子之一，在技击上颇有造诣。他将戳脚翻子技击法归纳成八类进行介绍，使纷繁复杂的技击术变得简单明了，精炼准确。这八类是：引手引脚法、硬打硬要法、指上打下手飞翻法、上提下滚左右旋法、趔身法、扇肩法、连环踢法、摔法。

从大的归类上，学者一眼就能悟出技击的法则。他在每一类中又介绍了不少具体的招数方法，如在摔法中就讲了抓摔法、转摔法、别摔法、活协摔法等多种。而这些方法都围绕一个核心，就是"转轴身子不倒翁"，并延伸出波浪法、缠化法、粘连法、截打法等。他还同时介绍了赚打和巧打的技术。这些内容实是难得一见。

二、虽有渊源法不同

心意六合拳、形意拳、意拳三门有着极深的渊源。最早叫心意六合拳或六合拳，因为它讲究"心与意合，意与气合，气与力合，肩与胯合，肘与膝合，手与足合"六合。后来河北深州李洛能从山西祁县戴文雄处学得心意拳，成为大家，并改"心"为"形"，形成以心意拳为"母"又有所区别的形意拳的技术和理论体系。传有名徒车永宏、宋世荣、刘奇兰、郭云深等。郭云深是河北深县（今深州市）人，有"半步崩拳打天下"之称。他的弟子王芗斋学得其技艺，经多年研习，创出以"浑圆桩"为本，重"意"弃"形"，讲究实搏散手的意拳。这是三门的大概渊源。

前来做节目的曹兆田是河北辛集人，他这一支是河南著名心意六合拳家买壮图嫡传一脉。买壮图传山西南古丰的范文明，范文明传范铁僧和河北深州英武村的李振标。李振标又叫李常有，当时是山西祁县巨富李贞的护院镖师。李振标就是曹兆田的心意拳师父。

这一支的门户拳叫六合连捶，它的实作称七星打法，包括头打、肩打、肘打、手打、胯打、膝打、足打。每一打都分细类，像肘打，细分为顶肘、压肘、拐肘、摆肘等，讲究含而不露，后发先至。

遗憾的是，曹兆田老师有着浓重的乡音，编导人员多听不懂他的话，只好将心意六合拳的重点教学部分由他的弟子魏朝辉代为讲解。

形意拳的特点已有别于心意拳了。形意拳重点在五行拳和十二形上，五行拳即劈拳、崩拳、钻拳、炮拳、横拳，十二形即龙、虎、猴、马、鸡、鹞、燕、蛇、鲐、驼（一说鼍）十形加鹰熊合演。技击讲八字功，乃挑、顶、云、领、斩、截、裹、胯。

形意拳的主讲牛宝贵属李洛能弟子刘奇兰一支。刘奇兰传耿继善，耿继善传邓云峰，邓云峰传吴子珍。牛宝贵于20世纪50年代初拜时任四民武术社社长的吴子珍为师，学得纯正的形意拳。牛宝贵在讲解过程中以示范为主，常常是对方一近身，即被他击出，足见其功力了得。四民武术社百年不衰，其中浸透着牛宝贵老师的心血。

意拳的主讲李全有，是王玉芳老师的高徒。王玉芳是意拳创始人王芗斋的次女，自20世纪40年代初即从父学艺，家传意拳，自不待言。李全有得王玉芳栽培，功底扎实雄厚。

李全有介绍了意拳的桩功、试力、步法，诸如听劲、试力、发力、摩擦步、三角步、半步、鸡形步，以及实作中的定步、活步。还介绍了撞法、发法、摔法、踢法、提打、拂打、叠打、错打、裹打、滑打、粘打、引步打、退步打等。重点介绍的"游龙舞"可以说是实作赢人的关键。意拳人才济济，自打王芗斋创拳以来就注重实作，因此历代名家甚多，意拳一跃成为与太极拳、八卦拳、形意拳并驾齐驱的大拳种了。近几十年我与意拳的朋友多有交集，如王选杰、李平、崔瑞彬、李全友、张铁良、和振威、梁宝全、张礼义、管振生等，获益匪浅。

心意六合拳、形意拳、意拳这三个相关又不相同的拳种技击法的展现，不仅使人们了解了三个拳种的相互关联，也了解了武术的发展脉络，从而有助于掌握它们各自的精华。

三、象形拳形象之中藏杀机

北京的象形拳种主要有螳螂拳、猴拳、醉拳。习练螳螂拳的人最多。"文化大革命"前的螳螂拳大家是练六合螳螂的单香陵及他的弟子——精通梅花螳螂拳的马汉清。

螳螂拳是明末清初人王郎创造的，盛行于山东，经过数百年的发展，形成太极梅花螳螂、七星螳螂、六合螳螂等主要流派，后又派生出通臂螳螂、摔手螳螂、光板螳螂、八步螳螂，以及南派的周家螳螂等。

主讲人董书新是练了多年螳螂拳的武术家，从师于太极梅花螳螂名师尹明山，1983年又赴青岛接受螳螂名家张炳斗先生指点深造。曾连续参加三届青岛国际螳螂拳锦标赛，均获金牌。螳螂拳流派虽多，但主要手法仍有共同之处，不离勾、劈、刁、缠、弹等法，都讲究长短兼备、快速突然、激烈灵活。董书新着重介绍了太极梅花螳螂拳的摔法、肘法、勾法，手无单行，暗中用腿，招法多为三连环、五连环，拳肘密布，令人大开眼界。

四、内家拳八卦太极有洞天

八卦掌、太极拳归类于内家拳。在一般人眼中，内家拳以内功为主，不似外家拳以搏人为主。其实不然，八卦、太极都有极强的技击性。

八卦掌讲究四正四隅八个方位，与周易八卦图的卦象很相似，故名八卦掌。由于它以掌法变换和行步走转为主，又称游身八卦掌或八卦连环掌。八卦掌是北京一大拳种，流派纷呈，人多势大，极有影响。

八卦掌主讲人高继武生于武术世家，其祖父高文成、父亲高子英均是八卦掌高手。高家八卦掌得自大枪刘德宽、尹福，后又从郭古民处学得梁振甫式八卦掌精髓，于八卦技击法颇有心得。高继武介绍的是八卦六十四手。这六十四手由八大掌变化而来，每一手又有六手变化，共计三百八十四手。还有七十二招与六十四手合用之法。在手法变化上，可谓极妙。

高继武介绍了六十四手的用法，同时也介绍了练法。这八卦六十四手可以单练，可以对练，可以直行练，也可以转圈练，灵活方便。至于八卦掌技击法的其他内容，如八卦散手、七十二暗腿、七十二截腿等此次节目就难以涉及了。

太极拳的主讲老师张鸿诚是武术名家，师从吴式太极拳名家王培生，杨式太极拳名家李天骥，意拳名家姚宗勋，摔跤名家张登魁、熊德山。他在20世纪50年代获得过六届省市级中国式摔跤比赛次轻量级冠军，多次获得过北京市太极拳太极剑比赛冠军。

太极拳本是技击性很强的拳种，不然的话，杨式太极拳创始人杨露禅怎能号称"杨无敌"？然而，现在到处可见的太极拳演练，几乎看不出它的技击性。它动作徐缓，温柔文雅，与搏击格斗的风格大相径庭。

张鸿诚则认为"太极拳不能打"是一种误解。他以杨式太极为例，说太极拳尽管套路长，动作多，但归纳起来不过36个动作。这36个动作就是36招，每一招都体现"掤、捋、挤、按、采、挒、肘、靠、粘、黏、连、随"。

多少年来，我从不知"单鞭""云手""海底针""白鹤亮翅"的技击含义，听了张先生的讲解，方知太极拳技击的妙处。当年武术界流传"杨澄甫善发不善化，吴鉴泉善化不善发"的说法，我听了张先生的讲解，也终于知晓太极拳技击中"发"与"化"的辩证关系。

10张光碟制作完毕了。我知道，这样一套光碟不可能将这10个拳种的技击精华介绍得尽善尽美，可能只是蜻蜓点水，但，它是精华，是干货。在旧社会，这些内容或许是某些人一辈子学不到、学不全的绝活。

为了体现它的精华所在，我为这10张光碟分别起了"一目了然"的名字：

《绵掌短打要诀》（乔秀川）、《戳脚翻子技击法汇宗》（洪志田）、《三皇炮捶打法总讲》（尹树曾）、《形意拳散打功夫》（牛宝贵）、《太极梅花螳螂实作》（董书新）、《意拳技击精华》（李全友）、《临清潭腿实战法》（隋士国）、《八卦六十四手述真》（高继武）、《杨式太极36式拆解》（张鸿诚）、《实用心意六合》（曹兆田）。

套装标题就叫《传统武术技击精华》。

按照原计划，还将陆续邀请意拳名家崔瑞斌，内家拳名家王桐，少林五形八法拳名家秦庆丰，六合拳名家曹凤岐、张国森，花拳名家经本愚、董文玉，擒拿名家赵大元，意拳、八极名家张铁良，八番拳名家靳万发等各地多位名家出镜，争取展现50个拳种的技击精髓。

这套光碟上市后，居然很快销售一空。然而发行商还是认为总销量有限，比不上流行歌曲光碟的销量，占压资金时间过长，不肯加印。不久，市面上就见不到这个品种了。谁知，不久高继武、隋世国传来消息，他们的海外弟子分别从日本、中国香港买到了盗版光碟。国内有些商店也陆续有盗版货上架。或许是"墙里开花墙外香"吧，或许是海外有识家，或许是有内贼外盗，瞎猜而已。出师不利，也难以为继了。

★ 2008年奥运会特色项目
★ 中国武术十大门派实战绝技
★ 实打、散打、搏击、格斗

《传统武术技击精华》十碟套装于 2002 年出版发行。

不过，这 10 张盘的内容足以说明传统武术的技击内容是丰富的，技击法则是有特点的，训练方法也是科学的，剩下的就是看学者的功夫练没练到家了。我想，如果用这些内容创办专业队，培养专业的传统武术搏击手，不知那些想向传统武术挑战的人还有没有勇气前来叫阵。

名家名拳传承有人

2016 年 4 月 24 日，在成都土桥清真寺召开了一场别开生面的纪念会，一个按照回族风俗的蓝底白字的横幅写着"纪念查拳大师张英振诞辰 120 周年"。纪念活动由金立生先生主持。6 位阿訇诵经，拉开纪念活动序幕，接着是四川省武术协会查拳研究会秘书长秦育生先生和张英振前辈的三女儿、中央歌舞团古琴演奏家张铜霞女士先后讲话，缅怀张英振老前辈。之后，与会的 100 多位四川查拳传人和各界嘉宾前往凤凰山回民公墓祭扫先人。最后是武术表演，张英振的弟子学生、再传弟子学生和与会嘉宾演练了十路弹腿、四路查拳、三路炮拳、鸳鸯步拳、满江红拳、查刀、查剑、查枪、查门短棍、三才剑、岳门枪、五虎群羊棍、朴刀以及少林精拳、八极拳、龙拳、南拳、长拳、双手刀、太极刀等数十个项目，俨然是一个武术展示大会。尤其难得的是与会者有许多是数十年前赫赫有名的武术家的后代，在红二代、富二代、官二代、星二代等名词横行于世之时，赶个时髦不妨称他们为"武二代"。他们是张英振的二女儿张雨琴、三女儿张铜霞，朱国祯的三女儿朱梅玲、外孙冯春，李雅轩之女李敏娣，郑怀贤之孙郑新蜀，王树田之子王康宁、女婿项葆辉，张锡太之弟子张忠垣等。

上述这些武术家，如今的年轻人大多不熟悉，然而当你翻翻《中国武术大百科全书》《中国武术词典》《中国武术人名词典》等比较权威的武术典籍时，你或许会有如雷贯耳的感觉，因为他们都是在20世纪二三十年代就已享有盛名的武术家，在当时就已是响当当的人物。

张英振，山东冠县一里庄（张尹庄）人，回族，生于1896年，故于1977年。练武的人都知道，查拳属教门，后来才慢慢在全国各地流传开来。而山东冠县则是发源地。查拳歌道："查拳创始是查密，鲁西冠县有故居。流传民间数百载，拳脚刀枪留绝技。"到清雍正年间，冠县有个名拳师是飞腿沙亮先生，其后的著名拳师是张乾、张坤。张乾就是张英振的曾祖父。张乾的孙子张其维（1849—1933）是清末民初的名拳师，威震一方。张英振自幼随张其维练武，21岁就被聘为泰安三中国术教员兼当地驻军国术教官。1928年，他参加当时中央国术馆举办的第一届全国国术国考，获最优等十五名中的第五名。大会授予"优胜纪念"锦旗一面，冯玉祥赠送"救国源泉"锦旗一面。因其在擂台赛中表现出的高风亮节，冯玉祥又特赠宝剑一把，剑身镌刻"张英振同志优胜纪念 术德并重 文武兼修 冯玉祥赠 中华民国十七年"。国考结束，中央国术馆即聘张英振为国术馆一等教授。此间，他广泛寻师访友，提高技艺，丰富知识，还学了西洋拳击，并在馆内比赛中赢得第一名。1931年后，他被聘为黄埔军校国术教官，从第8期任教到22期。在抗战时期，他创编《满江红拳》《满江红剑》以激励抗日将士"国难当头，匹夫有责"。1938年，他随军入川，1949年，随军起义。新中国成立后，他定居成都，传拳授徒，是将回族查拳带进四川的第一人，是查拳在四川的开拓者。

朱国桢和他的大哥朱国福、二哥朱国禄与张英振是在中央国术馆时的同事兼朋友。在1928年第一届国术国考中，拿最优等第一名的就是朱国福，人称武状元。最优等第十一名是朱国桢，第十三名是朱国禄。而朱国禄又在1929年著名的"浙江省国术游艺大会"（俗称民国首届擂台赛）上斩获第二名，轰动一时。时人称他们哥仨为"朱氏三杰"。他们还有一个小弟朱国祥，后来也在武林中出类拔萃，人们又称他们哥四个为"朱家四虎"。朱国桢生于 1904 年，比张英振小 8 岁。新中国成立前，他担任过中央国术馆教授班班长，长沙第四陆军训练处国术教官，湖南国术馆国术教员，1937 年入川，应聘为国民党中央军校成都分校国术教官。1944 年，转任成都体育专科学校教师。1949 年英年早逝。他的大哥朱国福新中国成立后在重庆大学任教，曾任全国武协委员、重庆武协主席。

　　2016 年 4 月 24 日，成都土桥清真寺举办查拳大师张英振诞辰 120 周年纪念大会，部分传人合影（左 3 张英振之女张铜霞、左 4 张英振弟子秦育生）。

　　李雅轩长张英振 2 岁，生于 1894 年，故于 1972 年。他是杨澄甫的亲传弟子，精研杨氏太极拳。1928 年入中央国术馆学习，受到副馆长李景林赏识，传授他三才剑、武当剑。第二年李雅轩即出任浙江国术馆主任教员，1934年转任南京太极拳社社长，转年被聘为南京国民体育学校国术教员。1938年到成都，担任国民党陆军大学国术教官，同时授徒传拳。他是杨氏太极拳在四川的开拓者。新中国成立后，他曾担任成都市体委太极拳教练，曾参加1953年全国民族形式体育表演及竞赛大会，并获优等奖。1957年，出任全国武术比赛的裁判。他还被选为成都市政协委员。

郑怀贤（1897—1981），是位大名鼎鼎的武术家。他自幼师从李尔清、魏金山习武，后拜孙禄堂为师，精研太极、形意、八卦及诸般器械，擅擒拿，精飞叉。1928年，郑怀贤考入中央国术馆，是国术馆首届学员。次年，他南下上海，先后在中华体育会、上海交通大学、上海西江体育师范学校任国术教员。1936年，他以总分第三名的成绩（第一名张文广，第二名温敬铭）入选中国体育代表团，参加柏林第十一届奥林匹克运动会。时人称"论摔跤，张文广第一；论大枪，温敬铭第一；论散手，郑怀贤第一；论力气，寇运兴第一（能舞动120斤大刀）"，足见郑怀贤当年的实力。抗战时期，他定居成都，从事武术骨伤科医疗工作。新中国成立后，他以总教练身份率西南武术队参加1953年全国民族形式体育表演及竞赛大会。他历任中华全国体育总会常务委员，中国武术协会主席（第三届），成都武术协会主席，成都体育学院运动医学系主任、教授，成都体育学院附属医院院长。他的武术医术传给了2000余名弟子学生。

王树田，与张英振、李雅轩、朱国桢、郑怀贤四位相比，年岁较小。他生于1918年，小张英振、李雅轩、郑怀贤20余岁，小朱国桢14岁，是朱国桢的表弟。他7岁时随朱国福习武，10岁时考入中央国术馆儿童班学习。以后逐年升级，进步极快。1935年，他17岁时夺得湖南省国术比赛搏击冠军和摔跤亚军，声名鹊起，遂被聘到湖南国术训练所任教。1937年，他先后在湖南第一纺纱厂、国立第八中学做国术教员，此时他还不到 20 岁。1939 年，迁入四川，先后任四川省警察训练所、空军机械学校国术教员。新中国成立后，调入四川省体育专科学校任教，后为成都体育学院武术教研室主任、教授。他参加过 1953 年的全国民族形式体育表演及竞赛大会、1979 年的全国武术观摩交流大会，均获优秀奖。20 世纪 50 年代，他是国家体委组织的"甲组拳械套路"和"六路弹腿"创编工作小组成员。他是国家级武术裁判，中国武术协会委员，四川省武术协会副主席，四川省武术馆总教练。2005 年，因病去世。

张锡太，是张英振的本家叔叔，是查拳前辈张乾的二孙子。他虽是张英振的叔辈，却与张英振同年，也生于 1896 年。他 16 岁时随张其维习武，较全面地继承了张其维衣钵。尤其他的铁指功绝技惊人，一时无人匹敌。张其维晚年之时，基本上是张锡太代师传艺。抗战时期，他曾任傅作义部队国术教官，还曾被聘到朝鲜传拳。他一生以传武为业，所教弟子学生无数，最著名的弟子是"全国十大武术名教练"之一、山西省武术队总教练庞林泰。新中国成立后，张锡太常年在山西，参与山西武术队的建设，使山西武术队在全国性武术比赛中多次名列前茅。

这几位除张锡太外，都是当年中央国术馆出身，都在黄埔系的军校任过国术教官，又都在抗战时期先后入川。他们入川，将查拳、滑拳、炮拳、形意、太极、八卦、擒拿、散打乃至武术骨伤医术等流行于北方的技艺带进四川。他们是这些拳种在四川的开拓者，贡献不可磨灭。他们之间有几十年的深厚友谊，互相切磋、互相交流、毫无门户之见的武德也为后辈做出了榜样。他们的后代和后辈传人几十年间往来不断，成为世家通好。这些武术家的后人们也都活跃于武坛，他们传下的技艺，仍在兴旺地发展着。

像张英振的弟子秦育生，自幼跟随张英振习武，几十年如一日，从不间断。他在各类武术比赛中获得过多枚金牌。如 2006 年，他获成都市成华区第三届武术运动会拳术、短器械两个第一。同年，在成都市武术比赛上获短器械第一。2009 年，在成都传统武术比赛中获拳术和短器械两个第一。2014 年，他已 64 岁，仍夺得四川省武协主办的武术邀请赛的剑术冠军和八极拳冠军。他是四川省武协查拳研究会秘书长，四川巴蜀武术研究会副会长，成都市老体协太极拳专委会理事，曾获得"四川省武术名家"终身荣誉称号。他常年在青羊宫义务教拳，他的弟子多次参加国内外的比赛，成绩斐然。

张英振的三女儿张铜霞几十年来从未间断练武，尤擅太极拳和太极剑。不仅如此，她还热衷于武术界的活动，热衷于武术史料的搜集整理。无论是回到鲁西冠县还是在四川成都，抑或是在后来生活的北京，她都热衷于查拳的普及推广，不遗余力。

朱国桢的三个女儿从 20 世纪 40 年代开始就随父习武，学了燕青拳、太极拳、刀术、棍术、对八打、双刀进枪等，还向朱国桢的义兄郑怀贤学习八卦掌。其大女儿朱敏霞新中国成立后定居渡口市（今攀枝花市），在四川渡口市体委从事专职武术工作，担任过攀枝花市武术协会秘书长。她多次参加武术比赛，仅在 1977—1986 年，就在各类武术比赛中获得金牌 17 枚，银牌 17 枚，铜牌 31 枚。多次被评为四川省武术先进工作者，全国老年人体育先进个人，四川省老年体育优秀辅导员。朱国桢的三女儿朱梅玲 4 岁时拜在著名女武术家傅淑云门下学艺（傅淑云是 1936 年参加柏林奥林匹克运动会的中国代表团武术运动员之一，与郑怀贤、张文广、温敬铭是队友），同时接受父亲的指导。她 5 岁就凭绵拳参加运动会。后来参加文工团工作。

郑怀贤有子女三个，他从不强求孩子们继承家学。他的小儿子郑桂麟是朱国桢三女儿朱梅玲的夫君，幼年也学过武术、飞叉，只为强身健体。他们夫妇虽然都从小习武，但都没有从事武术专业工作。郑桂麟是四川大学教授，朱梅玲是四川音乐学院教授。郑怀贤的武功，特别是飞叉绝技，由他的两个侄子继承下来。

李雅轩的小女儿李敏娣从小随父学练太极拳，其夫陈龙骧是李雅轩嫡传弟子，夫妇二人同得李雅轩衣钵。作为杨氏太极拳李雅轩流派的代表，他们多次应邀出席国内外太极拳界的重大活动。陈龙骧如今是四川省武协委员，成都市武协副主席，四川省武协李雅轩太极拳研究会会长，成都市李雅轩太极拳武馆馆长。他们的女儿陈骊珠继承家学，又精通跆拳道和书法。1996—2000年，她多次参加国际武术锦标赛，共夺得9枚金牌。陈龙骧、李敏娣、陈骊珠还合作撰写了重要著作《李雅轩杨氏太极拳丛书》。

王树田的子女也都承继父业，练功习武。他的长子王蓉生、次子王建国、三子王康宁、四女儿王亚莉、女婿项葆辉都是武林高手，多次在各类武术比赛中获奖。三子王康宁是成都市武侯区武协副主席，是武侯区开展太极拳健身运动的领头人。他指导的区代表队荣获"蓉城30万人练太极"活动总决赛第一名。2015年，中国华人教育基金会组织"海外华校武术教师培训班"，他和王树田的女婿、成都市武协委员项葆辉一同出席，与中外武师进行了交流。四川省武协成立"王树田武学研究会"之后，他们在其中更加深入地开展对王树田的武学思想和武术技能的研究与继承。

中华武术作为非物质文化遗产，面临的重要课题是传承与保护。纪念张英振诞辰120周年纪念活动让我们看到老武术家的后人们、传人们是如何对武术进行传承与保护的，让我们看到了传统武术的希望，同时带给我们许多启示，值得武术人深思。

为武人拿起笔点赞

一、武术传承需要文化助力

这里所说的"文化"，既指狭义的语言和文字，也指驾驭语言和文字的能力。

1980年，电影《少林寺》公映，这对"文化大革命"十年间看腻了样板戏的人们，尤其是对从未见过武打片真面目的武术人来说，简直犹如一石激起千层浪，引发意想不到的轰动和反响。有的人连看几遍，依然不肯作罢。

紧接着，武术人开始了各种思考。

其一，像发现了新大陆一样，发现武术原来还有这么一个用途——武术人居然可以当演员，而且不只是替身演员，还是正儿八经的演员，可谓风光无限。

其二，民间武人们发现，出演主要角色的大多是20世纪70年代初期进入各省市武术专业队的年轻人。

其三，想了解这些武术运动员是花架子还是真本事。这其实是想进一步探究，好为自己的发展寻条出路。

20世纪70年代，"文化大革命"进入后期，在名教练吴彬等人

272

的努力下，北京什刹海体校恢复了活动。由于外交方面的需要，中国武术队走出国门，成为民间交往的使者。武术从"文化大革命""破四旧"时的停滞，到编"语录拳""诗词剑"的迎合时势，再到恢复活动走出国门，简直是大转折。李连杰、赵长军、计春华、王珏、王群、李霞、戈春燕等武术明星都是这个时期涌现出来的，他们引领了这个时期的潮流。

民间武人的想法自然也影响到我们。笔者当年在中学教书，受几个师兄弟怂恿，决定去拜访北京武术队的教练吴彬。那时吴彬住在护国寺附近的棉花胡同。虽说他当年跟随吴斌楼习武时我们见过面，但当时他上大学，我上中学，年龄相差六七岁，彼此间并无交集。然而终是师兄弟，贸然登门也不觉唐突。吴彬很热情，给我们讲了不少国内外武术界的情况，也介绍了李连杰的习武经历，还邀请我们到什刹海体校去看学员训练。

我们六七人如约而至。学员们的训练并不受我们旁观的干扰，个个生龙活虎，整齐划一。教练的要求远比民间拳场严格得多，动作必须达标，因此运动量很大，非民间习武者可比。尽管大家对套路结构的安排似乎还有些异议，但对训练方式、训练内容以及学员饱满的精神都心服口服。

为了不影响学员们训练，吴彬邀请我们到休息室观看一部香港武打片《楚九指》（片名或许有误）。这类片子当时是不公映的，只在运动队里观摩。我们受此待遇，自认为规格很高了。此后，大家来往更加密切，有几位师兄弟还被吴彬请去向学员们传授翻子拳和地躺拳。

在《少林寺》风靡之后，热爱武术的人陡然剧增，民间习武人形成了一个几近千万人的大军。这些人对武术知识的渴求也形成一股声势浩大的潮流。精明的出版人顺应潮流，抓住机遇，策划武术类图书，办起武术刊物，跟武术有关的产品如雨后春笋，不断涌现。

如《武林》杂志，1981 年 7 月创刊。创刊号即发行 30 万册，令创办者惊愕不已。第二期即达到 70 万册。这种增长速度前所未有。20 世纪 80 年代末 90 年代初，《武林》的发行达到顶峰，发行量达 200 多万册。

接着，1982 年，隶属于人民体育出版社的《中华武术》创刊出版。同年，隶属于《新体育》杂志社的《武术健身》创刊出版。1983 年，北京的《武魂》杂志创刊出版。1983—1984 年间，黑龙江的《精武》、湖北丹江口的《武当》、郑州的《少林与太极》相继问世。再后来，又出现了《功夫》《拳击与格斗》《搏击》等武术刊物。这一方面反映了广大武术爱好者需求的强烈，市场潜力的巨大，另一方面反映了出版人、武术人办刊的积极性。正因为各种武术刊物的问世，所以才促使武术人动笔写文章，或整理总结拳技功法，或研究探索拳史发展，或搜集记录名人轶事，为文字资料十分匮乏的中华武术宝库注入丰富的库存。最终促成了武术著作的大量出版，这也成为"文化大革命"后武术界的一大亮点。中华武术的弘扬与普及，武术图书、武术刊物功不可没。

二、武人著书已蔚然成风

在中国几千年的历史中，重文轻武似是一条规律。所谓打天下靠武人，治天下靠文人。因此当武人们解甲归田、马放南山之时，便不再受到关注，特别是他们关于武艺、武技、武功等方面的经验总结，也不再受到重视。这也是武术历史文献少之又少的原因。

民国早期，武术曾一度受到重视，武术著作也层出不穷。特别是有关太极拳、八卦掌、形意拳的作品甚多。诸如杨澄浦的《太极拳体用全书》，吴鉴泉的《太极拳》，孙禄堂的《拳意述真》，王芗斋的《意拳正轨》，姜容樵的《形意杂式锤》，李存义的《拳术教范》，刘殿琛的《形意拳术抉微》，吴图南的《国术概论》，徐哲东的《国技论略》，王新午的《岳氏八翻手》，金恩忠的《国术名人录》，黄柏年的《龙形八卦掌》，薛颠的《象形拳法真诠》，郭粹亚的《石头拳术秘诀》，吴志青的《少林正宗练步拳》……有些作品从多方面、多角度阐述某一拳种的功理功法，十分有利于传承和弘扬，如《太极拳谱》，收录了王宗岳、武禹襄、李亦畬、陈王廷、陈长兴、李福荫、武莱绪、陈鑫等人的文章，是一本珍贵的历史文献。

本人读书有限，难以尽览浩如烟海的武术作品，仅就曾经阅读过的作品而言，深感获益的有：《中国武术史》、《中国武术百科全书》、《中国武术人名辞典》、《北京武术运动协会档案》、《中国传统武术史》（于志军）、《说剑从稿》（马明达）、《中国武术概论》（温力）、《徐才武术文集》（徐才）、《半生缘》（昌沧）、《武林春秋》（张山）、《中华武道概论》（钟海明）……

新中国成立70多年了，过去那种武人不文的时代早就一去不复返了。令人欣喜的是，绝大多数习武者认识到要想弘扬优秀的传统文化，弘扬优秀的中华武术文化，光靠口传心授是不行的，必须给后人留下文字的东西，留下影像资料，这样才能做到真正的传与承。

"文化大革命"结束后这几十年，武术界涌现出许多文化水平高，能练、能打、能示范，能讲、能写、能总结的武术家。武术专著层出不穷。既有关于武术发展政策导向的文章，也有中国武术发展史、中国武术文化研究方面的著述，还有记述历代武术名家类似"名人录"的作品，而最多的则是介绍单拳种的内容、历史、技术特点、功法要领等的专著，向读者展示作者在学拳、练拳、传拳中的经验、心得、体会。

尤其是几个大拳种的传人们著作颇丰，包括再版的民国时期的著作。诸如太极拳类的《太极拳全书》（人民体育出版社编）、《太极拳运动》（国家体委武术科编）、《陈氏太极拳》（顾留馨、沈家桢编著）、《世传陈氏太极拳》（陈小旺编著）、《太极拳讲义》（吴公藻编）、《太极拳释义》（董英杰著）、《太极拳九诀八十一式注解》（吴孟侠、吴兆峰编著）、《太极拳研究》（蒋玉堃著）、《太极拳推手问答》（沈寿著）、《太极拳架与推手》（刘晚仓、刘石樵著）、《千思百问太极拳》（高壮飞、若水著）、《乐传太极与行功》（乐匋原著，钟海明、马若愚编著）、《纪念武术大师孙存周先生诞辰一百一十周年》（孙叔容、孙婉容、孙宝亨等编著）、《孙氏太极拳诠真》（孙剑云著）、《东岳太极拳》（门惠丰、阚桂香著）……

八卦掌类的有《八卦掌汇宗》（李子鸣著）、《北京八卦掌》（李秀人主编）、《八卦掌精要》（张全亮著）、《李子鸣传梁式直趟八卦六十四散手掌》（张全亮编著）、《八卦掌精华（英文版）》（高继武著）、《八卦掌》（刘敬儒主编）、《实用擒拿学》（赵大元著）、《知行合一：王桐内家拳体悟录》（王桐著）……

形意拳类的有《形意拳术》（李天骥、李德印编著）、《形意拳理论研究》（曹志清编著）、《形意五行拳图说》（凌善清著）、《形意拳技击术》（尚济著）、《洗髓经》（布华轩、布秉全著）以及再版的姜容樵、刘殿琛等人的作品和未正式出版的《李洛能拳谱》等。

意拳类的作品更多，创始人王芗斋老先生就是个重视写作的人，他的《意拳正轨》《拳道中枢：大成拳论》是各拳种热衷学习的拳论。《意拳：中国现代实战拳术》（姚宗勋著）、《意拳：大成拳探秘》（薄家骢著）、《大成拳学》（和振威著）、《螺旋宝塔——意拳·崔瑞彬五十年体认如是说》（崔瑞彬著）、《王芗斋与大成拳》（王选杰编著）、《意拳拳学》（刘涛、李全友编辑整理）、《意拳普读》（王永祥）、《拳道中枢大成拳》（胥荣东编著）等，从不同角度对意拳加以介绍、诠释。

相比之下，一些小拳种的读者圈或许小一些，但由于作者的传世武功影响很大，其作品也颇受青睐，如：蔡云龙的《一路华拳》《二路华拳》《三路华拳》，秦庆丰的《少林五形八法拳与实战术》《北派少林拳入门》《少林十大健身功法》《少林大金刚拳》，以及《甘凤池少林拳术》（周之华、周广祥编著），《八极拳珍传》（王世泉著），《北京花拳》（经本愚著），《少林迷踪拳术——小虎燕》（王佐秋、贺春林编著），《武当太乙五行拳》（金子弢演授），《五龙通花炮》（武淑清著），《鸳鸯脚制敌绝技》（布秉全编著），《传统查拳》（刘鸿池著），《后天八卦掌》（孙长立著），《八极拳教程：霍氏八极拳传统训练方法揭秘》（李树栋编著）等。

近年在出书难的环境下，一些有识之士亲自动笔，用标准小楷抄写历代传留下来的拳谱、拳论，自行设计绸缎封面的线装书，一看就格调高雅，成本不菲。无论是拳法内容，还是书法艺术，均有极高的收藏价值。虽然手抄本不多，但作为原始资料其价值难以估量。霍氏八极拳明师李树栋先生是这类图书的首创者。《罗疃张门八极拳谱》《春秋文武艺》等都是他的佳作。

上述列举的作品不过是武术作品的九牛一毛。书越出越多，质量也越来越高。近日拜读了王桐老师所著《知行合一：王桐内家拳体悟录》，深感质量上乘。这本书分为两册，洋洋洒洒40万字，第一篇讲述他的习武经历，师门传承，武林掌故，第二篇讲解八卦掌理论、拳术、拳谱、歌诀乃至单操、双操等技法。没有几十年习武经历的武术家是写不出来的。还有崔瑞彬老师所著《螺旋宝塔——意拳》，这是他几十年习武经历的记录、体悟和总结。无论是对武术专业人士还是武术爱好者，无论是对初学乍练的青少年习武者还是在武术门外观望的人来说，这些著作都是值得一读的。

当然，也不能不看到，还有鱼目混珠的现象存在，个别作品东拼西凑，矛盾百出，不合逻辑，质量粗糙。尤其对单拳种发展史和武林前辈光彩事迹的叙述中，存在缺少根据、道听途说、任意编造、夸大事实的现象，对武术研究产生了误导。不过是非曲直总有客观标准，读者的眼睛是雪亮的。

三、新媒体传播武术形式多样

随着科技的发展，出版物已经突破了传统媒体的局限，音像电子制品、网络传播等大行其道，读者可读、可看、可听、可学，一举多得。在进入 21 世纪前，已形成不可阻挡之势。当年人民体育出版社音像部与广东俏佳人音像公司合作推出《中华武术展现工程》，这是一套涉及几十个拳种的教学片，据不完全统计，其中光北京武师的作品就有李秉慈的吴式太极拳，孙剑云的孙式太极拳，马金龙的李式太极拳，邸国勇的形意拳，张凯的三皇炮捶，董文玉的花拳，张益明的米祖拳，张贵增的白猿通臂，刘鸿池的查拳，乔秀川的绵掌翻子，秦庆丰的北派少林拳，靳万发的八闪翻，洪志田的戳脚翻子，张全亮的梁式八卦掌，王尚智的尹式八卦掌，武世俊的传统武术拳理拳法、太极拳实用技击，李宝如的中国摔跤……此外，北京体育大学出版社、北京中体音像出版中心、河南电子音像出版社、广州鸿翔音像公司等多家音像出版机构都陆续推出过系列武术音像电子作品。

在此期间，很多读者希望能看到著名武术教练吴彬如何教武术的片子，于是我们决定拍摄《吴彬武术教学系列之启蒙套路》，地点就选在怀柔影视城，全片成片 6 小时，以"走近吴彬"为小标题整体介绍吴彬在武术教学、武术教练工作方面取得的成就。随后，吴彬谈武术启蒙的重要性和如何选择科学的方式方法练武术。再后来则是由吴彬教授拳术、枪术、刀术、功夫扇的基本功和启蒙套路。吴彬带去他的学生曹跃做示范。这个小朋友是第一届亚洲青少年武术锦标赛长拳冠军，北京市第十一届运动会武术全能冠军。他有一绝，单腿踢飞脚又高、又飘、又稳。这套作品甫一上市，五六千套就销售一空。

武术类的电子、音像出版物产生了很大的影响。包括前边提到的《传统武术技击精华》系列，传统流派太极拳系列，高继武的《八卦掌教学光盘》，尹树曾的《三皇炮捶教学光盘》等。近年，李秀人的《中华武术三字经》《李秀人细读〈中华武术三字经〉》盘配书问世，又引起不小的轰动，对中华武术的弘扬与普及有着深远意义。

四、武人才艺不容小觑

在与武术有关联的门类诸如舞蹈、杂技、戏曲、武打影视中就有许多擅长武术的专业演员。他们能歌善舞，技艺高超。他们的影响十分广泛，促使不少武术人重视"才艺"的学习和展现。

于是，武术界涌现出众多文武兼修的人物，他们不仅有着深厚的武术功底，而且闪烁着耀眼的文采，尤其在书法、绘画方面展现出不同凡响的艺术天赋，他们的作品完全可以同某些知名书家、画家的作品相媲美。近几十年，仅我所了解的擅长书画的武术名家就不少，如八卦掌一代宗师李子鸣先生，老先生师友甚多，博采众长，画风古朴，颇有先人大师之遗风，受到著名画家娄师白的夸赞。出版过《李子鸣书画集》，一时洛阳纸贵。还有八卦掌名家李震峰的书法、李秀人的书画，少林拳名家秦庆丰的书画，形意拳名家董俊雄、丁保华、霍氏八极拳名家李树栋的书法，吴式太极拳名家高壮飞的水墨画等，都有着极高的艺术水准。国际著名武术教练吴彬也写得一笔令人叫绝的好字。《中华武术》杂志的创始人、首任主编、为中华武术的宣传贡献毕生精力、身体力行、为习武人做出榜样的长寿老人、百岁寿星昌沧前辈，书法浑厚、俊秀、质朴，武术人无不以得到他老人家一幅墨宝为幸事！

武术人文武兼修、文武双绝，实是大大提高了中华传统武术文化的品味！

凡事有盛必有衰，这或许是客观规律。进入 21 世纪后，整个民间武术运动的发展热潮似乎逐渐凉了下来。或许是人们开始冷静地对待武术运动了？或许是武术在发展传承中遇到了什么问题？或许是武术刊物的质量下降、销量下滑、经营惨淡了？又或许是个别作品信口开河、粗制滥造、误人子弟引发抵触了？

但，中国武术的发展离不开武术刊物和武术著作。武术刊物、武术著作曾有的辉煌业绩也必载入武术史册。随着客观环境的变化，一些老的武术刊物已做了新的策划和包装，一些新的武术刊物应运而生。武术人拿起笔，重现武术刊物、武术著作的辉煌，是历史赋予的责任。人们期望着重新掀起一个像 20 世纪八九十年代那样的习武热潮。

后　记

　　在本书出版之际，我要特别向《武魂》杂志常务副主编常学刚先生表示感谢。是他的策划、约稿、鼓励和鞭策，才使我能在十几年间笔耕不辍，直至有今天几本书陆续问世的局面。而他又在百忙之中为本书作序，令我感激不尽。常学刚先生作为资深武术杂志编辑，具有丰富的武术知识，了解众多的名人掌故，在各个武术门派之中有着众多的朋友，特别是他对武术历史、武术现状、武术发展、武术人，有着极为深刻的认识和见解。与他交流，颇受启迪，获益良多。常学刚先生、昌沧先生、王友唐先生、李伯飞先生、郭博文先生等多人都是我在写作武术文章方面的老师，他们对我的帮助和鞭策我没齿难忘。

　　本书在出版过程中，得到当代中国出版社各位领导和编辑老师的支持，他们为本书的出版做了大量的艰苦的默默无闻的工作，不计名利，"为他人作嫁衣裳"。在此特向各位社领导及刘晓冰老师表示我衷心的谢意和敬意。

　　最后，感谢各位读者的抬爱和宽容，由衷的感谢！

张大为

2023 年 8 月